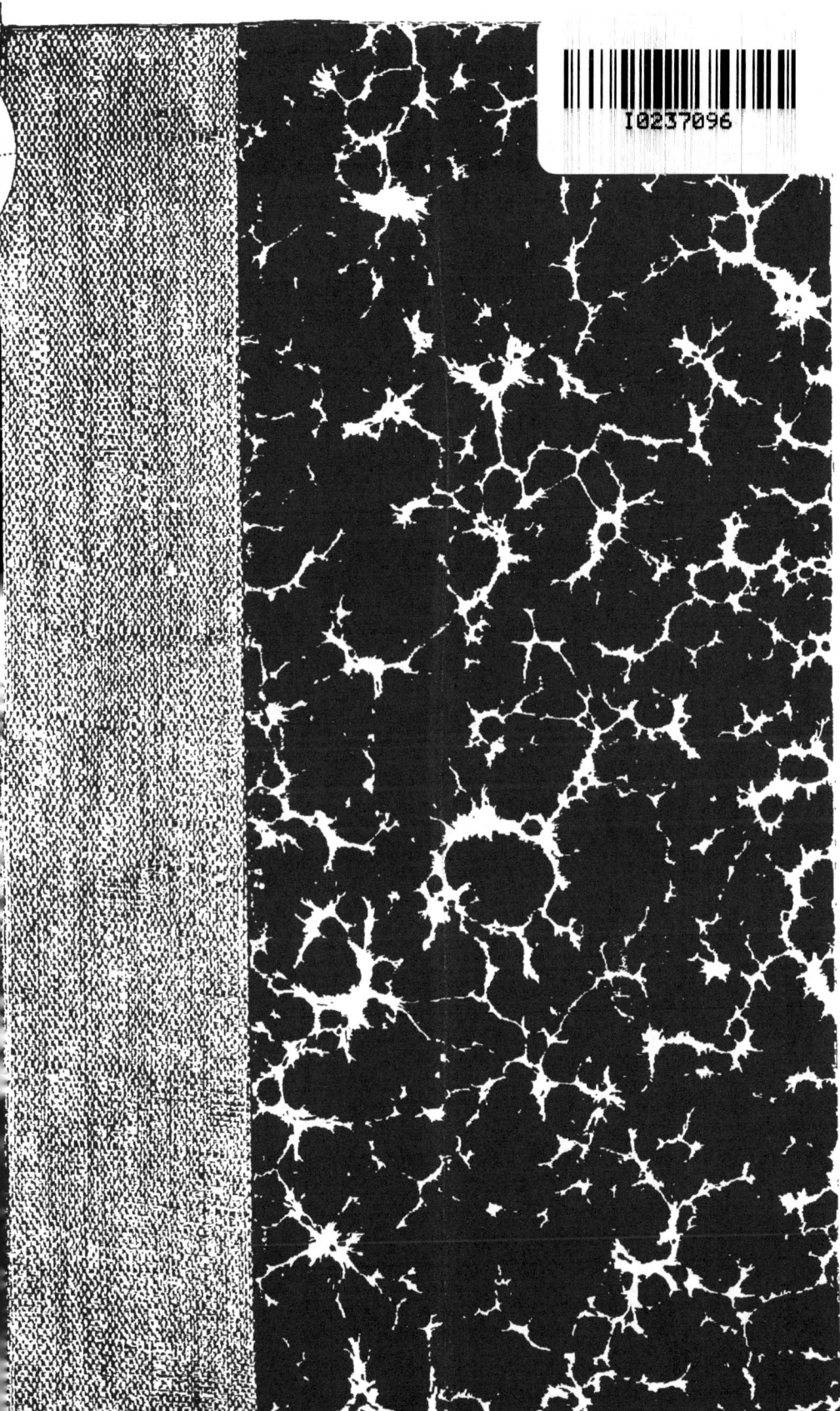

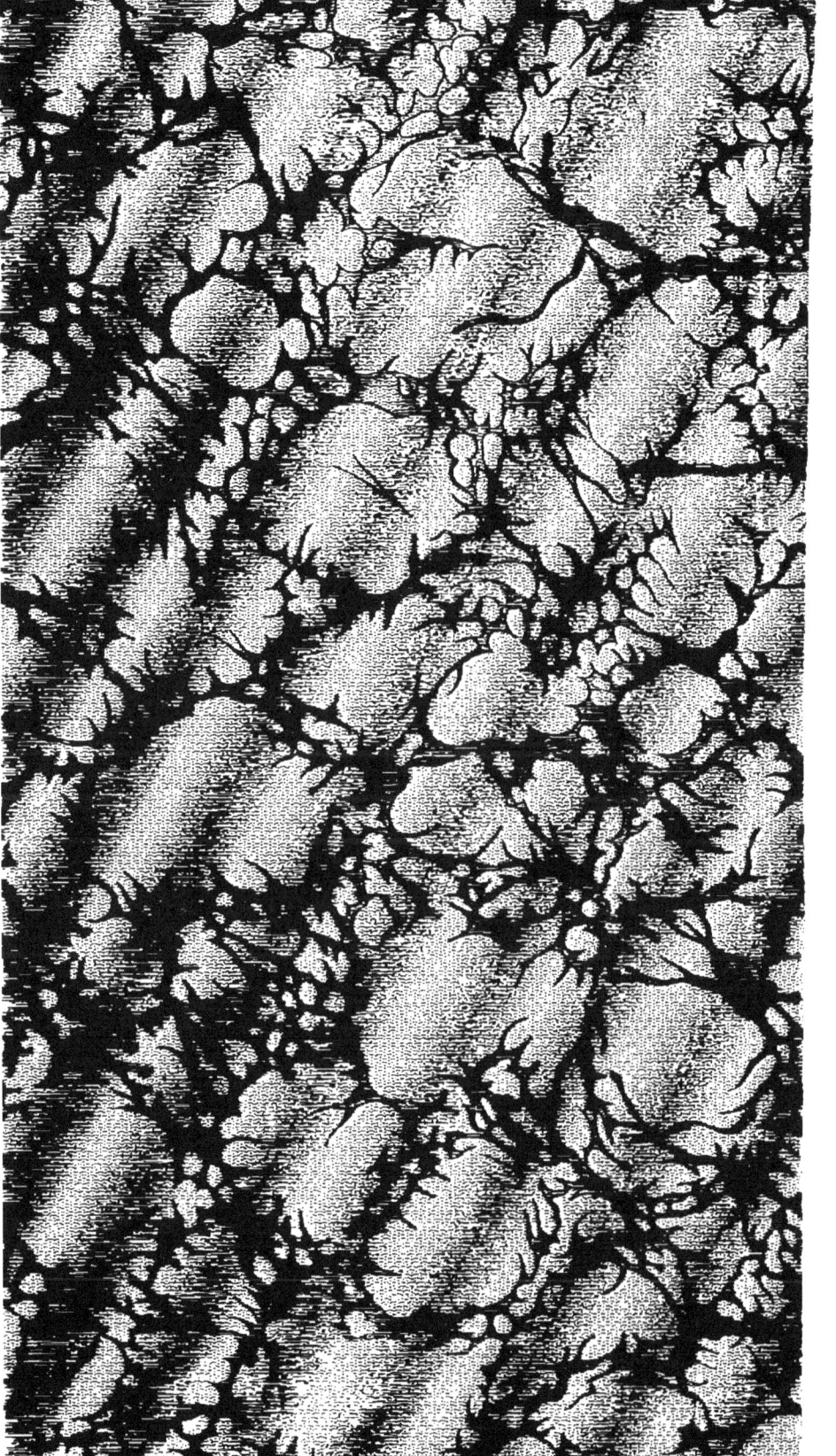

LES
AUTEURS GRECS

EXPLIQUÉS D'APRÈS UNE MÉTHODE NOUVELLE

PAR DEUX TRADUCTIONS FRANÇAISES

L'UNE LITTÉRALE ET JUXTALINÉAIRE PRÉSENTANT LE MOT A MOT FRANÇAIS
EN REGARD DES MOTS GRECS CORRESPONDANTS
L'AUTRE CORRECTE ET FIDÈLE PRÉCÉDÉE DU TEXTE GREC

avec des sommaires et des notes

PAR UNE SOCIÉTÉ DE PROFESSEURS

ET D'HELLÉNISTES

BABRIUS

—

FABLES
EXPLIQUÉES
PAR M. THÉOBALD FIX
ET TRADUITES EN FRANÇAIS
PAR M. SOMMER
Ancien élève de l'École Normale

PARIS
LIBRAIRIE DE L. HACHETTE
RUE PIERRE-SARRAZIN N° 12

1846

LES
AUTEURS GRECS

EXPLIQUÉS D'APRÈS UNE MÉTHODE NOUVELLE

PAR DEUX TRADUCTIONS FRANÇAISES

Cet ouvrage a été expliqué par M. Théobald Fix, et traduit en français par M. Sommer, ancien élève de l'École Normale.

Paris. — Imprimerie de Crapelet, rue de Vaugirard, n° 9.

LES
AUTEURS GRECS
EXPLIQUÉS D'APRÈS UNE MÉTHODE NOUVELLE

PAR DEUX TRADUCTIONS FRANÇAISES

L'UNE LITTÉRALE ET JUXTALINÉAIRE PRÉSENTANT LE MOT A MOT FRANÇAIS
EN REGARD DES MOTS GRECS CORRESPONDANTS
L'AUTRE CORRECTE ET FIDÈLE PRÉCÉDÉE DU TEXTE GREC

avec des sommaires et des notes

PAR UNE SOCIÉTÉ DE PROFESSEURS
ET D'HELLÉNISTES

BABRIUS
FABLES

PARIS
LIBRAIRIE DE L. HACHETTE
RUE PIERRE-SARRAZIN N° 12

1846

AVIS.

On a réuni par des traits, dans la traduction juxtalinéaire, les mots français qui traduisent un seul mot grec.

On a imprimé en *italique* les mots qu'il était nécessaire d'ajouter pour rendre intelligible la phrase française, et qui n'avaient pas leur équivalent dans le grec.

Enfin, les mots placés entre parenthèses, dans le français, doivent être considérés comme une seconde explication, plus intelligible que la version littérale.

AVANT-PROPOS.

Les poésies de Babrius ne nous étaient connues que par un petit nombre de fragments, quand M. Mynas, savant grec, envoyé en mission par M. le ministre de l'Instruction publique, découvrit, en 1843, dans un des couvents du mont Athos, la plus grande partie d'un recueil de fables mises en vers choliambiques par Babrius[1]. Le manuscrit qui les renferme, malheureusement mutilé dans sa dernière partie, présente une série de cent vingt-trois fables, rangées par ordre alphabétique et s'arrêtant à la lettre O. Il est divisé en deux parties, dont l'une contient cent sept fables; l'autre commençant à la lettre M, devait en contenir un peu moins; il n'en reste plus que seize, les derniers feuillets du manuscrit ayant été arrachés ou détruits. Le recueil complet, d'après un calcul approximatif, pouvait renfermer de deux cents à deux cent dix fables.

Chacune des deux parties est précédée d'une espèce de préface ou de dédicace à l'adresse d'un certain Branchus, que le poëte appelle familièrement tantôt ὦ Βράγχε τέκνον, ou παῖ, tantôt simplement Βράγχε. Le début du second *Prooemium* nous apprend que ce Branchus était fils d'un roi Alexandre. C'est pour l'usage de ce jeune prince, probablement son élève, que l'auteur dit avoir composé ce recueil comme un *livre d'études*, propre à lui faire connaître, sous une forme agréable et facile, les contes du vieil Ésope[2].

Le siècle dans lequel vécut Babrius nous était inconnu; et sur ce point la découverte de M. Mynas ne nous apporte rien de décisif. Toutefois on vient d'émettre une opinion qui, à plusieurs égards, offre une grande apparence de vérité. Selon M. Ch. Lachmann, ce roi Alexandre, dont il est question, ne serait pas l'empereur Alexandre Sévère, comme l'avait d'abord pensé un savant critique, puisque à peu près à l'époque

---

[1] Le titre du manuscrit porte : Βαλερίου Μυθίαμβοι κατὰ στοιχεῖον. Στίχοι χωλίαμβικοί. Un autre manuscrit de la bibliothèque bodléienne, d'où Tyrwhitt avait tiré quelques fables de Babrius, présente le nom de Βαλερίου, avec la correction Βαβρίου. Tzetzès appelle l'auteur Βάβριας. Mais le véritable nom paraît avoir été Βάβριος, c'est celui qu'on retrouve plusieurs fois dans des inscriptions latines, et c'est sous ce nom que notre poëte est cité par Avien. Suidas, au mot babrius, rappelle les deux formes Βάβριας ἢ Βάβριος. Mais ailleurs il adopte de préférence cette dernière forme.

[2] Voyez la fin du premier *Prooemium*.

de la naissance de ce prince le grammairien Dosithée faisait déjà usage des fables de Babrius; mais ce serait plutôt un arrière petit-fils d'Hérode le Grand, du nom d'Alexandre, établi par Vespasien, au témoignage de Josèphe (*Antiq. Jud.* 18, 5, p. 886), roi d'une partie de la Cilicie. Cette conjecture est d'autant plus plausible que nous retrouvons dans la facture des vers de Babrius à peu près les mêmes licences que se sont permises vers le même temps les choliambographes des Romains, Martial, Perse et Pétrone.

Le style de notre poëte porte en plusieurs endroits des traces évidentes d'une époque de décadence; on y rencontre certaines formes appartenant au dialecte alexandrin; cette circonstance, jointe à ce que l'auteur nous raconte lui-même (fab. 56), qu'il avait été victime de la perfidie des Arabes, nous autorise à supposer que sa patrie était l'Orient, peut-être la Syrie, pour laquelle il revendique, au commencement du deuxième *Proœmium*, l'honneur de l'invention de la fable. Ce qui n'est pas douteux c'est qu'il était Grec de naissance, et non pas Romain, ainsi qu'on l'avait longtemps supposé.

Du reste, ces poésies justifient pleinement la réputation d'élégante concision, de naïveté et de grâce que ses fragments avaient déjà méritée à Babrius. Son vers, qui est d'une correction, on dirait presque trop scrupuleuse, présente cette particularité curieuse, que l'accent porte presque toujours sur l'avant-dernière syllabe, ainsi que cela a lieu dans l'iambe politique. Ce fait seul suffirait pour réfuter l'opinion de ceux qui voudraient faire vivre ce fabuliste à une époque antérieure à notre ère.

On trouvera dans ce recueil, tout incomplet qu'il est encore, une partie des sujets sur lesquels se sont exercés de tout temps les fabulistes. Il ne sera pas sans intérêt pour les élèves auxquels est destinée cette édition de rapprocher Babrius de Phèdre, son prédécesseur, d'Avien, fabuliste du IIIe ou IVe siècle, qui souvent a imité ou même copié Babrius, et enfin de notre la Fontaine; aussi a-t-on placé à la fin de chaque fable, les indications qui faciliteront ce rapprochement tant avec ces auteurs qu'avec les fables en prose réunies dans l'édition d'Ésope publiée par Coraï.

Septembre 1845.

ΒΑΒΡΙΟΥ

ΜΥΘΙΑΜΒΟΙ.

FABLES
DE BABRIUS.

BABPIOY

MYΘIAMBOI.

ΠΡΟΟΙΜΙΟΝ.

Γενεὴ[1] δικαίων ἦν τὸ πρῶτον ἀνθρώπων,
ὦ Βράγχε τέκνον[2], ἣν καλοῦσι χρυσείην

. . . .

Τρίτη δ' ἀπ' αὐτῶν ἐγεγέννητο[3] χαλκείη,
μεθ' ἣν γενέσθαι φασὶ θείην ἡρώων.
Πέμπτη, σιδηρῆ ῥίζα καὶ γένος χεῖρον.   5
Ἐπὶ τῆς δὲ χρυσῆς καὶ[4] τὰ λοιπὰ τῶν ζώων
φωνὴν ἔναρθρον εἶχε καὶ λόγους ᾔδει·
ἀγοραὶ δὲ τούτων ἦσαν ἐν μέσαις ὕλαις.
Ἐλάλει δὲ πέτρα καὶ τὰ φύλλα τῆς πεύκης,
ἐλάλει δὲ πόντος[5], Βράγχε, νηὶ καὶ ναύτῃ,   10
στρουθοὶ δὲ συνετὰ πρὸς γεωργὸν ὡμίλουν[6]·
ἐφύετ' ἐκ γῆς πάντα μηδὲν αἰτούσης·
θνητῶν δ' ὑπῆρχε καὶ θεῶν ἑταιρείη.

PROLOGUE.

La première génération, ô Branchus mon fils, fut celle des justes; on l'appelle l'âge d'or..... Un troisième âge succéda aux deux premiers, l'âge d'airain, que suivit la divine génération des héros; enfin parut l'âge de fer, le cinquième et le pire de tous. Pendant l'âge d'or, les animaux avaient, ainsi que l'homme, une voix articulée, et connaissaient l'usage de la parole; leurs assemblées se tenaient au milieu des bois. La pierre et le feuillage du pin avaient un langage; la mer aussi, Branchus, parlait aux navires et aux matelots; les moineaux savaient se faire comprendre du laboureur; la terre donnait tout à l'homme sans exiger rien; les mortels vivaient avec les dieux dans

FABLES
DE BABRIUS.

ΠΡΟΟΙΜΙΟΝ.

Ἦν τὸ πρῶτον,
ὦ Βράγχε τέκνον,
γενεὴ
ἀνθρώπων δικαίων,
ἣν καλοῦσι χρυσείην
. . . .
Τρίτη δὲ ἀπὸ αὐτῶν
ἐγεγέννητο χαλκείη,
μετὰ ἥν φασι
γενέσθαι θείαν
ἡρώων.
Πέμπτη ῥίζα σιδηρῆ
καὶ γένος χεῖρον.
Ἐπὶ τῆς δὲ χρυσῆς
καὶ τὰ λοιπὰ τῶν ζώων
εἶχε φωνὴν ἔναρθρον
καὶ ᾔδει λόγους·
ἀγοραὶ δὲ τούτων
ἦσαν ἐν μέσαις ὕλαις.
Πέτρη δὲ ἐλάλει
καὶ τὰ φύλλα τῆς πεύκης·
ἐλάλει δὲ πόντος, Βράγχε,
νηΐ καὶ ναύτῃ·
στρουθοὶ δὲ
ὡμίλουν συνετὰ
πρὸς γεωργόν·
πάντα ἐφύετο ἐκ γῆς
αἰτούσης μηδέν·
ὑπῆρχε δὲ ἑταιρείη
θνητῶν καὶ θεῶν.

PROLOGUE.

Il fut d'abord,
ô Branchus *mon* fils,
la génération (l'âge)
des hommes justes,
laquelle on appelle d'-or
. . . .
La troisième après celles-ci
fut d'-airain,
après laquelle on dit
que fut la divine *génération*
des héros.
La cinquième *fut* une souche de-fer
et une race pire.
Sous l'*âge* d'-or,
le reste aussi des animaux
avait une voix articulée
et prononçait des discours ;
et *des* assemblées de ceux-ci
étaient dans le milieu des bois.
Et la pierre parlait,
et les feuilles du pin ;
et la mer aussi parlait, ὁ Branchus,
au vaisseau et au matelot ;
et les moineaux
conversaient intelligiblement
avec le laboureur ;
tout poussait de la terre
qui ne demandait rien :
et il y avait société
des (entre les) mortels et des dieux.

Μάθοις δ' ἂν οὕτω ταῦτ' ἔχοντα καὶ γνοίης
ἐκ τοῦ σοφοῦ γέροντος ἡμῶν Αἰσώπου   15
μύθους φράσαντος τῆς ἐλευθέρης[7] μούσης.
Ὧν νῦν ἕκαστον ἵνα τιθῇς ἑνὶ μνήμῃ,
μελισταγές σοι τοῦτο κηρίον[8] θήσω,
πικρῶν ἰάμβων σκληρὰ κῶλα θηλύνας.

une douce familiarité. Tu verras qu'il en était ainsi, si tu lis les fables que contait dans sa prose notre vieil et sage Ésope; je veux que tu puisses les retenir toutes, et par mes soins le dur iambe, perdant son amertume, aura pour toi la douceur du miel.

Α'. ΤΟΞΟΤΗΣ ΚΑΙ ΛΕΩΝ.

Ἄνθρωπος ἦλθεν εἰς ὄρος κυνηγήσων,
τόξου βολῆς ἔμπειρος· ἦν δὲ τῶν ζώων
φυγή τε πάντων καὶ φόβου δρόμος πλήρης.
Λέων δὲ τοῦτον προὐκαλεῖτο θαρσήσας
αὐτῷ μάχεσθαι. « Μεῖνον, » εἶπε, « μὴ σπεύσῃς[1], »   5
ἄνθρωπος αὐτῷ, « μηδ' ἐπελπίσῃς νίκῃ·
τῷ δ' ἀγγέλῳ μου πρῶτον ἐντυχών, γνώσῃ
τί σοι ποιητόν ἐστιν. » Εἶτα τοξεύει,
μικρὸν διαστάς. Χὠ μὲν οἰστὸς ἐκρύφθη
λέοντος ὑγραῖς[2] χολάσιν· ὁ δὲ λέων δείσας   10
ὥρμησε φεύγειν εἰς νάπας ἐρημαίας.

1. L'ARCHER ET LE LION.

Un homme alla chasser sur une montagne; c'était un habile archer. A son approche, tous les animaux, remplis de terreur, se hâtaient de prendre la fuite. Le lion seul, confiant dans sa force, osa le défier au combat. « Attends, lui dit l'homme, ne te hâte point, et ne compte pas trop sur la victoire; reçois d'abord mon messager, tu sauras ensuite ce que tu auras à faire. » Puis, se plaçant à distance, il décoche un trait qui va s'enfoncer dans le flanc de l'animal. Le lion épouvanté court se réfugier dans la solitude des forêts. Près de lui était

Μάθοις δὲ ἂν	Et tu apprendrais
καὶ γνοίης	et connaîtrais
ταῦτα ἔχοντα οὕτως	que cela se-trouve ainsi
ἐκ μούσης τῆς ἐλευθέρης	de la muse libre (en prose)
τοῦ σοφοῦ γέροντος ἡμῶν,	du sage vieillard de nous,
Αἰσώπου,	Ésope,
φράσαντος μύθους.	qui a raconté des fables.
Ὧν ἵνα τιθῇς	Desquelles *fables* afin que tu places
ἕκαστον ἐνὶ μνήμῃ,	chacune dans *ta* mémoire,
θήσω σοι νῦν	je servirai à toi maintenant
τοῦτο κηρίον μελισταγές,	ce rayon distillant-le-miel,
θηλύνας κῶλα σκληρὰ	ayant adouci les membres durs
ἰάμβων πικρῶν.	des iambes amers.

Α'. ΤΟΞΟΤΗΣ ΚΑΙ ΛΕΩΝ.   1. L'ARCHER ET LE LION.

Ἄνθρωπος ἔμπειρος βολῆς τόξου	Un homme habile dans le tir de l'arc
ἦλθεν εἰς ὄρος	alla sur une montagne
κυνηγήσων.	devant chasser.
Ἦν δὲ φυγὴ	Or il y avait fuite
καὶ δρόμος πλήρης φόβου	et course pleine de terreur
πάντων τῶν ζῴων.	de tous les animaux.
Λέων δὲ θαρσήσας	Mais le lion ayant pris courage
προὐκαλεῖτο τοῦτον	provoquait celui-ci (l'homme)
μάχεσθαι αὐτῷ.	à combattre avec lui.
« Μεῖνον, εἶπεν αὐτῷ ὁ ἄνθρωπος,	« Arrête, dit à lui l'homme,
μὴ σπεύσῃς,	ne te-hâte pas de *t'élancer*,
μηδὲ ἐπελπίσῃς νίκῃ·	et n'espère point la victoire ;
ἐντυχὼν δὲ πρῶτον	mais ayant fait-rencontre d'abord
τῷ ἀγγέλῳ μου,	avec le messager de moi,
γνώσῃ	tu reconnaîtras
τί ἐστι ποιητόν σοι. »	ce qu'il y a à-faire pour toi. »
Εἶτα τοξεύει,	Ensuite il tire-de-l'arc,
διαστὰς μικρόν.	s'étant placé-à-distance un peu.
Καὶ ὁ μὲν οἰστὸς ἐκρύφθη	Et le trait se cacha (s'enfonça)
χολάσιν ὑγραῖς λέοντος·	dans les flancs tendres du lion :
ὁ δὲ λέων δείσας	et le lion rempli-de-crainte
ὥρμησε φεύγειν	courut se réfugier
εἰς νάπας ἐρημαίας.	dans les forêts désertes.

Τούτου δ' ἀλώπηξ οὐκ ἄπωθεν εἱστήκει.
Ταύτης δὲ θαρσεῖν καὶ μένειν κελευούσης,
« Οὔ με πλανήσεις, » φησίν, « οὐδ' ἐνεδρεύσεις·
ὅπου³ γὰρ οὕτω πικρὸν ἄγγελον πέμπει,   15
πῶς αὐτὸς ἤδη φοβερός ἐστι γινώσκω. »

un renard, qui l'engageait à reprendre courage et à tenir ferme. « Non, lui dit le lion, tu ne me prendras pas au piége; car si le messager qu'il envoie est si terrible, combien ne doit-il pas être lui-même à redouter? »

Β'. ΓΕΩΡΓΟΣ ΔΙΚΕΛΛΑΝ ΑΠΟΛΕΣΑΣ.

Ἀνὴρ γεωργὸς ἀμπελῶνα ταφρεύων,
καὶ τὴν δίκελλαν ἀπολέσας, ἀνεζήτει
μὴ τῶν παρόντων τήνδ' ἔκλεψεν ἀγροῖκος.
Ἠρνεῖθ' ἕκαστος. Οὐκ ἔχων δ' ὃ ποιήσει,
εἰς τὴν πόλιν κατῆγε πάντας ὁρκώσων·   5
τῶν γὰρ θεῶν δοκοῦσι τοὺς μὲν εὐήθεις
ἀγροὺς κατοικεῖν, τοὺς δ' ἐσωτέρω τείχους
εἶναί τ' ἀληθεῖς¹ καὶ τὰ πάντ' ἐποπτεύειν.
Ὡς δ', εἰσιόντες τὰς πύλας, ἐπὶ κρήνης
τοὺς πόδας ἔνιζον, κἀπέθεντο τὰς πήρας,   10

2. LE LABOUREUR QUI A PERDU SON HOYAU.

Un laboureur qui béchait sa vigne avait perdu son hoyau; il demanda aux villageois qui étaient près de lui si personne ne l'avait pris. Chacun s'en défendait. Notre homme, bien empêché, les conduisit tous à la ville pour leur faire prêter serment; car on croit qu'aux champs habitent les divinités sans malice, et dans les villes, au contraire, les vrais dieux, ceux qui savent et qui voient tout. Arrivés à la ville, ils se lavaient les pieds à une fontaine et déposaient leur besace,

FABLES DE BABRIUS.

Ἀλώπηξ δὲ εἱστήκει
οὐκ ἄπωθεν τούτου.
Ταύτης δὲ κελευούσης
θαρσεῖν καὶ μένειν,
φησίν·
« Οὐ πλανήσεις με,
οὐδὲ ἐνεδρεύσεις·
ὅπου γὰρ
πέμπει ἄγγελον οὕτω πικρόν,
γινώσκω πῶς
ἤδη
αὐτός ἐστι φοβερός. »

Or un renard se tenait
non loin de celui-ci.
Et celui-ci (le renard) l'engageant
à prendre-courage et à rester,
le lion lui dit :
« Tu ne m'induiras-pas-en-erreur,
ni ne me prendras-au-piége :
en effet, là-où (si)   amer,
(l'homme) envoie un messager si
je comprends combien
alors (à plus forte raison)
lui-même est terrible »

Β'. ΓΕΩΡΓΟΣ ΑΠΟΛΕΣΑΣ ΔΙΚΕΛΛΑΝ.
2. LE LABOUREUR QUI A PERDU SON HOYAU.

Ἀνὴρ γεωργὸς
ταφρεύων ἀμπελῶνα,
καὶ ἀπολέσας τὴν δίκελλαν,
ἀνεζήτει
μὴ ἀγροῖκος
τῶν παρόντων
ἔκλεψε τήνδε.
Ἕκαστος ἠρνεῖτο.
Οὐκ ἔχων δὲ
ὃ ποιήσει
κατῆγε πάντας εἰς τὴν πόλιν
ὁρκώσων·
δοκοῦσι γὰρ
τοὺς εὐήθεις τῶν θεῶν
κατοικεῖν ἀγρούς,
τοὺς δὲ ἐσωτέρω
τείχους
εἶναί τε ἀληθεῖς
καὶ ἐποπτεύειν τὰ πάντα.
Ὡς δέ,
εἰσιόντες τὰς πύλας,
ἔνιζον τοὺς πόδας ἐπὶ κρήνης,
καὶ ἀπέθοντο τὰς πήρας,

Un homme laboureur
bêchant un vignoble,
et ayant perdu le hoyau,
recherchait
si un villageois
de ceux qui étaient présents
avait soustrait celui-ci.
Chacun niait.
Or, n'ayant (ne sachant) pas
ce qu'il fera (ferait)
il les conduisait tous dans la ville
voulant-les-faire-jurer :
car on croit
que les simples des dieux
habitent les champs,
et que ceux en-dedans
du mur (de la ville)
et sont les vrais
et surveillent toutes les choses.
Or lorsque,
entrant dans les portes (la ville),
ils lavaient les pieds à une fontaine,
et qu'ils eurent déposé les besaces,

κῆρυξ ἐφώνει χιλίας² ἀριθμήσειν
μήνυτρα σύλων, ὧν ὁ θεὸς ἐσυλήθη.
Ὁ δὲ τοῦτ' ἀκούσας, εἶπεν· « Ὡς μάτην ἥκω·
κλέπτας γὰρ ἄλλους πῶς θεός γ' ἂν εἰδείη,
ὃς τοὺς ἑαυτοῦ φῶρας οὐχὶ γινώσκει, 15
ζητεῖ δὲ μισθοῦ μή τις οἶδεν ἀνθρώπων; »

lorsqu'un crieur public annonça une récompense de mille drachmes pour celui qui découvrirait l'auteur d'un vol fait au dieu. Le laboureur l'entendit : « Que suis-je donc venu faire ici ? s'écria-t-il ; et comment le dieu pourra-t-il connaître les voleurs d'autrui, s'il ne connaît pas même les siens, et s'il cherche à prix d'argent un homme qui les lui révèle ? »

Γ'. ΑΙΠΟΛΟΣ ΚΑΙ ΑΙΞ.

Αἶγάς ποτ' εἰς ἔπαυλιν αἰπόλος χρήζων
ἐπανακαλεῖν, ὡς αἱ μὲν ἦλθον, αἱ δ' οὔπω,
μιῆς ἀπειθοῦς ἐν φάραγγι τρωγούσης
κόμην γλυκεῖαν αἰγίλου τε καὶ σχίνου,
τὸ κέρας κατῆξε μακρόθεν λίθῳ πλήξας. 5
Τὴν δ' ἱκέτευε· « Μή, χίμαιρα συνδούλη,
πρὸς τοῦ σε¹ Πανός, ὃς νάπας ἐποπτεύει,
τῷ δεσπότῃ, χίμαιρα, μή με μηνύσῃς·
ἄκων γὰρ ἠυστόχησα, τὸν λίθον ῥίψας. »

3. LE CHEVRIER ET LA CHÈVRE.

Un berger voulait ramener ses chèvres pour les renfermer au bercail ; les unes venaient, les autres tardaient encore. L'une d'elles, qui ne se pressait pas d'obéir, broutait dans un ravin le feuillage de l'osier et du lentisque ; il lui lança une pierre, et du coup lui brisa la corne ; puis il se prit à la supplier : « Ma petite chevrette, ma compagne d'esclavage, au nom de Pan qui veille sur les bois, je t'en conjure, ma chevrette, ne me dénonce pas au maître ; c'est bien malgré moi que

κῆρυξ ἐφώνει	un héraut criait
ἀριθμήσειν χιλίας	qu'il compterait mille *drachmes*
μήνυτρα	récompense-au-dénonciateur
σύλων,	des dépouilles (du vol),
ὧν ὁ θεὸς ἐσυλήθη.	dont le dieu avait été dépouillé.
Ὁ δὲ ἀκούσας ταῦτα,	Et celui-ci ayant entendu cela,
εἶπεν·	dit :
« Ὡς μάτην ἥκω.	« Que vainement je suis venu !
Πῶς γὰρ ὁ θεὸς	Comment en effet le dieu
εἰδείη ἂν ἄλλους κλέπτας,	connaîtrait-il les autres voleurs,
ὃς οὐχὶ γινώσκει	*lui* qui ne connaît pas
φῶρας τοὺς ἑαυτοῦ,	les larrons de lui-même,
ζητεῖ δὲ μισθοῦ	mais cherche à-prix-d'argent
μή τις ἀνθρώπων	si quelqu'un des hommes
οἶδεν; »	*les* connaît ?

Γ'. ΑΙΠΟΛΟΣ ΚΑΙ ΑΙΞ.   3. LE CHEVRIER ET LA CHÈVRE.

Αἰπόλος ποτὲ χρῄζων	Un chevrier un-jour voulant
ἐπανακαλεῖν	rappeler
αἶγας εἰς ἔπαυλιν,	*ses* chèvres dans l'étable,
ὡς αἱ μὲν ἦλθον,	lorsque les unes étaient venues,
αἱ δὲ οὔπω,	les autres pas encore,
μιῆς ἀπειθοῦς	d'une désobéissante
τρωγούσης γλυκεῖαν κόμην	broutant le doux feuillage
αἰγίλου τε καὶ σχίνου	et de l'osier et du lentisque
ἐν φάραγγι,	dans un ravin,
κατῆξε τὸ κέρας,	il brisa la corne,
πλήξας μακρόθεν	*l*'ayant frappée de-loin
λίθῳ.	avec une pierre.
Τὴν δὲ ἱκέτευε·	Et il la suppliait, *en disant :*
« Χίμαιρα	« Chevrette
συνδούλη,	ma compagne-d'esclavage,
πρὸς τοῦ σε Πανός,	*je* te *conjure* par Pan
ὃς ἐποπτεύει νάπας,	qui veille-sur les bois,
μή με μηνύσῃς,	ne me dénonce pas,
χίμαιρα, τῷ δεσπότῃ·	chevrette, au maître :
ἄκων γὰρ ἠυστόχησα	car malgré-moi j'ai touché-juste
ῥίψας τὸν λίθον. »	ayant lancé la pierre. »

Ἡ δ' εἶπε· « Καὶ πῶς ἔργον ἐκφανὲς κρύψω;
τὸ κέρας κέκραγε, κἂν ἐγὼ σιωπήσω. »

j'ai touché si juste. » — « Et comment, dit la chèvre, comment cacher ce qui frappe les yeux ? j'aurai beau me taire, ma corne parlera. »

Δ'. ΑΛΙΕΥΣ ΚΑΙ ΙΧΘΥΣ.

Ἁλιεὺς σαγήνην, ἣν νεωστὶ βεβλήκει,
ἀνείλετ'· ὄψου δ' ἔτυχε[1] ποικίλου πλήρης.
Τῶν δ' ἰχθύων ὁ λεπτὸς εἰς βυθὸν φεύγων,
ὑπεξέδυνε δικτύου πολυτρήτου·
ὁ μέγας δ' ἀγρευθεὶς εἰς τὸ πλοῖον ἡπλώθη.
  Σωτηρία πώς ἐστι καὶ κακῶν ἔξω[2]
τὸ μικρὸν εἶναι· τὸν μέγαν δὲ τῇ δόξῃ
σπανίως ἴδοις ἂν ἐκφυγόντα κινδύνων.

4. LE PÊCHEUR ET LES POISSONS.

Un pêcheur jeta son filet et le retira rempli de poissons de toute sorte. Les petits passèrent à travers les mailles et rentrèrent sous l'eau ; les gros furent pris et jetés dans la barque.

Être petit est une chance de salut, une garantie contre le malheur ; on voit rarement celui que la renommée élève échapper au danger.

Ε'. ΑΛΕΚΤΟΡΙΣΚΟΙ.

Ἀλεκτορίσκων ἦν μάχη Ταναγραίων[1],
οἷς θυμὸν εἶναί φασιν οἷον ἀνθρώποις.
Τούτων ὁ λειφθείς (τραυμάτων γὰρ ἦν πλήρης),
ἐκρύβετ' ἐς οἴκου γωνίην ὑπ' αἰσχύνης.

5. LES COQS.

Deux jeunes coqs de Tanagre s'étaient livré bataille ; cette race, si l'on en croit la renommée, a le courage des hommes. Le vaincu, couvert de blessures, alla cacher sa honte dans un coin de la maison.

FABLES DE BABRIUS.

Ἡ δὲ εἶπε·	Mais celle-ci dit :
« Καὶ πῶς κρύψω	« Et comment cacherai-je
ἔργον ἐκφανές;	un fait apparent ?
τὸ κέρας κέκραγε,	la corne crie-haut,
καὶ ἐὰν ἐγὼ σιωπήσω. »	même si moi je me-serai-tue. »

Δ'. ΑΛΙΕΥΣ ΚΑΙ ΙΧΘΥΣ.
4. LE PÊCHEUR ET LES POISSONS.

Ἁλιεὺς ἀνείλετο σαγήνην,	Un pêcheur retirait un filet,
ἣν νεωστὶ βεβλήκει·	que récemment il avait jeté :
ἔτυχε δὲ πλήρης	et il se-trouvait plein
ὄψου ποικίλου.	de poisson de-toute-sorte.
Ὁ δὲ λεπτὸς τῶν ἰχθύων	Or le menu parmi les poissons
φεύγων ὑπεξέδυνε	échappant s'esquiva
δικτύου πολυτρήτου	du filet à-mailles-nombreuses
εἰς βυθόν·	dans le fond de l'eau :
ὁ δὲ μέγας ἀγρευθεὶς	mais le gros pris
ἡπλώθη εἰς τὸ πλοῖον.	fut étendu dans la barque.
Τὸ εἶναι μικρὸν ἐστί πως	Être petit est en-quelque-sorte
σωτηρία	un *moyen de* salut
καὶ ἔξω κακῶν·	et *d'être* en-dehors des malheurs :
σπανίως δὲ ἴδοις ἂν	mais rarement tu verrais
τὸν μέγαν	celui qui est puissant
τῇ δόξῃ	par *sa* renommée
ἐκφυγόντα κινδύνων.	échappant aux dangers.

Ε'. ΑΛΕΚΤΟΡΙΣΚΟΙ.
5. LES-JEUNES-COQS.

Ἦν μάχη	Il y eut un combat
ἀλεκτορίσκων Ταναγραίων,	de jeunes-coqs Tanagréens,
οἷς φασιν εἶναι θυμὸν	auxquels on dit être un courage
οἷον ἀνθρώποις.	tel-qu'aux hommes.
Τούτων ὁ λειφθείς	De ceux-ci celui qui-eut-le-dessous
(ἦν γὰρ πλήρης τραυμάτων),	(car il était plein de blessures),
ἐκρύβετο ὑπὸ αἰσχύνης	se-cacha de honte
ἐς γωνίην οἴκου.	dans un coin de la maison.
Ὁ δὲ ἄλλος	Mais l'autre

Ὁ δ' ἄλλος εὐθὺς εἰς τὸ δῶμα² πηδήσας, 5
ἐπικροτῶν τε τοῖς πτεροῖς ἐκεκράγει.
Καὶ τὸν μὲν αἰετός τις ἐκ στέγους ἄρας,
ἀπῆλθ'· ὁ δ' ἄλλος ἀμφ' ἔβαινε θηλείαις,
ἀμείνονα σχὼν τἀπίχειρα τῆς ἥττης.
Ἄνθρωπε, καὶ σὺ μή ποτ' ἴσθι καυχήμων, 10
ἄλλου σε πλεῖον τῆς τύχης ἐπαιρούσης·
πολλοὺς ἔσωσε καὶ τὸ μὴ καλῶς πράττειν.

L'autre vint se percher sur le toit, et là, battant de l'aile, il chantait sa victoire. Un aigle fond sur lui et l'emporte ; son rival revient coqueter autour des poules : le vaincu est mieux partagé que le vainqueur.

Homme, garde-toi d'être insolent si la fortune t'élève ; nos revers font souvent notre salut.

ϛ'. ΑΛΙΕΥΣ ΚΑΙ ΙΧΘΥΔΙΟΝ.

Ἁλιεὺς θαλάσσης πᾶσαν ᾐόνα ξύων,
μικρόν ποτ' ἰχθὺν ὁρμιῆς ἀφ' ἱππείης¹
ἤγρευσεν ἐκ τῶν εἰς τάγηνον ὡραίων.
Ὁ δ' αὐτὸν οὕτως ἱκέτευεν ἀσπαίρων·
« Τί σοι τὸ κέρδος; ἢ πόσου με πωλήσεις; 5
οὐκ εἰμὶ γὰρ τέλειος· ἀλλά με πρώην
πρὸς τῇδε πέτρῃ φυχὶς ἔχυσεν ἡ μήτηρ.
Νῦν οὖν ἄφες με· μὴ μάτην ἀποκτείνῃς·
ἐπὴν δέ, πλησθεὶς φυχίων θαλασσείων,

6. LE PÊCHEUR ET LE PETIT POISSON.

Un pêcheur, qui parcourait le bord de la mer, prit un jour au bout de sa ligne un petit poisson bon à frire. Le pauvre carpillon frétillait et le suppliait : « Que feras-tu de moi ? combien me vendras-tu ? je suis si petit ! ma mère vient de me mettre au monde dans les algues de ce rocher. Laisse-moi aller aujourd'hui ; à quoi bon me tuer ? Plus tard, quand je me serai bien nourri d'algue marine, que je serai devenu

πηδήσας εὐθὺς εἰς τὸ δῶμα,
ἐπικροτῶν τε τοῖς πτεροῖς,
ἐξεκράγει.
Καὶ τὸν μὲν αἰετός τις
ἄρας ἐκ στέγους, ἀπῆλθεν·
ὁ δὲ ἄλλος ἔβαινεν
ἀμφὶ θηλείαις,
σχὼν ἀμείνονα τὰ ἐπίχειρα
τῆς ἥττης.
  Ἄνθρωπε, καὶ σὺ
ἴσθι μή ποτε καυχήμων,
τῆς τύχης σε ἐπαιρούσης
πλεῖον ἄλλου·
καὶ τὸ μὴ πράττειν καλῶς
ἔσωσε πολλούς.

s'étant élancé aussitôt sur la maison,
et battant-avec-bruit des ailes,
chantait.
Et celui-ci, un certain aigle,
l'ayant enlevé du toit, partit :
mais l'autre se promenait
autour des femelles,
ayant obtenu meilleur le prix
de sa défaite, *que l'autre de sa vic-*
  Homme, toi aussi   [*toire.*
ne sois jamais fanfaron,
la fortune t'élevant
plus qu'un autre :
car aussi ne pas être heureux
à sauvé bien-des-gens.

ϛ΄. ΑΛΙΕΥΣ
ΚΑΙ ΙΧΘΥΔΙΟΝ.

6. LE PÊCHEUR
ET LE PETIT POISSON.

Ἁλιεὺς ξύων
πᾶσαν ἠόνα θαλάσσης,
ἤγρευσέ ποτε
ἀπὸ ὁρμιῆς ἱππείης
μικρὸν ἰχθὺν
ἐκ τῶν ὡραίων
εἰς τάγηνον.
Ὁ δὲ ἀσπαίρων
αὐτὸν ἱκέτευεν οὕτως·
« Τί τὸ κέρδος σοι;
ἢ πόσου με πωλήσεις;
οὐ γάρ εἰμι
ἔλειος·
ἀλλὰ πρώην
ἡ μήτηρ φυκὶς
χυσέ με πρὸς τῇδε πέτρῃ.
νῦν οὖν ἄφες με·
μὴ ἀποκτείνῃς μάτην·
πλὴν δέ, πλησθεὶς
υχίων θαλασσείων,

Un pêcheur rasant (longeant)
tout le rivage de la mer,
prit un-jour
de sa ligne de-crin
un petit poisson
de ceux qui sont mûrs-à-point
pour la poêle-à-frire.
Or celui-ci frétillant
le suppliait ainsi :
« Quel *est* le gain pour toi ?
ou pour-combien me vendras-tu ?
car je ne suis pas
ayant atteint-*ma*-croissance ;
mais dernièrement
ma mère vivant-dans-les-algues
m'a enfanté sur ce rocher.
Maintenant donc lâche moi ;
ne *me* tue pas inutilement ;
mais quand, rempli
d'algues marines,

μέγας γένωμαι, πλουσίοις πρέπων δείπνοις, 10
τότ' ἐνθάδ' ἐλθὼν ὕστερόν με συλλήψῃ. »
Τοιαῦτα μύζων² ἱκέτευε κἀσπαίρων.
Ἀλλ' οὐκ ἔμελλε τὸν γέροντα θωπεύσειν·
ἔφη δὲ πείρων αὐτὸν ὀξέϊ σχοίνῳ·
« Ὁ μὴ τὰ μικρά, πλὴν³ βέβαια, τηρήσας, » 15
μάταιός ἐστιν, ἂν ἄδηλα θηρεύῃ. »

grand et digne de la table d'un riche, reviens ici, tu me prendras. » Ainsi le carpeau priait, gémissait et sautillait. Mais il ne devait pas attendrir le vieillard, qui lui dit, en le perçant d'un jonc pointu : « Bien fou celui qui lâche le peu qu'il tient pour courir après un peut-être. »

Z'. ΙΠΠΟΣ ΚΑΙ ΟΝΟΣ.

Ἄνθρωπος ἵππον εἶχε. Τοῦτον εἰώθει
κενὸν παρέλκειν· ἐπετίθει δὲ τὸν φόρτον
ὄνῳ γέροντι. Πολλὰ τοιγαροῦν κάμνων,
ἐκεῖνος ἐλθὼν πρὸς τὸν ἵππον ὡμίλει·
« Ἄν μοι θελήσῃς συλλαβεῖν τι τοῦ φόρτου, 5
τάχ' ἂν γενοίμην σῶος· εἰ δὲ μή, θνήσκω. »
Ὁ δ' « Οὐ προάξεις; » εἶπε, « μηδ' ἐνοχλήσῃς¹. »
Εἷρπεν² σιωπῶν· τῷ κόπῳ δ' ἀπαυδήσας
πεσὼν ἔκειτο νεκρός, ὡς προειρήκει.
Τὸν ἵππον οὖν παρ' αὐτὸν εὐθέως στήσας 10

7. LE CHEVAL ET L'ANE.

Un homme avait un cheval qu'il laissait aller sans fardeau, tandis que son vieil âne avait tout le faix. Le baudet, succombant de fatigue, s'approcha du cheval et lui dit : « Si tu voulais m'aider et prendre quelque peu de ma charge, je m'en tirerais peut-être ; sinon, je vais mourir. — Marche, répondit le cheval, et cesse de m'importuner. » L'âne marcha, sans plus souffler ; mais bientôt, épuisé de lassitude, il tint parole et tomba mort. L'homme fit avancer le cheval près de son ca-

γένωμαι μέγας,	je serai-devenu grand,
πρέπων πλουσίοις δείπνοις,	convenable pour de splendides repas,
τότε ἐλθὼν ἐνθάδε	alors étant *revenu* ici,
συλλήψῃ με ὕστερον. »	tu me prendras plus tard. »
Τοιαῦτα ἱκέτευε	Ainsi suppliait-il
μύζων καὶ ἀσπαίρων.	gémissant et frétillant.
Ἀλλὰ οὐκ ἔμελλε	Mais il ne devait pas
θωπεύσειν τὸν γέροντα·	fléchir-par-ses-flatteries le vieillard;
ἔρη δέ, πείρων σχοίνῳ ὀξεῖ·	il dit, en *le* perçant d'un jonc pointu :
« Ὁ μὴ τηρήσας	« Celui-qui n'a pas gardé
τὰ μικρά, πλὴν βέβαια,	les *avantages* petits, mais certains,
μάταιός ἐστιν,	est un insensé,
ἂν θηρεύῃ ἄδηλα. »	s'il court-après l'incertain. »

Ζ'. ΙΠΠΟΣ ΚΑΙ ΟΝΟΣ. 7. LE CHEVAL ET L'ANE.

Ἄνθρωπος εἶχε ἵππον.	Un homme possédait un cheval.
Εἰώθει	Il avait-l'habitude
παρέλκειν τοῦτον	de laisser-marcher-de-côté celui-ci
κενόν·	vide (sans charge);
ἐπετίθει δὲ γέροντι ὄνῳ	et il mettait sur un vieil âne
τὸν φόρτον.	la charge.
Ἐκεῖνος τοιγαροῦν	Celui-ci donc,
κάμνων πολλά,	se fatiguant beaucoup,
ἐλθὼν πρὸς τὸν ἵππον	étant venu près du cheval
ὡμίλει·	conversait *ainsi :*
« Ἂν θελήσῃς	« Si tu voulais
συλλαβεῖν μοί τι	prendre-part à moi un-peu
τοῦ φόρτου,	de la charge,
τάχα ἂν γενοίμην σῶος·	peut-être serais-je sauvé ;
εἰ δὲ μή, θνήσκω. »	si non, je meurs. »
Ὁ δὲ εἶπε·	Mais celui-ci dit :
« Οὐ πρoάξεις;	« Ne marcheras-tu-*pas*-en-avant?
μηδὲ ἐνοχλήσῃς. »	et ne m'importune pas. »
Εἷρπεν σιωπῶν·	Il marchait en-silence :
ἀπαυδήσας δὲ κόπῳ,	mais cédant à la fatigue,
πεσὼν ἔκειτο νεκρός,	étant tombé il gisait mort,
ὡς προειρήκει.	ainsi-qu'il *l*'avait prédit.
Ὁ δεσπότης οὖν στήσας εὐθέως	Le maître donc ayant placé aussitôt

ὁ δεσπότης, καὶ πάντα τὸν γόμον λύων,
ἐπ' αὐτὸν ἐτίθει, τὴν σάγην τε τοῦ κτήνους,
καὶ τὴν ὀνείην³ προσεπέθηκεν ἐκδείρας.
Ὁ δ' ἵππος, « Οἴμοι τῆς κακῆς, » ἔφη, « γνώμης·
οὗ γὰρ μετασχεῖν μικρὸν οὐκ ἐβουλήθην, 15
τοῦτ' αὐτό μοι πᾶν ἐπιτέθεικεν ἡ χρείη³. »

marade, détacha toute la charge et la lui mit sur le dos, avec le bât et la peau de l'âne qu'il venait d'écorcher. « Hélas! dit le cheval, quelle sottise est la mienne! pour n'avoir pas voulu prendre un peu du fardeau, me voilà réduit à le porter tout entier. »

Η'. ΑΡΑΨ ΚΑΙ ΚΑΜΗΛΟΣ.

Ἄραψ κάμηλον ἀχθίσας ἐπηρώτα,
πότερ' ἀναβαίνειν μᾶλλον, ἢ κάτω βαίνειν
αἱροῖτο. Χὼ κάμηλος, οὐκ ἄτερ μούσης¹,
εἶφ'· « Ἡ γὰρ ὀρθὴ τῶν ὁδῶν ἀπεκλείσθη; »

8. L'ARABE ET LE CHAMEAU.

Un Arabe demandait à son chameau, qu'il venait de charger, s'il aimait mieux monter que descendre. Le chameau, assez avisé, répondit : « Ne peut-on pas suivre le droit chemin? »

Θ'. ΑΛΙΕΥΣ ΑΥΛΩΝ.

Ἁλιεύς τις αὐλοὺς εἶχε, καὶ σοφῶς ηὔλει.
Καὶ δήποτ' ὄψον ἐλπίσας ἀμοχθήτως
πολὺ πρὸς αὐλῶν ἡδυφωνίην ἥξειν,
τὸ δίκτυον θεὶς¹ ἐτερέτιζεν εὐμούσως.
Ἐπεὶ δὲ φυσῶν ἔκαμε καὶ μάτην ηὔλει, 5

9. LE PÊCHEUR QUI JOUE DE LA FLUTE.

Un pêcheur avait une flûte dont il jouait à merveille. Un jour, espérant que sans autre peine il attirerait à lui quantité de poissons par la douceur de ses accords, il déposa son filet, et commença un prélude harmonieux. Enfin, las de souffler et de s'épuiser en sons inutiles,

τὸν ἵππον παρὰ αὐτόν,
καὶ λύων πάντα τὸν γόμον,
ἐτίθει ἐπὶ αὐτόν,
τήν τε σάγην τοῦ κτήνους,
καὶ προσεπέθηκε
τὴν ὀνείην, ἐκδείρας.
Ὁ δὲ ἵππος ἔφη·
« Οἴμοι τῆς κακῆς γνώμης·
τοῦτο αὐτὸ γάρ,
οὗ οὐκ ἐβουλήθην
μετασχεῖν μικρόν,
ἡ χρείη
ἐπιτέθεικέ μοι πᾶν. »

le cheval près de lui (de l'âne),
et détachant tout le fardeau,
le plaçait sur lui (le cheval),
et le bât de la bête-de-somme,
et il ajoutait-en-outre
la *peau* de-l'âne, *l'*ayant écorché.
Mais le cheval dit :
« Hélas, le mauvais raisonnement !
car cette même *charge*,
dont je ne voulais pas
prendre-part un-peu,
la nécessité
me *l'*a imposée tout-entière ! »

Η'. ΑΡΑΨ ΚΑΙ ΚΑΜΗΛΟΣ.

Ἄραψ ἐπηρώτα κάμηλον
ἀχθίσας,
πότερα αἱροῖτο μᾶλλον
ἀναβαίνειν,
ἢ βαίνειν κάτω.
Καὶ ὁ κάμηλος εἶπεν,
οὐκ ἄτερ μούσης·
« Ἡ γὰρ ὀρθὴ τῶν ὁδῶν
ἀπεκλείσθη; »

8. L'ARABE ET LE CHAMEAU.

Un Arabe interrogea un chameau
après *l'*avoir chargé,
s'il préférait plutôt
monter,
que aller en-bas (descendre).
Et le chameau dit,
non sans sagesse :
« Le droit des chemins
a donc été fermé ? »

Θ'. ΑΛΙΕΥΣ ΑΥΛΩΝ.

Ἁλιεύς τις εἶχεν αὐλούς,
καὶ ηὔλει σοφῶς.
Καὶ δήποτε ἐλπίσας
πρὸς ἡδυφωνίην αὐλῶν
ἥξειν ἀμοχθήτως
πολὺ ὄψον,
εἰς τὸ δίκτυον,
τερέτιζεν εὐμούσως.
Ἐπεὶ δὲ ἔκαμε
φυσῶν

9. LE PÊCHEUR JOUANT-DE-LA-FLUTE.

Certain pêcheur avait une flûte,
et il *en* jouait avec-talent.
Et un-jour ayant conçu-l'espoir
qu'aux doux-accents de la flûte
il *lui* viendrait sans-fatigue
beaucoup de poisson,
après avoir déposé *son* filet,
il préludait mélodieusement.
Mais lorsqu'il se fut fatigué
en soufflant (à souffler)

βαλὼν σαγήνην, ἔλαβεν ἰχθύας πλείστους.
Ἐπὶ γῆς δ' ἰδὼν σπαίροντας ἄλλον ἀλλοίως,
τοσαῦτ' ἐκερτόμησε, τὸν βόλον² πλύνων·
« Ἄναυλα νῦν ὀρχεῖσθε· κρεῖσσον ἦν ὑμᾶς
πάλαι χορεύειν, ἡνίκ' εἰς χορούς ηὔλουν. »   10
[Οὐκ ἔστιν ἀπόνως οὐδ' ἀλύοντα κερδαίνειν·
ὅταν βαλὼν³ δὲ τοῦθ' ἕλῃς ὅπερ βούλει,
τοῦ κερτομεῖν σοι καιρός ἐστι καὶ παίζειν.]

il jette son filet, et prend bon nombre de poissons. Lorsqu'il les vit frétiller à terre, chacun à sa manière, tout en lavant son filet il se mit à les railler : « Vous dansez sans flûte à présent, leur disait-il ; il eût mieux valu danser tantôt, pendant que ma flûte vous y invitait. »

Il n'y a point de profit sans peine et sans occupation sérieuse ; as-tu pris dans tes filets l'objet de tes vœux, c'est alors que tu peux rire et te récréer.

Ι'. ΔΟΥΛΗ ΚΑΙ ΑΦΡΟΔΙΤΗ.

Αἰσχρῆς τις ἤρα καὶ κακορρύπου δούλης
ἰδίης ἑαυτοῦ, καὶ παρεῖχεν αἰτούσης¹
ἅπανθ' ἑτοίμως. Ἡ δέ, χρυσίου πλήρης,
σύρουσα λεπτὴν πορφύρην ἐπὶ κνήμης,
πᾶσαν μάχην συνῆπτεν οἰκοδεσποίνῃ.   5
Τὴν δ' Ἀφροδίτην ὥσπερ αἰτίην τούτων
λύχνοις² ἐτίμα, καὶ καθ' ἡμέρην πᾶσαν
ἔθυεν, ηὔχεθ', ἱκέτευεν, ἠρώτα³,

10. L'ESCLAVE ET VÉNUS.

Un homme était épris de son esclave, femme laide et malpropre, et s'empressait de lui donner tout ce qu'elle demandait. Celle-ci, chargée d'or, vêtue d'une légère étoffe de pourpre qui flottait sur sa jambe, querellait à tout propos la maîtresse de la maison. Elle brûlait des flambeaux en l'honneur de Vénus, à qui elle rendait grâce de son sort ; chaque jour elle sacrifiait à la déesse, lui adressait des vœux, des supplica-

καὶ ηὔλει μάτην, et *qu*'il jouait-de-la-flûte en-vain,
βαλὼν σαγήνην, ayant jeté *son* filet,
ἔλαβεν ἰχθύας πλείστους. il prit des poissons très-nombreux.
Καὶ ἰδὼν Et *les* ayant contemplés
ἀσπαίροντας ἐπὶ γῆς se-débattant sur la terre
ἄλλον ἀλλοίως, un autre d'une-autre-manière.
ἐκερτόμησε τοσαῦτα, il *les* raillait ainsi,
πλύνων τὸν βόλον· en nettoyant le filet :
« Ὀρχεῖσθε νῦν ἄναυλα· « Vous dansez maintenant sans-flûte :
κρεῖσσον ἦν mieux était (eût valu)
ὑμᾶς χορεύειν πάλαι, que vous dansassiez tantôt,
ἡνίκα ηὔλουν quand je jouais-de-la-flûte
εἰς χορούς. pour la danse.
[Οὐκ ἔστι κερδαίνειν [Il n'est point *donné* de gagner
ἀπόνως, οὐδὲ ἀλύοντα· sans-travail, ni en-badaudant ;
ὅταν δὲ βαλὼν mais lorsque, ayant jeté *ton filet*
ἕλῃς τοῦτο ὅπερ βούλει, tu as attrapé ce que tu veux,
καιρός ἐστί σοι *alors* c'est le moment pour toi
τοῦ κερτομεῖν καὶ παίζειν.] de railler et de plaisanter.]

Ι΄. ΔΟΥΛΗ ΚΑΙ ΑΦΡΟΔΙΤΗ. 10. L'ESCLAVE ET VÉNUS.

Ἥρα τις Quelqu'un était-épris
δούλης αἰσχρῆς καὶ κακορρύπου d'une esclave laide et sale
ἰδίης ἑαυτοῦ, appartenant à lui-même,
καὶ αἰτούσης, et quand-elle-demandait,
παρεῖχεν ἑτοίμως il *lui* donnait promptement
ἅπαντα. toutes-choses.
Ἡ δέ, πλήρης χρυσίου, Or celle-ci, chargée d'or,
σύρουσα ἐπὶ κνήμης traînant sur sa jambe
πορφύρην λεπτήν, la pourpre légère,
συνῆπτε πᾶσαν μάχην engageait toute-sorte-de dispute
οἰκοδεσποίνῃ. avec la maîtresse-de-la-maison.
Ἐτίμα δὲ λύχνοις τὴν Ἀφροδίτην, Et elle honorait de flambeaux Vénus,
ὥσπερ αἰτίην τούτων, comme *étant* l'auteur de cela,
καὶ κατὰ πᾶσαν ἡμέρην et chaque jour
ἔθυεν, *lui* faisait-des-sacrifices,
ηὔχετο, ἱκέτευεν, *lui* offrait-des-vœux, *la* suppliait,
ἠρώτα, *la* priait,

ἕως ποτ' αὐτῶν ἡ θεὸς καθευδόντων
ἦλθεν καθ' ὕπνους⁴, καὶ φανεῖσα τῇ δούλῃ, 10
« Μὴ 'μοὶ χάριν σχῇς ὡς καλήν σε ποιούσῃ·
τούτῳ κεχόλωμαι, » φησίν, « ᾧ καλὴ φαίνῃ. »
[Ἅπας δ τοῖς αἰσχροῖσιν ὡς καλοῖς χαίρων
θεοβλαβής τίς ἐστι καὶ φρένας πηρός.]

tions et des prières ; enfin, une nuit qu'elle dormait près de son maître, Vénus lui apparut pendant son sommeil et lui dit : « Ne sois pas si reconnaissante des charmes que tu crois me devoir ; celui dont les yeux te trouvent belle est l'objet de ma colère. »

La laideur n'a l'attrait de la beauté que pour l'esprit aveuglé par le courroux des dieux.

ΙΑ'. ΑΝΘΡΩΠΟΣ ΚΑΙ ΑΛΩΠΗΞ.

Ἀλώπεχ' ἐχθρὴν ἀμπέλων τε καὶ κήπων
ξένη¹ θελήσας περιβαλεῖν τις αἰκίῃ,
τὴν κέρχον ἅψας, καὶ λίνον τι προσδήσας,
ἀφῆκε φεύγειν. Τὴν δ' ἐπίσκοπος δαίμων
εἰς τὰς ἀρούρας τοῦ βαλόντος² ὡδήγει 5
τὸ πῦρ φέρουσαν. Ἦν δὲ ληΐων ὥρη
καὶ καλλίπαις ἄμητος ἐλπίδων πλήρης.
Ὁ δ' ἠκολούθει τὸν πολὺν κόπον κλαίων,
οὐδ' εἶδεν αὐτοῦ τὴν ἅλωνα Δημήτηρ³.

11. L'HOMME ET LE RENARD.

Un homme, pour punir un renard, grand voleur de vignes et de jardins, imagina de l'habiller d'un tour de sa façon ; il lui attacha à la queue un paquet d'étoupes, y mit le feu, puis le laissa s'échapper. Mais un dieu qui le vit poussa la bête dans le champ même de celui qui l'avait lâchée ; elle y porta l'incendie. C'était le temps où la moisson se parait de beaux épis, riche d'espérances. L'homme suivait, pleurant tous ses travaux perdus : Cérès ne visita point son aire.

ἕως ποτὲ ἡ θεός, | jusqu'à-ce-qu'une-fois la déesse,
αὐτῶν καθευδόντων, | comme ils dormaient,
ἦλθε κατὰ ὕπνους, | vint pendant le sommeil,
καὶ φανεῖσα τῇ δούλῃ, | et ayant apparu à l'esclave,
φησί· « Μὴ σχῇς χάριν | dit : « N'aie pas de reconnaissance
ἐμοὶ ὡς σε ποιούσῃ καλήν· | à moi, comme te rendant belle ;
κεχόλωμαι τούτῳ, | je suis courroucée contre celui-ci,
ᾧ φαίνῃ καλή. » | auquel tu parais belle. »
[Ἅπας ὁ χαίρων | [Quiconque se plaît
τοῖς αἰσχροῖσιν ὡς καλοῖς, | aux objets-laids comme *étant* beaux,
ἔστι τις θεοβλαβὴς | est un *homme* frappé-des-dieux
καὶ πηρὸς φρένας.] | et aveuglé *dans son* esprit.]

ΙΑ'. ΑΝΘΡΩΠΟΣ ΚΑΙ ΑΛΩΠΗΞ.
11. L'HOMME ET LE RENARD.

Θελήσας τις περιβαλεῖν | Un *homme* ayant voulu envelopper
ξένῃ αἰκίῃ | dans un étrange traitement
ἀλώπεκα | un renard
ἐχθρὴν ἀμπέλων τε καὶ κήπων, | ennemi et de vignes et de jardins,
ἅψας τὴν κέρκον, | après avoir allumé sa queue,
καὶ προσδήσας λίνον τι, | et y avoir attaché un paquet-de-lin,
ἀφῆκε φεύγειν. | le lâcha pour fuir.
Δαίμων δὲ | Mais la divinité
ἐπίσκοπος | qui-surveille *les actions des hommes,*
ὡδήγει ταύτην | conduisait celui-ci,
φέρουσαν τὸ πῦρ | portant le feu,
εἰς τὰς ἀρούρας | dans les champs
τοῦ βαλόντος. | de celui qui *l*'avait lâché.
Ἦν δὲ ὥρη ληΐων | Or c'était le temps des blés,
καὶ ἄμητος | et la moisson
καλλίπαις | *était* brillante-de-beaux-enfants,
πλήρης ἐλπίδων. | pleine (riche) d'espérances.
Ὁ δὲ ἠκολούθει | Et celui-ci (l'homme) suivait
κλαίων | en pleurant-sur
τὸν πολὺν κόπον, | ses grandes peines *perdues*,
οὐδὲ Δημήτηρ εἶδεν | et Cérès (la moisson) ne vit point
τὴν ἅλωνα αὐτοῦ. | l'aire de lui.
Χρὴ εἶναι πρᾶον, | Il convient d'être calme,

Χρὴ πρᾶον εἶναι μηδ' ἄμετρα θυμοῦσθαι. 10
Ἔστιν τις ὀργῆς Νέμεσις (ἣν φυλασσοίμην),
αὐτοῖς βλάβην φέρουσα τοῖς δυσοργήτοις.

Aimons la modération, et gardons quelque mesure dans nos ressentiments. Il est une divinité vengeresse de la colère (puisse-t-elle m'épargner!) qui s'est chargée de perdre ceux qui s'abandonnent à leurs emportements.

IB'. ΑΗΔΩΝ ΚΑΙ ΧΕΛΙΔΩΝ.

Ἀγροῦ χελιδὼν μακρὸν[1] ἐξεπωτήθη.
Εὗρεν δ' ἐρήμοις ἐγκαθημένην ὕλαις
ἀηδόν' ὀξύφωνον· ἡ δ' ἀπεθρήνει
τὸν Ἴτυλον[2] ὠμὸν ἐκπεσόντα τῆς ὥρης.
[Ἐκ τοῦ μέλους δ' ἔγνωσαν αἱ δύ' ἀλλήλας· 5
καὶ δὴ προσέπτησάν τε καὶ προσωμίλουν.]
Χἠ μὲν χελιδὼν εἶπε· « Φιλτάτη ζώων[3],
πρῶτον βλέπω σε σήμερον μετὰ Θρήκην[4].
[Ἀεί τις ἡμᾶς πικρὸς ἔσχισεν δαίμων·
καὶ παρθένοι γὰρ χωρὶς ἦμεν ἀλλήλων.] 10
Ἀλλ' ἐλθ' ἐς ἀγρὸν καὶ πρὸς οἶκον ἀνθρώπων,

12. LE ROSSIGNOL ET L'HIRONDELLE.

Un jour l'hirondelle, quittant ses champs, s'envola dans un bois qu'habitait l'harmonieux rossignol; il y pleurait Itylus, enlevé bien avant l'âge. Toutes deux se reconnurent à leurs chants; elles volèrent l'une vers l'autre, et s'entretinrent ainsi : « Ma sœur, dit l'hirondelle, que les dieux vous prêtent vie! Voici, depuis le temps de Thrace, la première fois que je vous retrouve; toujours quelque divinité ennemie nous a séparées; toutes jeunes encore, nous vivions loin l'une de l'autre. Revenez aux champs, revenez vers la demeure des hommes; là, vos accords seront entendus du laboureur, et non d'ani-

μηδὲ θυμοῦσθαι
ἄμετρα.
Ἔστι Νέμεσίς τις
ὀργῆς
(ἣν φυλασσοίμην),
φέρουσα βλάβην
αὐτοῖς
τοῖς δυσοργήτοις.

et de ne pas s'-emporter
outre-mesure.
Il y a une déesse-vengeresse
des-emportements
(de laquelle puissé-je être préservé),
qui porte la ruine
à ceux-là-mêmes
qui-sont-emportés-par-la-colère.

IB'. ΑΗΔΩΝ ΚΑΙ ΧΕΛΙΔΩΝ.

12. LE ROSSIGNOL ET L'HIRONDELLE.

Χελιδὼν ἐξεπωτήθη
μακρὸν ἀγροῦ.
Εὗρε δὲ ἐγκαθημένην
ὕλαις ἐρήμοις
ἀηδόνα ὀξύφωνον.
Ἡ δὲ ἀπεθρήνει
τὸν Ἴτυλον ἐκπεσόντα
τῆς ὥρης ὠμόν.
[Αἱ δύο δὲ ἔγνωσαν
ἀλλήλας ἐκ τοῦ μέλους·
καὶ δὴ προσέπτησάν τε
καὶ προσωμίλουν.]
Καὶ ἡ μὲν χελιδὼν εἶπε·
« Φιλτάτη ζώων,
πρῶτον
βλέπω σε σήμερον
μετὰ Θρήκην.
[Πικρός τις δαίμων
ἡμᾶς ἔσχισεν αἰεί·
καὶ γὰρ παρθένοι
ἦμεν χωρὶς
ἀλλήλων.]
Ἀλλὰ ἐλθὲ ἐς ἀγρὸν
καὶ πρὸς οἶκον ἀνθρώπων,
ὅπου ᾄσεις γεωργοῖς,
καὶ οὐχὶ θηρίοις.
Κατοικήσεις

Une hirondelle s'envola
loin de *son* champ.
Et elle trouva perché
dans des bois déserts
le rossignol à-la-voix-sonore.
Or celui-ci pleurait
l'Itylus déchu de (enlevé à)
la fleur-de-l'âge prématurément.
[Et les deux *se* reconnurent
l'un-l'autre à leur chant :
et déjà ils volèrent *l'un vers l'autre*,
et ils conversaient.]
Et l'hirondelle de son côté dit :
« O la plus chère des êtres-vivants,
pour-la-première-fois
je te vois aujourd'hui
après la Thrace.
[Quelque cruelle divinité
nous a séparées toujours ;
car jeunes-filles *encore*
nous étions séparément (séparées)
l'une-de-l'autre.]
Mais viens au champ
et vers la demeure des hommes,
où tu chanteras aux laboureurs,
et non aux bêtes-féroces.
Tu habiteras

ὅπου γεωργοῖς κοὐχὶ θηρίοις ᾄσεις.
Σύσκηνος ἡμῖν καὶ φίλη κατοικήσεις.
[Ὕπαιθρον ὕλην λεῖπε καὶ παρ' ἀνθρώποις
ὁμωρόφον μοι δῶμα καὶ στέγην οἴκει. 15
Τί σε δροσίζει νυκτὸς ἔννυχος στίβη,
καὶ καῦμα θάλπει, πάντα δ' ἀγρότιν τήκει[5];
Ἄγε δὴ σεαυτήν, σοφὰ λαλοῦσα, μήνυσον. »]
Τὴν δ' αὖτ' ἀηδὼν ὀξύφωνος ἠμείφθη[6]·
« Ἔα με πέτραις ἐμμένειν ἀοικήτοις· 20
[καὶ μή μ' ὀρεινῆς ὀργάδος σὺ χωρίσσῃς.
Μετὰ τὰς Ἀθήνας ἄνδρα καὶ πόλιν φεύγω·]
οἶκος δέ μοι πᾶς χἠπίμιξις ἀνθρώπων
λύπην παλαιῶν συμφορῶν ἀναξαίνει. »

[Παραμυθία τίς ἐστι τῆς κακῆς μοίρης 25
λόγος σοφός, καὶ μοῦσα, καὶ φυγὴ πλήθους·
λύπη δ', ὅταν τις, οἷσιν εὐθενῶν ὤφθη,
τούτοις ταπεινὸς αὖθις ὢν συνοικήσῃ.]

maux sauvages. Nous habiterons ensemble, en amies, sous le même toit. Quittez cette forêt sans abri, venez partager avec moi chez l'homme ma maison et mon nid. Pourquoi rester exposée au froid des nuits humides, à la chaleur brûlante qui dévore ces solitudes? De grâce, dites-moi votre avis, et qu'il soit sage. » Alors l'harmonieux rossignol : « Laissez-moi parmi ces roches inhabitées, ne m'arrachez pas de ces montagnes sauvages. Depuis Athènes, je fuis les hommes et les villes ; la vue de leurs maisons, leur commerce, ravivent la douleur de mes vieilles infortunes. »

De sages entretiens, la philosophie, la solitude, peuvent consoler d'une mauvaise destinée ; il est dur de revoir, lorsqu'on est dans le malheur, ceux qu'on a eus pour témoins d'une meilleure fortune.

σύσκηνος ἡμῖν	compagne-du-même-toit avec nous
καὶ φίλη.	et amie. [(moi)
[Λεῖπε ὕλην ὕπαιθρον,	[Quitte la forêt sans-abri,
καὶ οἴκει παρ' ἀνθρώποις	et habite près des hommes
στέγην καὶ δῶμα	un toit et une demeure
ὁμώροφόν μοι.	d'un-même-abri avec moi.
Τί στίβη ἔννυχος	Pourquoi la gelée nocturne
σὲ δροσίζει	t'humecte-t-elle
νυκτός,	pendant-la-nuit,
καὶ καῦμα θάλπει,	et la chaleur te brûle,
καὶ πάντα τήκει	et tout te consume
ἀγρότιν;	étant-sauvage?
Ἄγε δὴ μήνυσον σεαυτὴν	Allons explique toi,
λαλοῦσα σοφά. »	disant-des-paroles sages. »
Τὴν δὲ ἠμείφθη αὖτε	A celle-ci répondit à-son-tour
ἀηδὼν ὀξύφωνος·	le rossignol à-la-voix-sonore :
« Ἔα με ἐμμένειν	« Laisse moi demeurer
πέτραις ἀοικήτοις,	dans les rochers inhabités,
[καὶ σὺ μή με χωρίσσῃς	[et toi ne me sépare pas
ὀργάδος ὀρεινῆς.	de cette contrée montagneuse.
Μετὰ τὰς Ἀθήνας	Depuis Athènes
φεύγω ἄνδρα καὶ πόλιν·]	je fuis l'homme et la cité :]
πᾶς δὲ οἶκος,	et toute habitation,
καὶ ἡ ἐπίμιξις ἀνθρώπων	et le commerce des hommes
ἀναξαίνει μοι λύπην	ravive à moi la douleur
παλαιῶν συμφορῶν. »	de mes anciens malheurs. »
[Λόγος σοφὸς	[Un discours sage,
καὶ μοῦσα	et la philosophie,
καὶ φυγὴ πλήθους	et la fuite loin de la multitude
ἐστὶ παραμυθία τις	est (sont) une certaine consolation
τῆς κακῆς μοίρης·	de la mauvaise destinée :
λύπη δέ,	mais c'est une peine,
ὅταν τις,	quand quelqu'un,
ὢν ταπεινός,	étant humilié,
συνοικήσῃ αὖθις τούτοις,	demeure de-nouveau avec ceux,
οἷσιν ὤφθη	par lesquels il a été vu
εὐθενῶν.]	étant heureux.]

ΙΓ'. ΓΕΩΡΓΟΣ ΚΑΙ ΠΕΛΑΡΓΟΣ.

Αὔλακι λεπτὰς παγίδας ἀγρότης πήξας,
γεράνους σποράων πολεμίας συνειλήφει.
Τοῦτον πελαργὸς ἱκέτευε χωλεύων·
ὁμοῦ γὰρ αὐταῖς καὶ πελαργὸς ἡλώκει·
« Οὐκ εἰμὶ γέρανος· οὐ σπόρον καταφθείρω· 5
πελαργός εἰμι (χἠ χρόη με σημαίνει),
πτηνῶν πελαργὸς εὐσεβέστατον ζώων·
τὸν ἐμὸν τιθηνῶ πατέρα καὶ νοσηλεύω. »
Κἀκεῖνος, « Ὦ πελαργέ, τίνι βίῳ χαίρεις
οὐκ οἶδα, » φησίν· « ἀλλὰ τοῦτο γινώσκω· 10
ἔλαβόν σε σὺν ταῖς τἆργα τἀμὰ πορθούσαις·
ἀπολῇ μετ' αὐτῶν τοιγαροῦν, μεθ' ὧν ἥλως. »
[Κακοῖς ὁμιλῶν, ὡς ἐκεῖνοι μισήσῃ[1],
κἂν μηδὲν αὐτὸς τοὺς πέλας καταβλάψῃς.]

13. LE LABOUREUR ET LA CIGOGNE.

Un laboureur tendit des lacets à fines mailles au travers de ses sillons, et y prit des grues qui faisaient la guerre à ses semailles. Une cigogne au pied boiteux, tombée au piége avec les autres, le suppliait : « Je ne suis point grue, disait-elle ; je ne fais pas tort à tes semences. Je suis la cigogne (vois plutôt la couleur de mon plumage), la cigogne, le plus pieux des oiseaux ; je nourris et je soigne mon père malade. » Mais l'homme : « Je ne sais pas, ô cigogne, comment tu vis ; mais je sais bien que je t'ai trouvée en compagnie de celles qui dévastent mes ouvrages ; prise avec elles, avec elles tu périras. »

Si vous vivez avec les méchants, vous serez détestés comme eux, n'eussiez-vous fait de mal à personne.

ΙΔ'. ΑΡΚΤΟΣ ΚΑΙ ΑΛΩΠΗΞ.

Ἄρκτος φιλεῖν ἄνθρωπον ἐκτόπως ηὔχει·
νεκρὸν γὰρ αὐτοῦ σῶμ' ἔφασκε μὴ σύρειν.

14. L'OURS ET LE RENARD.

Un ours se vantait d'être fort ami de l'homme : jamais, disait-il, il ne déchirait son cadavre. Un renard lui répondit : « J'aimerais mieux

ΙΓ'. ΓΕΩΡΓΟΣ
ΚΑΙ ΠΕΛΑΡΓΟΣ.

13. LE LABOUREUR
ET LA CIGOGNE.

Ἀγρότης πήξας
αὔλαξι λεπτὰς παγίδας,
συνειλήφει γεράνους
πολεμίας σποράων.
Πελαργὸς χωλεύων
ἱκέτευε τοῦτον·
αὐταῖς γὰρ ὁμοῦ
ἡλώκει καὶ πελαργός·
« Οὐκ εἰμὶ γέρανος·
οὐ καταφθείρω σπόρον·
εἰμὶ πελαργός,
(καὶ ἡ χρόη σημαίνει με),
πελαργός, εὐσεβέστατον
ζώων πτηνῶν·
τιθηνῶ
καὶ νοσηλεύω
τὸν ἐμὸν πατέρα. »
Καὶ ἐκεῖνός φησιν·
« Ὦ πελαργέ, οὐκ οἶδα
τίνι βίῳ χαίρεις·
ἀλλὰ γινώσκω τοῦτο· ἔλαβόν σε
σὺν ταῖς πορθούσαις
τὰ ἐμὰ ἔργα·
τοιγαροῦν ἀπολῇ μετὰ αὐτῶν,
μετὰ ὧν ἥλως. »
[Ὁμιλῶν κακοῖς,
μισήσῃ ὡς ἐκεῖνοι,
καὶ ἐὰν καταβλάψῃς αὐτὸς
μηδὲν τοὺς πέλας.]

Un laboureur ayant fixé
dans des sillons de légers lacets,
avait pris-ensemble des grues
ennemies des semences.
Une cigogne boitant
suppliait cet *homme* :
car avec elles à-la-fois
avait été prise aussi la cigogne :
« Je ne suis point grue ;
je ne dévaste pas les semences :
je suis cigogne,
(et la couleur me fait-connaître),
cigogne, le plus pieux
des animaux ailés :
je nourris
et je soigne-dans-la-maladie
mon père. »
Et l'autre dit :
« O cigogne, je ne sais pas
à quel genre-de-vie tu te-complais :
mais je sais cela : je t'ai prise
avec celles qui dévastent
mes ouvrages ;
ainsi-donc tu périras avec elles,
avec lesquelles tu as été prise. »
[Te-mêlant aux méchants,
tu seras haï comme eux,
même si tu ne nuis toi-même
en-rien au prochain.]

ΙΔ'. ΑΡΚΤΟΣ ΚΑΙ ΑΛΩΠΗΞ.

14. L'OURS ET LE RENARD.

Ἄρκτος ηὔχει
φιλεῖν ἄνθρωπον ἐκτόπως·
ἔφασκε γὰρ
μὴ σύρειν

Un ours se-vantait
d'aimer l'homme excessivement :
il répétait, en effet,
qu'il ne déchirait pas

Πρὸς ἣν ἀλώπηξ εἶπε· « Μᾶλλον ἡρούμην,
εἰ νεκρὸν εἷλκες, τοῦ δὲ ζῶντος οὐχ ἥπτου. »
Ὁ ζῶντα¹ βλάπτων μὴ νεκρόν με θρηνείτω. 5

te voir dévorer les morts que te jeter sur les vivants. »
Que celui qui me fait du mal pendant ma vie ne pleure pas mon trépas.

ΙΕ΄. ΑΝΗΡ ΑΘΗΝΑΙΟΣ ΚΑΙ ΘΗΒΑΙΟΣ.

Ἀνὴρ Ἀθηναῖός τις ἀνδρὶ Θηβαίῳ
κοινῶς ὁδεύων, ὥσπερ εἰκός, ὡμίλει.
Ῥέων δ' ὁ μῦθος ἦλθε μέχρις Ἡρώων,
μακρὴ μὲν ἄλλως ῥῆσις¹, οὐδ' ἀναγκαίη.
Τέλος δ' ὁ μὲν Θηβαῖος υἱὸν Ἀλκμήνης 5
μέγιστον ἀνδρῶν, νῦν δὲ καὶ θεῶν ὑμνεῖ·
ὁ δ' ἐξ Ἀθηνῶν ἔλεγεν ὡς πολὺ κρείσσων
Θησεὺς γένοιτο, καὶ τύχης ὁ μὲν θείης²
ὄντως λέλογχεν, Ἡρακλῆς δὲ δουλείης.
Λέγων δ' ἐνίκα· στωμύλος γὰρ ἦν ῥήτωρ· 10
ὁ δ' ἄλλος, ὡς Βοιωτός³, οὐκ ἔχων ἴσην

15. L'ATHÉNIEN ET LE BÉOTIEN.

Un homme d'Athènes et un Thébain faisaient même route et devisaient ensemble, selon la coutume des voyageurs. Après maints discours on en vint à parler des héros; la conversation allait au hasard, et se prolongeait en vains propos. Enfin, le Thébain se mit à célébrer le fils d'Alcmène qui, après avoir été le plus grand des hommes, se trouvait maintenant parmi les dieux; de son côté, l'Athénien mettait Thésée bien au-dessus, et soutenait qu'il avait eu réellement en partage la destinée d'un dieu, et Hercule celle d'un esclave. Il eut tout l'avantage de la discussion, car il était beau parleur; l'autre, véritable Thébain, moins aguerri à ce combat de paroles, lui dit d'un ton

σῶμα νεκρὸν αὐτοῦ.
Πρὸς ἢν ἀλώπηξ εἶπεν·
« Ἠρούμην μᾶλλον,
εἰ εἷλκες νεκρόν,
οὐχ ἥπτου δὲ τοῦ ζῶντος. »
Ὁ βλάπτων
ζῶντά με
μὴ θρηνείτω νεκρόν.

le corps mort de lui.
Auquel le renard dit :
J'aimerais davantage,
si tu traînais un mort,
et ne t'-attaquais pas au vivant. »
Que celui qui fait-du-mal
à moi vivant,
ne pleure pas sur *moi étant* mort.

ΙΕ΄. ΑΝΗΡ ΑΘΗΝΑΙΟΣ ΚΑΙ ΘΗΒΑΙΟΣ.

15. L'HOMME D'-ATHÈNES ET *L'HOMME* DE-THÈBES.

Ἀνήρ τις Ἀθηναῖος
ὁδεύων κοινῶς
ἀνδρὶ Θηβαίῳ,
ὡμίλει,
ὥσπερ εἰκός.
Ὁ μῦθος δὲ ῥέων
ἦλθε μέχρις ἡρώων,
ῥῆσις μὲν μακρὴ
ἄλλως,
οὐδὲ ἀναγκαίη·
τέλος δὲ ὁ μὲν Θηβαῖος
ὕμνει υἱὸν Ἀλκμήνης
μέγιστον
ἀνδρῶν,
νῦν δὲ
καὶ θεῶν·
ὁ δὲ ἐξ Ἀθηνῶν
ἔλεγεν ὡς Θησεὺς
γένοιτο πολὺ κρείσσων,
καὶ ὁ μὲν
λέλογχεν ὄντως τύχης θείης,
Ἡρακλῆς δὲ
δουλείης.
Λέγων δὲ ἐνίκα·
ἦν γὰρ ῥήτωρ στωμύλος.
Ὁ δὲ ἄλλος, οὐκ ἔχων λόγοις
ἴσην ἅμιλλαν,

Certain homme d'-Athènes
cheminant en-compagnie
avec un homme de-Thèbes,
conversait *avec lui*,
comme *il-est-*naturel.
Et le discours roulant
arriva jusqu'aux héros,
conversation longue
d'ailleurs
et pas essentielle :
mais *à* la fin le Thébain de-son-côté
vantait le fils d'Alcmène
comme ayant été le plus grand
des hommes,
et *étant* maintenant
même *au nombre* des dieux :
l'*homme* d'Athènes de-son-côté
disait que Thésée
lui était de-beaucoup supérieur,
et *que* celui-ci
a acquis en-réalité un sort divin ;
Hercule au contraire
un sort d'-esclave.
Et discutant il l'emportait :
il était, en effet, un parleur disert.
Or l'autre, n'ayant pas en paroles
une égale dextérité-de-lutte,

λόγοις ἄμιλλαν, εἶπεν ἀγρίη μούσῃ⁴·
« Πέπαυσο⁵· νικᾷς. Τοιγαροῦν χολωθείη
Θησεὺς μὲν ἡμῖν, Ἡρακλῆς δ' Ἀθηναίοις. »

bourru : « Brisons là ; tu l'emportes. A la bonne heure, que Thésée exerce sa colère contre nous, et Hercule contre les Athéniens. »

Ις'. ΛΥΚΟΣ ΚΑΙ ΓΡΑΥΣ.

Ἄγροικος ἠπείλησε νηπίῳ τίτθῃ
κλαίοντι· « Παῦσαι· μή σε τῷ λύκῳ ῥίψω. »
Ὁ λύκος δ' ἀκούσας, τήν τε γραῦν ἀληθεύειν
νομίσας, ἔμεινεν, ὡς ἕτοιμα δειπνήσων,
ἕως ὁ παῖς μὲν ἑσπέρης ἐκοιμήθη·   5
αὐτὸς δὲ πεινῶν, καὶ λύκος χανὼν¹ ὄντως,
ἀπῆλθε νωθραῖς ἐλπίσι παρεδρεύσας.
Λύκαινα δ' αὐτὸν ἡ σύνοικος ἠρώτα·
« Πῶς οὐδὲν ἄρας ἦλθες, ὥσπερ εἰώθεις²; »
Ὁ δ' εἶπε· « Πῶς γάρ, ὃς γυναικὶ πιστεύω; »   10

16. LE LOUP ET LA VIEILLE.

Une nourrice de village menaçait son enfant qui pleurait : « Tais-toi, ou je te donne au loup. » Le loup entendit, et crut que la vieille parlait tout de bon ; il resta, comptant avoir un souper tout prêt, tant que sur le soir l'enfant s'endormit ; pour lui, il s'en revint à jeun, et, comme on dit, la gueule ouverte, après avoir guetté un repas imaginaire. « Comment, contre ton habitude, ne rapportes-tu rien aujourd'hui ? » demanda sa compagne la louve. « Que veux-tu, repartit le loup, j'ai cru à la parole d'une femme. »

ὡς Βοιωτός,	comme *étant* un Béotien,
εἶπε μούσῃ ἀγρίῃ·	dit d'un ton bourru :
« Πέπαυσο· νικᾷς.	« Cesse : tu l'emportes.
Τοιγαροῦν Θησεὺς μὲν	Qu'ainsi-donc Thésée
χολωθείη ἡμῖν,	soit irrité contre nous,
Ἡρακλῆς δὲ Ἀθηναίοις. »	et Hercule contre les Athéniens. »

ΙϚ'. ΛΥΚΟΣ ΚΑΙ ΓΡΑΥΣ. — 16. LE LOUP ET LA VIEILLE.

Τίτθη ἄγροικος	Une nourrice de-la-campagne
ἠπείλησε νηπίῳ κλαίοντι·	menaça *ainsi* un enfant qui pleurait:
« Παῦσαι·	« Cesse :
μή σε ῥίψω	de peur que je ne te jette
τῷ λύκῳ. »	au loup ! »
Ὁ λύκος δὲ ἀκούσας,	Or le loup *l'*ayant entendue,
νομίσας τε	et s'étant imaginé
τὴν γραῦν	que la vieille
ἀληθεύειν,	disait-vrai (parlait sérieusement),
ἔμεινεν,	resta,
ὡς δειπνήσων	comme devant-faire-un-souper
ἕτοιμα,	tout-prêt,
ἕως ὁ παῖς μὲν	jusqu'à-ce-que l'enfant
ἑσπέρης ἐκοιμήθη·	le soir fut endormi ;
αὐτὸς δὲ πεινῶν	et lui-même affamé
καὶ ὄντως	et véritablement
λύκος χανών,	« loup à-la-bouche-béante, »
ἀπῆλθε	s'en-alla
παρεδρεύσας	après avoir été assis-là-guettant
νωθραῖς ἐλπίσι.	dans un vain espoir.
Λύκαινα δὲ ἡ σύνοικος	Et la louve sa compagne
αὐτὸν ἠρώτα·	lui demandait :
« Πῶς ἦλθες,	« Comment es-tu venu,
οὐδὲν ἄρας,	n'ayant rien enlevé,
ὥσπερ εἰώθεις ; »	comme tu *en* avais l'habitude ? »
Ὁ δὲ εἶπε·	Et il dit :
« Πῶς γάρ,	« Comment, en effet, *l'aurais-je fait*,
ὃς πιστεύω γυναικί ; »	*moi* qui ai-foi en une femme ? »

ΙΖ'. ΑΙΛΟΥΡΟΣ ΚΑΙ ΑΛΕΚΤΡΥΩΝ.

Αἴλουρος ὄρνεις οἰκίης ἐνεδρεύων,
ὡς θύλακός τις πασσάλων ἀπηρτήθη.
Τὸν δ' εἶδ' ἀλέκτωρ πινυτὸς ἀγκυλογλώχιν[1],
καὶ ταῦτ' ἐκερτόμησεν ὀξὺ φωνήσας·
« Πολλοὺς μὲν οἶδα θυλάκους ἰδὼν ἤδη· 5
οὐδεὶς δ' ὀδόντας ζῶντος εἶχεν αἰλούρου. »

17. LE CHAT ET LE COQ.

Un chat qui guettait des poules s'était suspendu, en guise de sac, aux clous du plancher de la maison; un coq, fin matois, au bec crochu, l'aperçut et se railla de lui : « Je connais les sacs, lui cria-t-il de sa voix perçante; j'en ai vu plus d'un, et ils n'avaient pas des dents de chat vivant. »

ΙΗ'. ΒΟΡΕΑΣ ΚΑΙ ΗΛΙΟΣ.

Βορέῃ λέγουσιν Ἡλίῳ τε τοιαύτην
ἔριν γενέσθαι· πότερος ἀνδρὸς ἀγροίκου
ὁδοιποροῦντος τὴν σισύραν[1] ἀπεκδύσει.
Βορέης δ' ἐφύσα πρῶτος οἷος ἐκ Θρήκης,
βίῃ νομίζων τὸν φοροῦντα συλήσειν. 5
Ὁ δ' οὐ μεθῆκε μᾶλλον[2], ἀλλὰ ῥιγώσας,
καὶ πάντα κύκλῳ χερσὶ κράσπεδα σφίγξας,
καθῆστο, πέτρης νῶτον ἐξοχῇ κλίνας[3].

18. BORÉE ET LE SOLEIL.

Borée et le Soleil disputèrent, dit-on, à qui dépouillerait de son manteau un paysan qui faisait route. Borée, le premier, souffle comme s'il arrivait du fond de la Thrace, comptant sur sa violence pour dégarnir les épaules du voyageur. Notre homme ne lâche pas pour cela son manteau; mais, glacé de froid, il le serre des deux mains contre son corps, et va s'asseoir, adossé à la saillie d'un rocher. Le Soleil

FABLES DE BABRIUS.

ΙΖ'. ΑΙΛΟΥΡΟΣ ΚΑΙ ΑΛΕΚΤΡΥΩΝ.

17. LE CHAT ET LE COQ.

Αἴλουρος ἐνεδρεύων
ὄρνεις οἰκίης,
ἀπηρτήθη ὥς τις θύλακος
πασσάλων.
Τὸν δὲ ἀλέκτωρ πινυτὸς
ἀγκυλογλώχιν εἶδε,
καὶ ἐκερτόμησε ταῦτα,
φωνήσας ὀξύ·
« Οἶδα μὲν ἰδὼν
ἤδη πολλοὺς θυλάκους·
οὐδεὶς δὲ εἶχεν
ὀδόντας αἰλούρου ζῶντος. »

Un chat tendant-un-piége
aux poules d'une maison (cour),
s'était suspendu comme un sac
à des clous.
Et un coq avisé
au-bec-crochu le vit,
et *le* railla ainsi,
criant d'une-voix-aiguë :
« Je sais ayant vu (que j'ai vu)
déjà beaucoup de sacs :
mais aucun *n*'avait
les dents d'un chat vivant. »

ΙΗ'. ΒΟΡΕΑΣ ΚΑΙ ΗΛΙΟΣ.

18. BORÉE ET LE SOLEIL.

Λέγουσιν ἔριν τοιαύτην
γενέσθαι Βορέῃ
Ἡλίῳ τε·
πότερος ἀπεκδύσει τὴν σισύραν
ἀνδρὸς ἀγροίκου ὁδοιποροῦντος.
Βορέης δὲ πρῶτος
ἐφύσα οἷος
ἐκ Θρῄκης,
νομίζων
συλήσειν βίᾳ
τὸν φοροῦντα.
Ὁ δὲ
οὐ μεθῆκε
μᾶλλον,
ἀλλὰ ῥιγώσας
καὶ σφίγξας χερσὶ
κύκλῳ
πάντα κράσπεδα, καθῆστο,
κλίνας νῶτον
ἐξοχῇ πέτρης.
Ὁ δὲ Ἥλιος,

On raconte que la lutte suivante
fut à (entre) Borée
et au Soleil, *à savoir :*
lequel-des-deux ôterait le sarreau
d'un homme paysan faisant-route.
Et Borée le premier
soufflait tel qu'*il souffle*
venant de Thrace,
s'imaginant
qu'il dépouillerait par la violence
celui qui portait *le sarreau.*
Mais celui-ci
n'abandonna *pour cela*
pas davantage *le sarreau,*
au-contraire, transi-de-froid,
et après avoir serré des mains
tout-autour-de *lui*
tous les bords, il s'assit,
ayant appuyé le dos
contre la saillie d'un rocher.
Le Soleil à-son-tour,

2.

Ὁ δ' Ἥλιος τὸ πρῶτον ἠοῦς ἐκκύψας,
ἀνῆκεν αὐτὸν τοῦ δυσηνέμου ψύχους· 10
ἔπειτα δ' αὖ προσῆγε τὴν ἕλην πλείω,
καὶ καῦμα τὸν γεωργὸν εἶχεν ἐξαίφνης·
αὐτὸς⁴ δὲ ῥίψας τὴν σισύραν ἐγυμνώθη.
Βορέης μὲν οὕτω συγκριθεὶς ἐνικήθη.

Λέγει δ' ὁ μῦθος· Πραότητα, παῖ, ζήλου· 15
ἀνύσεις τι πειθοῖ μᾶλλον ἢ βίη ῥέζων.

alors perce les nues, et, montrant sa douce face, fait oublier au voyageur les rigueurs de la froide bise; bientôt sa chaleur devient plus vive, et en un instant le bonhomme sent toutes les ardeurs du midi; aussitôt, et de lui-même, il dépouille et rejette son manteau. Ainsi Borée fut vaincu dans la lutte.

Cette fable te dit : Enfant, use de la douceur : pour réussir, mieux vaut la persuasion que la violence.

ΙΘ'. ΒΟΤΡΥΣ ΚΑΙ ΑΛΩΠΗΞ.

Βότρυς μελαίνης ἀμπέλου παρωρείης¹
ἀπεκρέμαντο· τοὺς δὲ ποικίλη κερδὼ
ἰδοῦσα πλήρεις, πολλάκις μὲν ὡρμήθη
πηδῶσα ποσσὶ πορφυρῆς θιγεῖν ὥρης²·
ἦν γὰρ πέπειρος κεῖς τρύγητον ἀκμαίη· 5
κάμνουσα δ' ἄλλως (οὐ γὰρ ἴσχυε ψαύειν),
παρῆλθεν, οὕτω βουκολοῦσα³ τὴν λύπην·
« Ὄμφαξ ὁ βότρυς, οὐ πέπειρος ὡς ᾤμην. »

19. LE RENARD ET LES RAISINS.

De beaux raisins noirs pendaient au flanc d'une colline ; un renard des plus fins, qui les vit si gros et si bien remplis, essaya à force de sauts et de bonds d'atteindre leurs grappes purpurines : ils étaient mûrs, en effet, et tout prêts pour la vendange. Après qu'il se fut donné bien du mal, sans jamais pouvoir les toucher, il s'en retourna, adoucissant ainsi son chagrin : « Ces raisins sont verts ; ils ne sont pas mûrs, comme je l'avais cru. »

ἐκκύψας ἡδύς,	perçant doux,
αὐτὸν ἀνῆκε τὸ πρῶτον	le délivra d'abord
ψύχους τοῦ δυσηνέμου·	du froid causé-par-la-bise-funeste :
ἔπειτα δὲ αὖ	ensuite de-plus
προσῆγε τὴν ἕλην πλείω,	il amena l'ardeur plus-vive,
καὶ ἐξαίφνης καῦμα	et en-un-instant la chaleur
εἶχε γεωργόν·	possédait le laboureur :
ῥίψας δὲ αὐτὸς	et jetant de-lui-même
τὴν σισύραν	le sarreau,
ἐγυμνώθη.	il en fut dépouillé.
Βορέης μὲν οὕτως ἐνικήθη	Borée ainsi fut vaincu
συγκριθείς.	s'étant-mesuré-dans-la-lutte.
Ὁ μῦθος δὲ λέγει·	La fable dit :
Παῖ, ζήλου πραότητα·	Enfant, pratique la douceur :
ἀνύσεις τι	tu accompliras une chose
ῥέζων μᾶλλον πειθοῖ	en agissant plutôt par la persuasion
ἢ βίῃ.	que par la violence.

ΙΘ'. ΒΟΤΡΥΣ ΚΑΙ ΑΛΩΠΗΞ. — 19. LES RAISINS ET LE RENARD.

Βότρυς ἀμπέλου μελαίνης	Des raisins d'une vigne noire
ἀπεκρέμαντο παρωρείης·	pendaient d'un côteau ;
τοὺς δὲ ποικίλη κερδὼ ἰδοῦσα	un fin renard les ayant vus
πλήρεις,	gonflés,
ὡρμήθη μὲν	s'efforça
πηδῶσα πολλάκις ποσσὶ	sautant maintes-fois des pieds
θιγεῖν	pour toucher
ὥρης πορφυρῆς·	au fruit à-la-couleur-foncée :
ἦν γὰρ πέπειρος	car il était mûr
καὶ ἀκμαίη εἰς τρύγητον·	et à-point pour la vendange :
κάμνουσα δὲ ἄλλως	mais se fatiguant en-vain
(οὐ γὰρ ἴσχυε ψαύειν),	(car il ne parvenait pas à y toucher),
παρῆλθε,	il passa,
βουκολοῦσα οὕτω τὴν λύπην·	adoucissant ainsi son chagrin :
« Ὁ βότρυς ὄμφαξ,	« Le raisin est vert,
οὐ πέπειρος	et non mûr
ὡς ᾤμην. »	comme je le croyais. »

Κ'. ΒΟΗΛΑΤΗΣ ΚΑΙ ΗΡΑΚΛΗΣ.

Βοηλάτης ἄμαξαν ἦγεν ἐκ κώμης.
Τῆς δ' ἐμπεσούσης εἰς φάραγγα κοιλώδη,
δέον βοηθεῖν, αὐτὸς ἀργὸς εἰστήκει·
τῷ δ' Ἡρακλεῖ προσηύχεθ', ὃν μόνον πάντων
θεῶν ἀληθῶς προσεκύνει τε κἀτίμα.   5
Θεὸς δ' ἐπιστάς, εἶπε· « Τῶν τροχῶν ἅπτου,
καὶ τοὺς βόας κέντριζε· τοῖς θεοῖς δ' εὔχου,
ὅταν τι ποιῇς καὐτός¹, ἢ μάτην εὔξῃ. »

20. LE BOUVIER ET HERCULE.

Un bouvier conduisait un chariot hors de son village. La voiture tomba dans un trou profond ; au lieu de faire effort pour la sortir, l'homme s'arrêta, et, pour toute besogne, se mit à invoquer Hercule, le seul d'entre les dieux qu'il voulût honorer et adorer. Le dieu se montre et lui dit : « Mets la main à la roue, pique tes bœufs ; appelle les dieux quand tu te seras aidé toi-même, ou tu les appelleras en vain. »

ΚΑ'. ΒΟΕΣ.

Βόες μαγείρους ἀπολέσαι ποτ' ἐζήτουν,
ἔχοντας αὐτοῖς πολεμίην ἐπιστήμην.
Καὶ δὴ συνηθροίζοντο, πρὸς μάχην ἤδη
κέρατ'¹ ἀποξύνοντες. Εἷς δέ τις λίην
γέρων ἐν αὐτοῖς πολλὰ γῆν ἀροτρεύσας,   5
« Οὗτοι μὲν ἡμᾶς, » εἶπε, « χερσὶν ἐμπείροις
σφάζουσι καὶ κτείνουσι χωρὶς αἰκίης²·
ἢν δ' εἰς ἀτέχνους ἐμπέσωμεν ἀνθρώπους,

21. LES BOEUFS.

Les bœufs un jour cherchaient à se défaire des bouchers, dont la profession leur est si funeste. Déjà ils s'attroupaient et aiguisaient leurs cornes pour le combat. Un des leurs, un vieux bœuf qui avait longtemps traîné la charrue, leur dit : « Du moins, ceux-ci ont la main habile et nous tuent sans nous faire trop de mal ; mais ce sera

Κ'. ΒΟΗΛΑΤΗΣ ΚΑΙ ΗΡΑΚΛΗΣ.

Βοηλάτης ἦγεν
ἄμαξαν ἐκ κώμης.
Τῆς δὲ ἐμπεσούσης
εἰς φάραγγα κοιλώδη,
δέον βοηθεῖν,
αὐτὸς εἰστήκει
ἀργός·
προσηύχετο δὲ τῷ Ἡρακλεῖ,
ὃν μόνον πάντων θεῶν
προσεκύνει τε καὶ ἐτίμα ἀληθῶς.
Θεὸς δὲ ἐπιστάς,
εἶπεν·
« Ἅπτου τῶν τροχῶν,
καὶ κέντριζε τοὺς βόας·
εὔχου δὲ τοῖς θεοῖς,
ὅταν καὶ αὐτὸς
ποιῇς τι,
ἢ εὔξῃ μάτην. »

20. LE BOUVIER ET HERCULE.

Un bouvier conduisait
un chariot hors d'un village.
Celui-ci s'étant enfoncé
dans un trou profond,
tandis-qu'il-fallait aider,
lui-même (le bouvier) se-tenait-là
oisif :
et il adressait-des-prières à Hercule,
lequel seul de tous les dieux
il adorait et honorait en-réalité.
Or le dieu s'étant approché
lui dit :
« Mets-la-main aux roues,
et pique les bœufs :
et adresse-tes-prières aux dieux,
quand toi-même aussi
tu fais quelque-chose,
ou bien tu *les* prieras en-vain. »

ΚΑ'. ΒΟΕΣ.

Βόες ποτὲ
ἐζήτουν ἀπολέσαι μαγείρους,
ἔχοντας ἐπιστήμην
πολεμίην αὐτοῖς.
Καὶ συνηθροίζοντο δή,
ἀποξύνοντες ἤδη
κέρατα πρὸς μάχην.
Εἷς δέ τις ἐν αὐτοῖς λίην γέρων,
ἀροτρεύσας πολλὰ γῆν,
εἶπεν· « Οὗτοι μὲν
ἡμᾶς σφάζουσι
χερσὶν ἐμπείροις,
καὶ κτείνουσι χωρὶς αἰκίης·
ἢν δὲ ἐμπέσωμεν
εἰς ἀνθρώπους ἀτέχνους,

21. LES BOEUFS.

Une fois les bœufs
cherchaient à tuer les bouchers,
qui avaient une profession
hostile à eux.
Et ils s'attroupaient donc,
aiguisant déjà
les cornes pour le combat.
Mais un parmi eux, bien vieux,
ayant labouré beaucoup la terre,
dit : « Ceux-ci du moins
nous égorgent
avec des mains expertes,
et *nous* tuent sans outrage ;
mais si nous tombons
sur des hommes inhabiles,

διπλοῦς τότ' ἔσται θάνατος· οὐ γὰρ ἐλλείψει
τὸν βοῦν ὁ θύσων, κἂν μάγειρος ἐλλείψῃ. »   10
[Ὁ τὴν παροῦσαν πημονὴν φεύγειν σπεύδων
ὁρᾶν ὀφείλει μή τι χεῖρον ἐξεύρῃ.]

deux fois mourir que de tomber sous les coups de maladroits ; à défaut de bouchers, les bœufs auront encore assez d'égorgeurs. »
Avant de fuir un mal présent, vois à ne pas tomber dans un pire.

ΚΒ'. ΑΝΗΡ ΜΕΣΟΠΟΛΙΟΣ ΚΑΙ ΔΥΟ ΕΡΩΜΕΝΑΙ.

Βίου τις ἤδη τὴν μέσην ἔχων ὥρην
(νέος μὲν οὐκ ἦν, οὐδέπω δὲ πρεσβύτης),
λευκαῖς μελαίνας μιγάδας ἐκλόνει χαίτας·
εἶτ' εἰς ἔρωτας ἐσχόλαζε καὶ κώμους.
Ἦρα γυναικῶν δύο, νέης τε καὶ γραίης·   5
νέον μὲν αὐτὸν ἡ νεῆνις ἐζήτει
βλέπειν ἐραστήν, συγγέροντα δ' ἡ γραίη.
Τῶν οὖν τριχῶν ἑκάστοθ' ἡ μὲν ἀκμαίη
ἔτιλλεν ἃς ηὕρισκε λευκανθιζούσας·
ἔτιλλε δ' ἡ γραῦς, εἰ μέλαιναν ηὑρήκει·   10
ἕως φαλακρὸν ἡ νέη τε χἠ γραίη
ἔθηχ'[1], ἑκάστη τῶν τριχῶν ἀποσπῶσα.
[Ἀεὶ γὰρ ἕν γε[2] τιλλόμενος ἐγυμνοῦτο.

22. L'HOMME ENTRE DEUX AGES ET SES DEUX MAITRESSES.

Un homme de moyen âge, ni vieux ni jeune, portait une chevelure mêlée de blanc et de noir ; il n'en partageait pas moins son temps entre les amours et les joyeux festins. Il avait deux maîtresses, l'une encore fraîche, l'autre déjà sur le retour : la jeune voulait voir en lui un jeune amant ; la vieille voulait un vieux comme elle. Aussi chaque jour la jeune arrachait les cheveux qu'elle trouvait grisonnants ; la vieille, de son côté, saccageait les noirs ; tant qu'enfin, à force de les arracher à l'envi, la vieille et la jeune le rendirent chauve : épilé poil à poil, notre amoureux fut mis à nu.

τότε θάνατος ἔσται διπλοῦς·	alors la mort sera double :
ὁ γὰρ θύσων τὸν βοῦν	car celui qui-immolera le bœuf
οὐκ ἐλλείψει,	ne manquera pas (jamais),
καὶ ἐὰν μάγειρος ἐλλείψῃ. »	même-si le boucher manque. »
[Ὁ σπεύδων φεύγειν	[Celui qui-se-hâte d'échapper
τὴν πημονὴν παροῦσαν	au mal présent
ὀφείλει ὁρᾶν	doit voir (prendre garde)
μὴ ἐξεύρῃ	qu'il ne trouve
χεῖρόν τι.]	quelque-chose de pire.]

ΚΒ'. ΑΝΗΡ ΜΕΣΟΠΟΛΙΟΣ ΚΑΙ ΔΥΟ ΕΡΩΜΕΝΑΙ.
22. L'HOMME ENTRE DEUX AGES ET SES DEUX MAITRESSES.

Ἔχων τις ἤδη	Quelqu'un ayant déjà
ὥρην τὴν μέσην βίου	l'âge moyen de la vie
(ἦν μὲν οὐ νέος,	(il n'était pas jeune,
οὐδέπω δὲ πρεσβύτης),	pas-encore cependant vieillard),
ἐκλόνει χαίτας μελαίνας	agitait des cheveux noirs
μιγάδας λευκαῖς·	entremêlés par de gris :
εἶτα ἐσχόλαζεν	ensuite (et cependant) il s'adonnait
εἰς ἔρωτας καὶ κώμους.	à des amours et à de joyeux-festins.
Ἤρα δύο γυναικῶν,	Il aimait deux femmes,
νέης τε καὶ γραίης·	et une jeune et une vieille :
ἡ μὲν νεῆνις ἐζήτει βλέπειν αὐτὸν	la jeune désirait voir en lui
νέον ἐραστήν,	un jeune amant,
ἡ δὲ γραίη συγγέροντα.	et la vieille un vieux-comme elle.
Ἡ μὲν οὖν	Celle donc
ἀκμαίη	qui-était-dans-sa-fraîcheur
ἔτιλλεν ἑκάστοτε	arrachait chaque-fois
τῶν τριχῶν ἃς ηὕρισκε	des cheveux ceux qu'elle trouvait
λευκανθιζούσας·	étant-blancs :
ἡ δὲ γραῦς ἔτιλλεν,	la vieille aussi arrachait,
εἰ ηὑρήκει μέλαιναν,	quand elle trouvait un noir,
ἕως	jusqu'à-ce-que
ἡ νέη τε καὶ ἡ γραίη	et la jeune et la vieille
ἔθηκε φαλακρόν,	l'eut (l'eurent) rendu chauve,
ἑκάστη ἀποσπῶσα τῶν τριχῶν.	chacune arrachant de ses cheveux.
[Τιλλόμενος γὰρ ἀεὶ ἕν γε	[Car épilé toujours un à un,
ἐγυμνοῦτο.	il était rendu-nu (chauve).

Φάσκει δ' ὁ μῦθος τοῦτο πᾶσιν ἀνθρώποις·
Ἐλεεινὸς ὅστις εἰς γυναῖκας ἐμπίπτει· 15
ἀεὶ γὰρ ἕν γε δακνόμενος³* γυμνοῦται.]

Cette fable s'adresse à tous les hommes et leur dit : « Bien à plaindre est celui qui tombe entre les mains des femmes ; sans cesse tourmenté par elles, il finit par être dépouillé. »

ΚΓ'. ΒΟΗΛΑΤΗΣ ΤΑΥΡΟΝ ΑΠΟΛΕΣΑΣ.

Βοηλάτης ἄνθρωπος εἷς¹ μακρὴν ὕλην
ταῦρον κεράστην ἀπολέσας ἀνεζήτει·
ἔθηκε δ' εὐχὴν ταῖς ὀρεινόμοις νύμφαις,
Ἑρμῇ νομαίῳ², Πανί, τοῖς πέριξ, ἄρνα
λοιβὴν³ παρασχεῖν, εἰ λάβοι γε τὸν κλέπτην. 5
Ὄχθον δ' ὑπερβάς, τὸν καλὸν βλέπει ταῦρον
λέοντι θοίνην· δυστυχὴς δ' ἐπαρᾶται
καὶ βοῦν προσάξειν⁴, εἰ φύγοι γε τὸν κλέπτην.
[Ἐντεῦθεν ἡμᾶς τοῦτ' ἔοικε γινώσκειν,
ἄβουλον εὐχὴν τοῖς θεοῖσι μὴ πέμπειν, 10
ἐκ τῆς πρὸς ὥρην ἐκφορουμένους λύπης.]

23. LE BOUVIER QUI A PERDU SON TAUREAU.

Un bouvier cherchait dans une vaste forêt un taureau aux belles cornes qu'il avait perdu ; il faisait vœu aux nymphes des montagnes, à Mercure, dieu des pâturages, à Pan, à toutes les divinités d'alentour, de leur sacrifier un agneau s'il attrapait le voleur : arrivé au sommet d'une colline, il voit son beau taureau, dont un lion faisait son repas. Le malheureux aussitôt promet d'offrir un bœuf s'il échappe à son voleur.

Ceci nous apprend qu'il ne faut point nous laisser emporter par la douleur du moment à adresser aux dieux des vœux irréfléchis.

ΚΔ'. ΓΑΜΟΙ ΗΛΙΟΥ.

Γάμοι μὲν ἦσαν Ἡλίου θέρους ὥρῃ¹·
τὰ ζῷα δ' ἱλαροὺς ἦγε τῷ θεῷ κώμους.

24. LES NOCES DU SOLEIL.

On célébrait un été les noces du Soleil ; pour faire honneur au dieu, les animaux se livraient aux plaisirs des festins. Les grenouilles même

Ὁ μῦθος δὲ φάσκει τοῦτο
πᾶσιν ἀνθρώποις·
Ἐλεεινὸς ὅστις
ἐμπίπτει εἰς γυναῖκας·
ἀεὶ γὰρ δακνόμενος
ἕν γε γυμνοῦται.]

Cette fable enseigne cela
à tous les hommes :
Digne-de-pitié *est* celui-qui
tombe entre les *mains des* femmes ;
car toujours tourmenté
en une-et-une-chose, il est dépouillé.]

ΚΓ'. ΒΟΗΛΑΤΗΣ ΑΠΟΛΕΣΑΣ ΤΑΥΡΟΝ.

23. LE BOUVIER QUI A PERDU UN TAUREAU.

Ἄνθρωπος βοηλάτης
ἀπολέσας ταῦρον κεράστην
εἰς ὕλην μακρὴν
ἀνεζήτει·
ἔθηκε δὲ εὐχὴν νύμφαις
ταῖς ὀρεινόμοις,
Ἑρμῇ νομαίῳ,
Πανί, τοῖς πέριξ,
παρασχεῖν λοιβὴν ἄρνα,
εἰ λάβοι γε τὸν κλέπτην.
Ὑπερβὰς δὲ ὄχθον,
βλέπει τὸν καλὸν ταῦρον
θοίνην λέοντι·
δυστυχὴς δὲ ἐπαρᾶται
προσάξειν καὶ βοῦν,
εἰ φύγοι γε τὸν κλέπτην.
[Ἐντεῦθεν ἔοικεν
ἡμᾶς γινώσκειν τοῦτο·
μὴ πέμπειν
τοῖς θεοῖς
εὐχὴν ἄβουλον,
ἐκφορουμένους
ἐκ λύπης τῆς πρὸς ὥρην.]

Un homme bouvier
ayant perdu un taureau cornu
échappé dans une forêt vaste,
le cherchait ;
et il fit vœu aux nymphes,
à celles-qui-habitent-les-montagnes,
à Mercure dieu-des-pâturages,
à Pan, aux *divinités* d'alentour,
de *leur* offrir *en* libation un agneau,
si du moins il attrapait le larron.
Et ayant passé-par-dessus une colline,
il voit le beau taureau
devenu repas à un lion ;
et le malheureux fait-vœu
qu'il offrira même un bœuf,
si du-moins il échappe au voleur.
[De-là il convient
que nous reconnaissions cela :
à savoir, qu'il ne *faut* pas adresser
aux dieux
un vœu imprudent,
en nous-laissant-emporter
par une douleur du moment.]

ΚΔ'. ΓΑΜΟΙ ΗΛΙΟΥ.

24. LES NOCES DU SOLEIL.

Ὥρῃ θέρους
γάμοι μὲν Ἡλίου ἦσαν·
τὰ ζῷα δὲ ἦγε
τῷ θεῷ

Au temps d'été
les noces du Soleil avaient-lieu :
et les animaux célébraient
au (en l'honneur du) dieu

Καὶ βάτραχοι δὲ λιμνάδας χοροὺς ἦγον·
οὓς εἶπε παύσας φρῦνος· « Οὐχὶ παιάνων
τοῦτ' ἐστὶν² ἡμῖν, φροντίδων δὲ καὶ λύπης·
ὃς γὰρ μόνος νῦν λιβάδα πᾶσαν αὐαίνει,
τί μὴ πάθωμεν τῶν κακῶν, ἐὰν γήμας
ὅμοιον αὐτῷ παιδίον τι γεννήσῃ; »
Χαίρουσι πολλοὶ τῶν ὑπερβολῇ κούφων
ἐφ' οἷς ἄγαν μέλλουσιν οὐχὶ χαιρήσειν.

dansaient dans leurs marécages; un crapaud mit le holà et leur dit : « Ceci n'est pas pour nous un sujet de chants ni de fêtes, mais bien plutôt de soucis et de douleur. Seul à cette heure il met à sec tout le marais; que n'aurons-nous point à souffrir après son mariage, s'il lui vient un fils qui lui ressemble? »

Bien des gens trop étourdis se réjouissent de choses dont ils ne devraient pas se réjouir.

ΚΕ'. ΛΑΓΩΟΙ ΚΑΙ ΒΑΤΡΑΧΟΙ.

Γνώμη λαγωοὺς εἶχε¹ μηκέτι ζώειν,
πάντας δὲ λίμνης εἰς μέλαν πεσεῖν² ὕδωρ,
ὁθούνεκ' εἰσὶν ἀδρανέστατοι ζώων,
ψυχάς τ' ἄτολμοι, μοῦνον εἰδότες φεύγειν.
Ἐπεὶ δὲ λίμνης ἐγγὺς ἦσαν εὐρείης,
καὶ βατράχων ὅμιλον εἶδον ἀκταίων
βαθέην³ ἐς ἰλὺν ὀκλαδιστὶ πηδώντων,

25. LES LIÈVRES ET LES GRENOUILLES.

Les lièvres prirent un jour la résolution de ne pas vivre davantage, et de s'aller jeter tous ensemble dans l'eau noire d'un marais; ils avaient honte d'être les plus faibles des animaux, des âmes sans courage, de ne savoir que fuir. Arrivés près d'un grand marécage, et voyant sur les bords une troupe de grenouilles qui sautaient, grouillaient et rentraient au plus vite dans la vase profonde, ils s'arrê-

FABLES DE BABRIUS. 43

ἱλαροὺς κώμους.
Καὶ βάτραχοι δὲ λιμνάδες
ἦγον χορούς·
οὓς φρῦνος παύσας
εἶπε·
« Τοῦτο οὐχὶ ἔστιν ἡμῖν
παιάνων,
φροντίδων δὲ καὶ λύπης·
ὃς γὰρ νῦν μόνος
αὐαίνει πᾶσαν λιβάδα,
τί τῶν κακῶν
μὴ πάθωμεν,
ἐὰν γήμας
γεννήσῃ παιδίον τι
ὅμοιον αὐτῷ; »
Πολλοὶ
τῶν κούφων ὑπερβολῇ
χαίρουσιν
ἐπὶ οἷς οὐχὶ μέλλουσι λίην
χαιρήσειν.

de joyeux festins.
Et les grenouilles du-marécage aussi
conduisaient des danses : [ser,
lesquelles un crapaud ayant fait ces-
dit :
« Ceci n'est point pour nous
un sujet de péans,
mais *plutôt* de soucis et de chagrin :
car celui qui maintenant seul
dessèche tout le marais,
lequel des maux
ne devons-nous-pas-souffrir,
lorsque s'étant-marié
il aura engendré un enfant
semblable à lui-même ? »
Bien-des-gens
de ceux-qui-sont-légers à-l'excès
se réjouissent *des choses*,
dont il ne doivent pas trop
se réjouir.

ΚΕ'. ΛΑΓΩΟΙ ΚΑΙ ΒΑΤΡΑΧΟΙ.

25. LES LIÈVRES ET LES GRENOUILLES.

Γνώμη μηκέτι ζώειν,
πεσεῖν δὲ πάντας
εἰς ὕδωρ μέλαν λίμνης,
εἶχε λαγωούς,
ὁθούνεκά εἰσιν
ἀδρανέστατοι ζώων,
ἄτολμοί τε
ψυχάς,
εἰδότες μοῦνον φεύγειν.
Ἐπεὶ δὲ ἦσαν
ἐγγὺς εὐρείης λίμνης,
καὶ εἶδον ὅμιλον
βατράχων ἀκταίων
πηδώντων ὀκλαδιστὶ
εἰς βαθέην ἰλύν, ἐπεστάθησαν.

Une résolution de ne plus vivre,
mais de tomber (se jeter) tous
dans l'eau noirâtre d'un marais,
possédait les lièvres,
parce qu'ils sont (étaient)
les plus faibles des animaux,
et dépourvus-de-courage
dans *leurs* âmes,
sachant seulement fuir.
Or lorsqu'ils furent
près d'un vaste marais,
et qu'ils virent la troupe
des grenouilles riveraines
sautant cuisses-repliées
dans la profonde vase, ils s'arrêtèrent.

ἐπεστάθησαν. Καί τις εἶπε θαρσήσας·
« Ἂψ νῦν ἴωμεν· οὐκέτι χρεὼν θνήσκειν·
ὁρῶ γὰρ ἄλλους ἀσθενεστέρους ἡμῶν. » 10

tèrent. Un d'eux, reprenant courage, leur dit : « Retournons ; à quoi bon mourir ? j'en vois d'ici de plus poltrons que nous. »

Κϛ'. ΓΕΩΡΓΟΣ ΚΑΙ ΓΕΡΑΝΟΙ.

Γέρανοι γεωργοῦ κατενέμοντο τὴν χώρην
ἐσπαρμένην νεωστὶ πυρίνῳ σίτῳ.
Ὁ δ' ἄχρι πολλοῦ[1] σφενδόνην κενὴν σείων,
ἐδίωκεν αὐτὰς τῷ φόβῳ καταπλήσσων.
Αἱ δ' ὡς ἐπέσχον[2] σφενδονῶντα τὰς αὔρας, 5
κατεφρόνησαν λοιπὸν ὥστε μὴ φεύγειν,
ἕως ἐκεῖνος οὐκέθ', ὡς πρὶν εἰώθει,
λίθους δὲ βάλλων, ἠλόησε τὰς πλείους.
Αἱ δ' ἐκλιποῦσαι τὴν ἄρουραν, ἀλλήλαις
« Φεύγωμεν, » ἐκραύγαζον, « εἰς τὰ Πυγμαίων[3]· 10
ἄνθρωπος οὗτος οὐκέτ' ἐκφοβεῖν ἡμᾶς
ἔοικεν· ἤδη δ' ἄρχεταί τι καὶ πράσσειν. »

26. LE LABOUREUR ET LES GRUES.

Des grues ravageaient le champ d'un laboureur qui venait de semer du froment. Il perdit bien du temps à les poursuivre en agitant une fronde vide qui les frappait d'épouvante. Elles, voyant qu'il ne frappait que les airs, finirent par se moquer de lui, et ne se sauvèrent plus, jusqu'à ce que l'homme, se ravisant, leur lança des pierres et en assomma bon nombre. Aussitôt elles quittent le champ, et se crient l'une à l'autre : « Fuyons chez les Pygmées ; cet homme se contentait de nous effrayer tout à l'heure, maintenant il y va tout de bon. »

Καί τις εἶπε
θαρσήσας·
« Νῦν ἴωμεν ἄψ·
οὐκέτι χρεὼν θνήσκειν·
ὁρῶ γὰρ ἄλλους
ἀσθενεστέρους ἡμῶν. »

Et un *d'entr'eux* dit,
ayant-pris-courage :
« Maintenant allons en-arrière ;
il n'est plus nécessaire de mourir :
car je vois d'autres
plus faibles que nous. »

ΚϚ'. ΓΕΩΡΓΟΣ ΚΑΙ ΓΕΡΑΝΟΙ.

26. LE LABOUREUR ET LES GRUES.

Γέρανοι κατενέμοντο
τὴν χώρην γεωργοῦ
νεωστὶ ἐσπαρμένην
σίτῳ πυρίνῳ.
Ὁ δὲ ἄχρι πολλοῦ
σείων σφενδόνην κενήν,
αὐτὰς ἐδίωκε καταπλήσσων
τῷ φόβῳ.
Αἱ δὲ
ὡς ἐπέσχον
σφενδονῶντα
τὰς αὔρας,
κατεφρόνησαν λοιπὸν
ὥστε μὴ φεύγειν,
ἕως ἐκεῖνος
οὐκέτι, ὡς πρὶν
εἰώθει,
βάλλων δὲ λίθους, ἠλοίησε
τὰς πλείους.
Αἱ δὲ
ἐκλιποῦσαι τὴν ἄρουραν,
ἐκραύγαζον ἀλλήλαις·
« Φεύγωμεν εἰς τὰ Πυγμαίων·
οὗτος ὁ ἄνθρωπος ἔοικεν
οὐκέτι ἡμᾶς ἐκφοβεῖν.
ἤδη δὲ ἄρχεταί τι
καὶ πράσσειν. »

Des grues ravageaient
le terrain d'un laboureur,
terrain nouvellement ensemencé
de grain de-froment.
Lui jusqu'à longtemps
agitant une fronde vide,
les poursuivait en *les* frappant
par la peur.
Or celles-ci,
dès qu'elles reconnurent
qu'il-frappait-de-*sa*-fronde
les airs,
s'*en* moquèrent ensuite,
de manière à ne pas fuir ;
jusqu'à ce que l'autre
n'*agit* plus, comme auparavant
il-avait-coutume *de faire*,
mais lançant des pierres, assomma
le plus grand nombre d'*entr'elles*.
Et elles
abandonnant le champ,
criaient l'une-à-l'autre :
« Fuyons vers les *terres* des Pygmées :
cet homme semble
ne plus nous effrayer *seulement*,
mais maintenant il commence un peu
à agir aussi. »

ΚΖ'. ΓΑΛΗ ΣΥΛΛΗΦΘΕΙΣΑ.

Γαλῆν δόλῳ τις συλλαβών τε καὶ δήσας,
ἔπνιγεν[1] ὑδάτων ἐν συναγγίᾳ κοίλῃ·
τῆς δ' αὖ λεγούσης, « Ὡς κακὴν χάριν τίνεις
ὧν σ' ὠφέλουν θηρῶσα μῦς τε καὶ σαύρας· »
« Ἐπιμαρτυρῶ σοι, » φησίν· « ἀλλὰ καὶ πάσας   5
ἔπνιγες ὄρνεις[2], πάντα δ' οἶκον ἠρήμους,
βλάπτουσα μᾶλλον, ἤπερ ὠφελοῦσ' ἡμᾶς. »

27. LA BELETTE.

Un homme avait pris une belette au piége; il la garrotta et voulait la noyer dans un grand trou rempli d'eau. Celle-ci lui dit : « Me voilà bien payée des services que je t'ai rendus en faisant la chasse aux rats et aux lézards! — A la bonne heure! répondit l'homme; mais tu étranglais toutes mes poules et dévastais toute ma basse-cour; tu m'as fait beaucoup plus de mal que de bien. »

ΚΗ'. ΒΟΥΣ ΚΑΙ ΦΡΥΝΟΣ.

Γέννημα φρύνου συνεπάτησε βοῦς πίνων·
ἐλθοῦσα δ' αὐτός' (οὐ παρῆν γάρ) ἡ μήτηρ,
παρὰ τῶν ἀδελφῶν ποῦ ποτ' ἦν ἐπεζήτει.
« Τέθνηκε, μῆτερ, εἶπον ἄρτι τῆς ὥρης
ἦλθεν πάχιστον τετράπουν, ὑφ' οὗ κεῖται   5
χηλῇ μαλαχθέν[1]. » Ἡ δὲ φρῦνος ἠρώτα,
φυσῶσ' ἑαυτήν, εἰ τοιοῦτον ἦν ὄγκῳ
τὸ ζῷον. Οἱ δὲ μητρί, « Παῦε, μὴ πρίου[2]·

28. LE BOEUF ET LA GRENOUILLE.

Un bœuf en s'abreuvant écrasa le petit d'une grenouille; la mère survint (car elle ne s'était pas trouvée là), et demanda à ses autres enfants où était leur frère : « Mère, il est mort; tout à l'heure, il n'y a qu'un instant, il est venu une grosse bête à quatre pieds qui l'a écrasé sous sa patte; il est étendu là. » La grenouille s'enflant alors demanda si l'animal était bien aussi gros qu'elle. « Mère, crièrent-ils,

ΚΖ'. ΓΑΛΗ ΣΥΛΛΗΦΘΕΙΣΑ.   27. LA BELETTE PRISE.

Συλλαβών τις δόλῳ τε	Quelqu'un ayant pris par ruse
καὶ δήσας γαλῆν, ἔπνιγεν	et lié une belette, *l'*étouffait
ἐν συναγγίᾳ κοίλῃ	dans un réservoir profond
ὑδάτων·	*plein* d'eaux :
τῆς δὲ αὖ λεγούσης·	celle-ci de-son-côté disant :
« Ὡς τίνεις	« Comme tu *me* paies
κακὴν χάριν	une mauvaise récompense
ὧν σε ὠφέλουν·	pour les-services-que je t'ai rendus
θηρῶσα	en prenant-à-la-chasse
μῦς τε καὶ σαύρας, »	et les rats et les lézards ! »
φησίν·	il répondit :
« Ἐπιμαρτυρῶ σοι·	« Je t'*en*-rends-témoignage :
ἀλλὰ καὶ ἔπνιγες	mais aussi tu étranglais
πάσας ὄρνεις,	toutes *mes* poules,
ἠρέμους δὲ	et tu dévastais
πάντα οἶκον,	toute *ma* maison (basse-cour),
βλάπτουσα μᾶλλον,	nuisant plus
ἤπερ ἡμᾶς ὠφελοῦσα. »	que nous rendant-des-services. »

ΚΗ'. ΒΟΥΣ ΚΑΙ ΦΡΥΝΟΣ.   28. LE BOEUF ET LE CRAPAUD.

Βοῦς πίνων συνεπάτησε	Un bœuf buvant écrasa-du-pied
γέννημα φρύνου·	la progéniture d'un crapaud;
ἡ δὲ μήτηρ ἐλθοῦσα αὐτόσε	et la mère étant venue-sur-les-lieux
(οὐ γὰρ παρῆν),	(car elle n'avait pas été présente),
ἐπεζήτει παρὰ τῶν ἀδελφῶν	s'informait auprès des frères
ποῦ ποτε ἦν.	où donc elle (la progéniture) était.
« Μῆτερ, εἶπον, τέθνηκεν·	« Mère, dirent-ils, elle est morte :
ἄρτι τῆς ὥρης	tantôt à l'instant
ἦλθε τετράπουν πάχιστον,	survint un quadrupède très-gros,
ὑπὸ οὗ κεῖται	sous lequel elle est étendue
μαλαχθὲν χηλῇ. »	broyée par la corne-de-*son*-pied. »
Ἡ δὲ φρῦνος ἠρώτα,	Et le crapaud demandait
φυσῶσα ἑαυτήν,	en se gonflant lui-même,
εἰ τὸ ζῷον ἦν τοιοῦτον ὄγκῳ.	si l'animal était tel en grosseur.
Οἱ δὲ εἶπον μητρί·	Mais ceux-ci dirent à la mère :
« Παῦε, μὴ πρίου·	« Cesse, ne crève pas :

θᾶσσον σεαυτήν, » εἶπον, « ἐκ μέσου³ ῥήξεις,
ἢ τὴν ἐκείνου ποιότητα μιμήσῃ. 10

cesse, et ne te fais pas crever; car tu te rompras en deux avant d'égaler l'autre en grosseur. »

ΚΘ'. ΙΠΠΟΣ ΓΕΡΩΝ.

Γέρων ποθ' ἵππος εἰς ἀλητὸν ἐπράθη.
Ζευχθεὶς δ' ὑπὸ μύλην ἑσπέρην τάλας πᾶσαν
. . . .
καὶ δή¹ στενάξας, εἶπεν· « Ἐκ δρόμων οἵων
καμπτῆρας οἵους ἀλφιτεῦσι γυρεύω. »
[Μὴ λίαν ἐπαίρου πρὸς τὸ τῆς ἀκμῆς γαῦρον· 5
πολλοῖς τὸ γῆρας εἰς πόνους ἀνηλώθη².]

29. LE CHEVAL DEVENU VIEUX.

Un jour un vieux cheval fut vendu à un meunier. Le malheureux, attelé tout le soir à la meule, dit en gémissant : « Faut-il qu'après tant de glorieuses courses, je sois réduit à tourner ainsi pour des meuniers, et autour de quelles bornes ! »
Ne t'enorgueillis pas trop de l'éclat de ta jeunesse; bien des gens consument dans d'humbles travaux leurs derniers jours.

Λ'. ΛΙΘΟΥΡΓΟΣ ΚΑΙ ΕΡΜΗΣ.

Γλύψας ἐπώλει λύγδινόν τις Ἑρμείην.
Τὸν δ' ἠγόραζον¹ ἄνδρες, ὃς μὲν εἰς στήλην
(υἱὸς γὰρ αὐτῷ προσφάτως ἐτεθνήκει),
ὁ δέ, χειροτέχνης, ὡς θεὸν καθιδρύσων.
Ἦν δ' ὀψέ· χὠ λιθουργὸς οὐκ ἐπεπράκει, 5
συνθέμενος αὐτοῖς εἰς τὸν ὄρθρον² αὖ δεῖξαι

30. LE STATUAIRE ET MERCURE.

Un statuaire mit en vente un Hermès de marbre blanc qu'il avait sculpté. Deux hommes le marchandaient : l'un, dont le fils venait de mourir, pour en faire un cippe; l'autre, qui était artisan, voulait l'établir chez lui comme un dieu. Il se faisait tard, et le statuaire n'avait pas vendu; il convint avec eux de leur montrer de nouveau le buste s'ils revenaient le lendemain matin. Mais, durant son sommeil,

ΚΘ'. ΙΠΠΟΣ ΓΕΡΩΝ.

Ἵππος ποτὲ γέρων
ἐπράθη εἰς ἀλητόν.
Ζευχθεὶς δὲ ὑπὸ μύλην τάλας
πᾶσαν ἑσπέρην....
Καὶ δὴ εἶπε στενάξας·
« Ἐξ οἵων δρόμων
γυρεύω οἵους καμπτῆρας
ἀλφιτεῦσι. »
[Μὴ ἐπαίρου λίαν
πρὸς τὸ γαῦρον τῆς ἀκμῆς.
Πολλοῖς τὸ γῆρας
ἀνηλώθη εἰς πόνους.]

29. LE CHEVAL DEVENU VIEUX.

Un-jour un cheval *devenu* vieux
fut vendu pour *moudre* la farine.
Et attelé à la meule, le malheureux,
toute la soirée....
Et alors il dit en gémissant :
« Après quelles courses
je tourne *autour de* quelles bornes
pour des meuniers! »
[Ne t'élève pas trop
au-sujet-de la fierté de *ta* jeunesse.
A-bien-des-gens la vieillesse
fut consumée en fatigues.]

Λ'. ΛΙΘΟΥΡΓΟΣ ΚΑΙ ΕΡΜΗΣ.

Γλύψας τις
Ἑρμείην
λύγδινον
ἐπώλει.
Τὸν δὲ ἄνδρες ἠγόραζον,
ὃς μὲν εἰς στήλην
(υἱὸς γὰρ
αὐτῷ ἐτεθνήκει προσφάτως),
ὁ δέ, χειροτέχνης, καθιδρύσων
ὡς θεόν.
Ἦν δὲ ὀψέ· καὶ ὁ λιθουργὸς
οὐκ ἐπεπράκει,
συνθέμενος αὐτοῖς
δεῖξαι
ἐλθοῦσιν αὖ εἰς τὸν ὄρθρον.

30. LE STATUAIRE ET MERCURE.

Quelqu'un ayant sculpté
une statue-de-Mercure
de-marbre-blanc,
la mettait-en-vente.
Des hommes la marchandaient,
l'un pour *en faire* une stèle
(car un fils
lui était mort récemment),
l'autre, artisan, voulant *l'*ériger
comme un dieu.
Or il était tard : et le lapicide
ne *l'*avait pas vendue,
étant convenu avec eux
de *la* montrer *à eux*
étant venus de-nouveau pour le [matin.

ἐλθοῦσιν. Ὁ δὲ λιθουργὸς εἶδεν ὑπνώσας
αὐτὸν τὸν Ἑρμῆν ἐν πύλαις ὀνειρείαις³,
« Ἤδη, » λέγοντα, « τἀμὰ νῦν ταλαντεύῃ·
ἐν⁴ γάρ με νεκρὸν ἢ θεὸν σὺ ποιήσεις. »   10

le sculpteur vit sur la porte des songes Mercure lui-même qui lui disait : « Mon sort est dans tes mains ; tu peux à ton choix faire de moi ou un mort ou un dieu. »

ΛΑ'. ΓΑΛΑΙ ΚΑΙ ΜΥΕΣ.

Γαλαῖ ποτ' εἶχον καὶ μύες πρὸς ἀλλήλους
ἄσπονδον αἰεὶ πόλεμον, αἱμάτων πλήρη·
γαλαῖ δ' ἐνίκων. Οἱ μύες δὲ τῆς ἥττης
ἐδόκουν ὑπάρχειν αἰτίην σφίσιν ταύτην,
ὅτι στρατηγοὺς οὐκ ἔχοιεν ἐκδήλους,   5
ἀεὶ δ' ἀτάκτως ὑπομένουσι¹ κινδύνους.
Εἵλοντο τοίνυν τοὺς γένει τε καὶ ῥώμῃ
γνώμῃ τ' ἀρίστους, εἰς μάχην τε γενναίους,
οἳ σφᾶς ἐκόσμουν, καὶ διεῖλον εἰς ἴλας²
λόχους τε καὶ φάλαγγας, ὡς ἐν ἀνθρώποις.   10
Ἐπεὶ δ' ἐτάχθη πάντα καὶ συνηθροίσθη,
[καί τις γαλῆν μῦς προὐκαλεῖτο θαρσήσας,]
οἵ τε στρατηγοὶ λεπτὰ πηλίνων τοίγων³

31. LES BELETTES ET LES RATS.

Les belettes et les rats se faisaient une guerre implacable et sanglante ; les belettes étaient victorieuses. Les rats attribuaient leur défaite au manque de généraux qui se missent à leur tête et ne les laissassent plus courir tout en désordre aux batailles. Ils choisirent donc ceux qui se distinguaient le plus par leur naissance et leur force, les plus consommés en prudence, les plus valeureux dans les combats. Nos capitaines mirent partout la discipline, les partagèrent en bataillons, en cohortes, en phalanges, comme chez les hommes. Quand ils furent tous rassemblés et rangés en bataille, et qu'un rat plus courageux eut défié une belette, les chefs, ayant orné le haut de leur tête de petits brins de paille qu'ils avaient enlevés à des murs de boue

Ὁ δὲ λιθουργὸς
εἶδεν ὑπνώσας τὸν Ἑρμῆν αὐτὸν
ἐν πύλαις ὀνειρείαις λέγοντα·
« Ἤδη νῦν ταλαντεύῃ
τὰ ἐμά·
σὺ γὰρ ποιήσεις με
ἓν
νεκρὸν ἢ θεόν. »

Or le lapicide
vit en dormant Mercure lui-même
sur la porte des-songes, disant :
« Maintenant donc tu pèses
ma-destinée :
en effet, tu feras de moi
l'un *des deux*,
ou un mort ou un dieu. »

ΛΑ'. ΓΑΛΑΙ ΚΑΙ ΜΥΕΣ. 31. LES BELETTES ET LES RATS.

Γαλαῖ ποτε καὶ μύες
εἶχον πρὸς ἀλλήλους
αἰεὶ πόλεμον ἄσπονδον,
πλήρη αἱμάτων·
γαλαῖ δὲ ἐνίκων.
Οἱ δὲ μύες ἐδόκουν
αἰτίην τῆς ἥττης
σφίσιν ὑπάρχειν ταύτην,
ὅτι οὐκ ἔχοιεν
στρατηγοὺς ἐκδήλους,
ὑπομένουσι δὲ ἀεὶ
κινδύνους ἀτάκτως.
Εἵλοντο τοίνυν
τοὺς ἀρίστους
γένει τε καὶ ῥώμῃ
γνώμῃ τε,
γενναίους τε εἰς μάχην,
οἳ σφᾶς ἐκόσμουν,
καὶ διεῖλον εἰς ἴλας
λόχους τε καὶ φάλαγγας,
ὡς ἐν ἀνθρώποις.
Ἐπεὶ δὲ πάντα ἐτάχθη
καὶ συνηθροίσθη,
[καὶ μῦς τις θαρσήσας
προὐκαλεῖτο γαλῆν,]
οἵ τε στρατηγοὶ ἁρμόσαντες
μετώποις ἀκραίοις
λεπτὰ κάρφη

Une-fois les belettes et les rats
avaient entr'eux
sans-cesse une guerre implacable,
pleine de carnage :
or les belettes étaient-victorieuses.
Et les rats s'imaginaient
que la cause de la défaite
pour eux était celle-ci,
à savoir, qu'ils n'avaient pas
des chefs distingués,
mais *qu'*ils soutenaient toujours
les périls (combats) sans-discipline.
Ils choisirent donc
les plus distingués
et par la naissance et par la force
et par la prudence,
et vaillants pour le combat,
lesquels les rangeaient-en-ordre,
et *les* divisèrent en bataillons,
et *en* cohortes et *en* phalanges,
comme parmi les hommes.
Et après-que tout fut disposé
et rassemblé,
[et *qu'*un rat ayant-pris-courage
provoquait une belette,]
et *que* les chefs, ayant adapté
à *leurs* fronts extrêmes
de grêles brins-de-paille

κάρφη μετώποις ἁρμόσαντες ἀκραίοις,
ἡγοῦντο, παντὸς ἐκφανέστατοι πλήθους   15
. . . . , ...
Πάλιν δὲ φύζα τοὺς μύας κατειλήφει.
Ἄλλοι μὲν οὖν σωθέντες ἦσαν ἐν τρώγλαις·
τοὺς δὲ στρατηγοὺς εἰστρέχοντας οὐκ εἴα
τὰ περισσὰ⁴ κάρφη τῆς ὀπῆς ἔσω δύνειν,
μόνοι θ' ἑάλων αὐτόθεν μυχῶν πρόσθεν.   20
Νίκης δ' ἐπ' αὐτοῖς καὶ τρόπαιον εἰστήκει,
γαλῆς ἑκάστης μῦν στρατηγὸν ἑλκούσης.
Λέγει δ' ὁ μῦθος· Εἰς τὸ ζῆν ἀκινδύνως
τῆς λαμπρότητος ηὐτέλεια βελτίων.

marchaient en avant, aisés à reconnaître entre tous.... Les rats prirent la fuite de plus belle. La racaille trouva son salut dans ses trous ; les commandants seuls, empêchés par leurs aigrettes, ne purent s'y fourrer assez vite, et furent pris à l'entrée même de leurs retraites. On fit des trophées de cette victoire ; chaque belette traîna à sa suite un général rat.

La fable nous dit : « Pour fuir le danger, mieux vaut la médiocrité que la plus brillante fortune. »

ΛΒ'. ΓΑΛΗ ΚΑΙ ΑΦΡΟΔΙΤΗ.

Γαλῆ ποτ' ἀνδρὸς εὐπρεποῦς ἐρασθείσῃ
δίδωσι σεμνὴ Κύπρις, ἡ Πόθων μήτηρ¹,
μορφὴν ἀμεῖψαι καὶ λαβεῖν γυναικείην
καλῆς γυναικός, ἧς τίς οὐκ, ἔχων, ἤρα ;
Ἰδὼν δ' ἐκεῖνος (ἐν μέρει γὰρ ἡλώκει)   5
γαμεῖν ἔμελλεν. Ἡρμένου² δὲ τοῦ δείπνου,

32. LA BELETTE ET VÉNUS.

Un jour l'auguste Cypris, la mère des Désirs, eut pitié d'une belette qui s'était éprise d'un homme beau comme le jour ; elle lui permit de changer de forme, et de se métamorphoser en femme, mais en femme si belle, qu'il était impossible de n'en pas être épris. L'homme la vit, et il allait l'épouser ; car, à son tour, il était amoureux. Le

τοίχων πηλίνων,	pris de murs de-pisé,
ἡγοῦντο,	marchaient-en-tête,
ἐκφανέστατοι	les plus remarquables
παντὸς πλήθους	de toute la multitude
. . . .	. . . .
Πάλιν δὲ φύζα	Mais de-nouveau la fuite
κατειλήφει τοὺς μύας.	s'empara des rats.
Ἄλλοι μὲν οὖν	Les autres donc
ἦσαν σωθέντες ἐν τρώγλαις·	étaient sauvés dans des trous :
τοὺς δὲ στρατηγοὺς	mais *pour* les chefs,
κάρφη τὰ περισσὰ	les brins proéminents
οὐκ εἴα	ne *les* laissaient pas
εἰστρέχοντας	courant-en *lieu de sûreté*
δύνειν ἔσω τῆς ὀπῆς·	entrer à-l'intérieur du trou;
μόνοι τε ἑάλων	et seuls ils furent pris
αὐτόθεν πρόσθε μυχῶν.	de-la-place-même devant les trous.
Νίκης δὲ ἐπὶ αὐτοῖς	Et de la victoire *remportée* sur eux
εἱστήκει καὶ τρόπαιον,	il fut dressé aussi un trophée,
ἑκάστης γαλῆς ἑλκούσης	chaque belette traînant
μῦν στρατηγόν.	un rat général.
Ὁ μῦθος δὲ λέγει·	La fable *nous* dit :
Εἰς τὸ ζῆν ἀκινδύνως	Pour vivre sans-danger
ἡ εὐτέλεια βελτίων	la médiocrité *est* meilleure
τῆς λαμπρότητος.	que la fortune-brillante.

ΛΒ'. ΓΑΛΗ ΚΑΙ ΑΦΡΟΔΙΤΗ. — 32. LA BELETTE ET VÉNUS.

Ἡ σεμνὴ ποτὲ Κύπρις,	Un-jour l'auguste Cypris,
ἡ μήτηρ Πόθων,	la mère des Désirs,
δίδωσι γαλῇ	accorde à une belette
ἐρασθείσῃ ἀνδρὸς εὐπρεποῦς	éprise d'un homme bien-fait
ἀμεῖψαι μορφὴν	de changer *sa* forme
καὶ λαβεῖν γυναικείην	et de prendre *la forme* féminine
καλῆς γυναικός,	d'une belle femme,
ἧς, ἔχων,	que, *la* possédant,
τίς οὐκ ἤρα;	qui ne *l'*eût (que chacun eût) aimée?
Ἐκεῖνος δὲ ἰδὼν	Celui-ci (l'homme) *l'*ayant vue,
ἔμελλε γαμεῖν·	allait *l'*épouser :
ἐν μέρει γὰρ ἡλώκει.	car à *son* tour il *en* fut épris.

παρέδραμεν μῦς. Ἡ δὲ³ τῆς βαθυστρώτου
καταβᾶσα κλίνης ἐπεδίωκεν ἡ νύμφη.
Γάμου δὲ δαιτὴ λέλυτο· καὶ καλῶς παίξας⁴
Ἔρως ἀπῆλθε. Τῇ φύσει γὰρ ἡττήθη.   10

repas des noces servi, une souris traverse la salle. La fiancée quitte ses coussins moelleux et la poursuit : aussitôt le festin nuptial est interrompu. L'Amour avait plaisanté avec grâce ; il partit, vaincu par le naturel.

ΛΓ'. ΓΕΩΡΓΟΣ ΚΑΙ ΨΑΡΕΣ.

Δυσμαὶ μὲν ἦσαν Πλειάδων, σπόρου δ' ὥρη·
καί τις γεωργὸς πυρὸν εἰς νεὸν ῥίψας,
ἐφύλασσεν ἑστώς. Καὶ γὰρ ἄκριτον πλήθει
μέλαν κολοιῶν ἔθνος ἦλθε δυσφώνων,
ψᾶρές τ', ὄλεθρος σπερμάτων ἀρουραίων.   5
Τῷ δ' ἠκολούθει σφενδόνην ἔχων κοίλην
παιδίσκος. Οἱ δὲ ψᾶρες ἐκ συνηθείης¹
ἤκουον εἰ τὴν σφενδόνην ποτ' ᾐτήχει,
καὶ πρὶν λαβεῖν ἔφευγον. Εὗρε δὴ τέχνην
ὁ γεωργὸς ἄλλην, τόν τε παῖδα φωνήσας   10
ἐξεδίδασκεν· « Ὦ παῖ· χρὴ γὰρ ὀρνέων ἡμᾶς

33. LE LABOUREUR ET LES ÉTOURNEAUX.

Les Pléiades se couchaient; c'était le temps des semailles. Un laboureur venait de jeter le grain dans ses sillons, et restait pour le garder. Survinrent des geais au noir plumage, troupe innombrable et criarde, et avec eux des étourneaux, fléau des semences. Un jeune enfant suivait le laboureur, une fronde à la main. Les étourneaux écoutaient, et lorsque notre homme, sans autre malice, demandait sa fronde, ils fuyaient avant qu'il l'eût prise. Le laboureur imagina une autre finesse, et fit la leçon à l'enfant. « Mon ami, lui dit-il, avec cette race rusée il faut user de ruse. Lorsqu'ils viendront, je te demande-

Τοῦ δὲ δείπνου ἠρμένου   Et le repas *nuptial* étant servi,
μῦς παρέδραμε.   une souris passa-en-courant.
Ἡ δέ, ἡ νύμφη,   Celle-ci, la fiancée,
καταβᾶσα κλίνης βαθυστρώτου,   étant descendue du divan moelleux,
ἐπεδίωκε.   *la* poursuivait.
Δαιτὴ δὲ γάμου λέλυτο·   Et le festin des noces fut dissous :
καὶ Ἔρως,   et l'Amour,
παίξας καλῶς,   après avoir plaisanté agréablement,
ἀπῆλθεν·   partit :
ἡττήθη γὰρ τῇ φύσει.   car il fut vaincu par le naturel.

ΛΓ΄. ΓΕΩΡΓΟΣ ΚΑΙ ΨΑΡΕΣ.   33. LE LABOUREUR ET LES ÉTOURNEAUX.

Ἦσαν μὲν δυσμαὶ Πλειάδων,   C'était le coucher des Pléiades,
ὥρη δὲ σπόρου.   et la saison des semences.
Καί τις γεωργὸς   Et certain laboureur
ῥίψας πυρὸν εἰς νεόν,   ayant jeté le froment dans le sillon,
ἐφύλασσεν ἑστώς·   le gardait se-tenant *auprès* :
καὶ γὰρ ἔθνος μέλαν κολοιῶν   car une troupe noire de geais
δυσφώνων   à-la-voix-criarde,
ἄκριτον   *troupe* innombrable
πλήθει,   par *sa* multitude,
ἦλθε, ψᾶρές τε,   survint, et des étourneaux,
ὄλεθρος σπερμάτων ἀρουραίων.   fléau des semences des-champs.
Τῷ δὲ ἠκολούθει παιδίσκος,   Et un garçon le suivait,
ἔχων σφενδόνην κοίλην.   tenant une fronde creuse.
Οἱ δὲ ψᾶρες ἤκουον,   Et les étourneaux écoutaient,
εἴ ποτε ἐκ συνηθείης   quand parfois, selon *sa* coutume,
ᾐτήκει τὴν σφενδόνην,   il demandait la fronde,
καὶ ἔφευγον   et ils s'enfuyaient
πρὶν λαβεῖν.   avant qu'*il* ne *l*'eût prise.
Ὁ γεωργὸς εὗρε δὴ   Le laboureur trouva alors
ἄλλην τέχνην,   une autre ruse,
ἐδίδασκέ τε τὸν παῖδα   et il instruisait l'enfant
φωνήσας·   *lui* ayant-adressé-la-parole :
« Ὦ παῖ·   « O mon enfant :
χρὴ γὰρ   car il faut
ἡμᾶς δολῶσαι   que nous trompions-par-la-ruse

σοφὸν δολῶσαι φῦλον. Ἡνίκ' ἂν τοίνυν
ἔλθωσ', ἐγὼ μέν, » εἶπεν, « ἄρτον αἰτήσω·
σὺ δ' οὐ τὸν ἄρτον, σφενδόνην δέ μοι δώσεις. »
Οἱ ψᾶρες ἦλθον, κἀνέμοντο τὴν χώρην. 15
Ὁ δ' ἄρτον ᾔτει, καθάπερ εἶχε συνθήκη·
οἱ δ' οὐχ ἔφευγον. Τῷ δ' ὁ παῖς λίθων πλήρη
τὴν σφενδόνην ἔδωκεν· ὁ δὲ γέρων ῥίψας
τοῦ μὲν τὸ βρέγμα, τοῦ δ' ἔτυψε τὴν κνήμην,
ἑτέρου τὸν ὦμον. Οἱ δ' ἔφευγον ἐκ χώρης. 20
Γέρανοι συνήντων, καὶ τὸ συμβὰν ἠρώτων.
Καί τις κολοιῶν εἶπε· « Φεύγετ' ἀνθρώπων
γένος πονηρόν, ἄλλα μὲν πρὸς ἀλλήλους
λαλεῖν μαθόντων, ἄλλα δ' ἔργα ποιούντων. »
[Δεινὸν τὸ φῦλον τῶν δόλῳ τι πραττόντων.] 25

rai du pain; toi, au lieu de pain, tu me donneras la fronde. » Les étourneaux revinrent, et ils saccageaient le champ. L'homme demanda du pain, comme il en était convenu; les étourneaux ne fuyaient pas. L'enfant lui donna la fronde pleine de pierres; le vieillard les lança et attrapa qui à la tête, qui à l'épaule, qui à la patte. Ils prirent aussitôt la fuite. Des grues qui les rencontrèrent leur demandèrent ce qui était arrivé. Un geai leur dit : « Fuyez les hommes, fuyez cette race scélérate ; ils savent parler entre eux d'une façon et agir de l'autre. »

Les gens rusés sont une dangereuse espèce.

ΛΔ'. ΠΑΙΣ ΕΣΘΙΩΝ ΣΠΛΑΓΧΝΑ.

Δήμητρι ταῦρον ὄχλος ἀγρότης θύων,
ἅλῳ πλατεῖαν οἰνάσιν[1] κατεστρώκει.

34. L'ENFANT GLOUTON.

Une troupe de villageois sacrifiait un taureau à Cérès : une vaste grange avait été jonchée de pampres; on y avait disposé des tables

φῦλον σοφὸν ὀρνέων.	la race rusée des oiseaux.
Ἡνίκα ἂν τοίνυν, εἶπεν, ἔλθωσιν,	Lorsque donc, dit-il, ils viendront,
ἐγὼ μὲν	moi d'un côté
αἰτήσω ἄρτον,	je demanderai du pain,
σὺ δέ μοι δώσεις	toi, d'un autre, tu me donneras
οὐ τὸν ἄρτον, σφενδόνην δέ. »	non le pain, mais la fronde. »
Οἱ ψᾶρες ἦλθον,	Les étourneaux arrivèrent,
καὶ ἐνέμοντο τὴν χώρην.	et dévastaient le champ.
Ὁ δὲ ᾔτει ἄρτον,	Et celui-ci demandait du pain,
καθάπερ συνθήκη εἶχεν·	comme la convention était :
οἱ δὲ οὐκ ἔφευγον.	et eux ne fuyaient pas.
Τῷ δὲ ὁ παῖς ἔδωκε τὴν σφενδόνην	Mais l'enfant lui donna la fronde
πλήρη λίθων·	remplie de pierres :
ὁ δὲ γέρων ῥίψας,	et le vieillard l'ayant lancée,
ἔτυψε τοῦ μὲν	frappa de l'un *des oiseaux*
τὸ βρέγμα,	le haut-de-la-tête,
τοῦ δὲ τὴν κνήμην,	de l'autre la patte,
ἑτέρου τὸν ὦμον.	d'un autre l'épaule.
Οἱ δὲ ἔφευγον ἐκ χώρης.	Et ceux-ci fuyaient du champ.
Γέρανοι συνήντων,	Des grues *les* rencontraient,
καὶ ἠρώτων	et s'informaient
τὸ συμβάν.	de ce qui-était-arrivé.
Καί τις κολοιῶν εἶπε·	Et un des geais dit :
« Φεύγετε πονηρὸν γένος	« Fuyez la méchante race
ἀνθρώπων μαθόντων	des hommes, qui ont appris
λαλεῖν ἄλλα μὲν πρὸς ἀλλήλους,	à dire d'autres choses l'un-à-l'autre,
ποιούντων δὲ ἄλλα ἔργα. »	et qui font d'autres actions. »
[Τὸ φῦλον	[La race
τῶν πραττόντων τι	de ceux qui font quelque chose
δόλῳ, δεινόν.]	par ruse, *est* dangereuse.]

ΛΔ'. ΠΑΙΣ ΕΣΘΙΩΝ ΣΠΛΑΓΧΝΑ.

34. L'ENFANT MANGEANT DES BOYAUX.

Ὄχλος ἀγρότης	Une troupe campagnarde,
θύων Δήμητρι ταῦρον,	sacrifiant à Cérès un taureau,
κατεστρώκει οἰνάσι	avait parsemé de pampres
πλατεῖαν ἅλω.	une vaste aire.
Εἶχε τραπέζας κρεῶν,	Elle avait des tables *chargées* de [viandes

3.

Κρεῶν τραπέζας εἶχε, καὶ πίθους οἴνου.
Ἐκ τῶν δὲ παίδων ἐσθίων τις ἀπλήστως
ὑπὸ τῶν βοείων ἐγκάτων ἐφυσήθη, 5
κἀπῆλθ' ἐς οἴκους, γαστρὸς ὄγκον ἀλγήσας².
Πεσὼν δ' ἐφ'³ ὑγραῖς μητρὸς ἀγκάλαις, « Οἴμοι·
τί ταῦτ'; » ἐφώνει· « δυστυχὴς ἀποθνήσκω·
τὰ σπλάγχνα γάρ, τεκοῦσα, πάντα μοὐκπίπτει⁴. »
Ἡ δ' εἶπε· « Θάρσει, κἀπόβαλλε· μὴ φείδου· 10
οὐ γὰρ σά, τέκνον, ἀλλ' ἐμεῖς τὰ τοῦ ταύρου. »
[Ὅταν ὀρφανοῦ τις οὐσίην ἀναλώσας,
ἔπειτα ταύτην ἐκτίνων⁵ ἀποιμώζῃ,
πρὸς τοῦτον ἄν τις καταχρέοιτο τῷ μύθῳ.]

chargées de viandes et des tonneaux pleins de vin. Un enfant, qui avait mangé outre mesure, s'en revint le ventre gonflé des entrailles de la victime, et en proie à de vives douleurs. Il se jeta dans les bras caressants de sa mère : « Hélas! s'écriait-il, qu'est ceci? malheureux, je me meurs. Bonne mère, je rends toutes mes entrailles. — Courage, répondit la mère, ne crains rien, débarrasse-toi, ce ne sont pas tes entrailles, mais celles du taureau. »

Quand ceux qui ont dévoré les biens de l'orphelin se plaignent des restitutions qu'on leur demande, appliquez-leur cette fable.

ΛΕ'. ΠΙΘΗΚΟΙ.

Δύω μὲν υἱοὺς ἡ πίθηκος ὠδίνει·
τεκοῦσα δ' αὐτοῖς ἐστιν οὐκ ἴση μήτηρ·
ἀλλ' ὃν μὲν αὐτῶν ἀθλίης ὑπ' εὐνοίης
θάλπουσα κόλποις ἀγρίοις ἀποπνίγει,
τὸν δ' ὡς περισσὸν καὶ μάταιον ἐκβάλλει. 5

35. LES SINGES.

La guenon porte deux petits; mais une fois qu'ils sont nés, elle n'a pas pour eux une égale tendresse : cruelle dans son amour, elle étouffe l'un à force de caresses; l'autre lui est indifférent, elle le rejette;

καὶ πίθους οἴνου.	et des tonneaux de vin.
Ἐκ τῶν δὲ παίδων	Or parmi les enfants
ἐσθίων τις ἀπλήστως,	un, mangeant insatiablement,
ἐφυσήθη	fut gonflé
ὑπὸ ἐγκάτων τῶν βοείων,	par les boyaux de-bœuf,
καὶ ἀπῆλθεν ἐς οἴκους,	et il partit à la maison,
ἀλγήσας ὄγκον	souffrant du gonflement
γαστρός.	de *son* ventre.
Πεσὼν δὲ	Et étant tombé (s'étant jeté)
ἐπὶ ὑγραῖς ἀγκάλαις	dans les tendres bras
μητρός, ἐφώνει·	de *sa* mère, il s'écriait :
« Οἴμοι· τί ταῦτα;	« Hélas! qu'*est* ceci?
δυστυχὴς ἀποθνήσκω·	malheureux je-me-meurs!
πάντα γὰρ τὰ σπλάγχνα,	car toutes les entrailles,
τεκοῦσα, ἐκπίπτει μοι. »	mère, m'échappent. »
Ἡ δὲ εἶπε·	Mais celle-ci répondit :
« Θάρσει, καὶ ἀπόβαλλε·	« Prends-courage, et rejette-*les*.
μὴ φείδου·	ne te-ménage pas!
ἐμεῖς γὰρ, τέκνον,	en effet, tu vomis, *mon* enfant,
οὐ σὰ,	non les tiennes,
ἀλλὰ τὰ τοῦ ταύρου. »	mais celles du taureau. »
[Ὅταν τις	[Lorsque quelqu'un
ἀναλώσας οὐσίην ὀρφανοῦ,	ayant dévoré les biens d'un orphelin,
ἔπειτα ἀποιμώζῃ	se plaint ensuite
ἐκτίνων ταύτην,	quand il paye ceux-ci *dévorés*,
πρὸς τοῦτόν τις	contre celui-ci quelqu'un
καταχρέοιτο ἂν τῷ μύθῳ.	se servira-bien de cette fable.]

ΛΕ′. ΠΙΘΗΚΟΙ.   35. LES SINGES.

Ἡ πίθηκος μὲν ὠδίνει δύω υἱούς·	La guenon enfante deux petits;
τεκοῦσα δὲ	mais *les* ayant mis-bas
οὐκ ἔστιν αὐτοῖς	elle n'est pas pour eux
ἴση μήτηρ·	une égale mère;
ἀλλὰ ὑπὸ ἀθλίης εὐνοίης,	mais par une malheureuse tendresse,
ἀποπνίγει ὃν μὲν αὐτῶν θάλπουσα	elle étouffe l'un d'eux en *le* caressant
κόλποις ἀγρίοις,	sur son sein cruel,
τὸν δὲ ἀποβάλλει	et l'autre elle *le* rejette
ὡς περισσὸν καὶ μάταιον.	comme superflu et inutile.

Κἀκεῖνος¹ ἐλθὼν εἰς ἐρημίην ζώει.
Τοιοῦτο πολλῶν ἐστιν ἦθος ἀνθρώπων,
οἷς ἐχθρὸς αἰεὶ μᾶλλον ἢ φίλος γίνου.

il va dans la solitude des bois, et il y vit.

Ainsi en usent bien des hommes ; mieux vaut les avoir pour ennemis que pour amis.

ΛϚ'. ΦΗΓΟΣ ΚΑΙ ΚΑΛΑΜΟΣ.

Δρῦν αὐτόριζον ἄνεμος ἐξ ὄρους ἄρας
ἔδωκε ποταμῷ· τὴν δ' ἔσυρε κυμαίνων,
πελώριον φύτευμα τῶν πρὶν ἀνθρώπων.
Πολὺς δὲ κάλαμος ἑκατέρωθεν εἱστήκει
ἐλαφρὸν¹ ὄχθης ποταμίας ὕδωρ πίνων. 5
Θάμβος δὲ τὴν δρῦν εἶχε, πῶς ὁ μὲν λίην
λεπτός τις ὢν κάθληχρὸς οὐκ ἐπεπτώκει,
αὐτὴ δὲ τόσση φηγὸς² ἐξεριζώθη.
Σοφῶς δὲ κάλαμος εἶπε· « Μηδὲν ἐκπλήσσου·
σὺ μὲν μαχομένη ταῖς πνοαῖς ἐνικήθης, 10
ἡμεῖς δὲ καμπτόμεσθα μαλθακῇ³ γνώμῃ,
κἂν βαιὸν ἡμῶν ἄνεμος ἄκρα κινήσῃ. »
Κάλαμος μὲν οὕτως. Ὁ δέ γε μῦθος ἐμφαίνει
μὴ δεῖν μάχεσθαι τοῖς κρατοῦσιν, ἀλλ' εἴκειν.

36. LE CHÊNE ET LE ROSEAU.

Le vent déracina un chêne de la montagne, et l'abandonna au courant d'un fleuve ; les flots agités emportaient ce gigantesque tronc contemporain des anciens hommes. Sur les deux rives, de nombreux roseaux buvaient l'onde limpide. Le chêne s'étonnait qu'une plante si délicate et si frêle ne fût pas tombée, tandis que lui, arbre superbe, avait été arraché. Un roseau lui dit fort sagement : « Pourquoi cette surprise? Tu as lutté contre le vent, et tu as succombé ; plus modestes, nous plions au moindre souffle qui vient agiter nos têtes. »

Ainsi parla le roseau. Cette fable nous apprend qu'il vaut mieux céder aux puissants que leur résister.

Καὶ ἐκεῖνος,	Et celui-ci,
ἐλθὼν εἰς ἐρημίην, ζώει.	étant parti pour le désert, vit.
Τοιοῦτό ἐστιν ἦθος	Telles sont les mœurs
πολλῶν ἀνθρώπων,	de bien des hommes ;
οἷς γίνου αἰεὶ	auxquels sois toujours
μᾶλλον ἐχθρὸς ἢ φίλος.	plutôt ennemi qu'ami.

ΛϚ'. ΦΗΓΟΣ ΚΑΙ ΚΑΛΑΜΟΣ.   36. LE CHÊNE ET LE ROSEAU.

Ἄνεμος ἄρας ἐξ ὄρους	Le vent ayant enlevé d'une montagne
δρῦν αὐτόριζον	un chêne avec-ses-racines-mêmes,
ἔδωκε ποταμῷ·	le livra au fleuve :
τὴν δὲ κυμαίνων	et le fleuve agitant-ses-flots
ἔσυρε,	entraînait celui-ci,
πελώριον φύτευμα	puissant arbre
τῶν πρὶν ἀνθρώπων.	des hommes (générations) de-jadis.
Κάλαμος δὲ πολὺς	Et le roseau en-grand-nombre [ve,
εἱστήκει ἑκατέρωθεν	était-debout des-deux-côtés du fleu-
πίνων ὕδωρ ἐλαφρὸν	buvant l'onde légère (fugitive)
ὄχθης ποταμίης.	du rivage fluvial.
Θάμβος δὲ εἶχε τὴν δρῦν,	Et l'étonnement tenait le chêne,
πῶς ὁ μὲν	comment celui-ci (le roseau)
ὢν τις λίην λεπτὸς	étant un être bien faible
καὶ ἀβληχρὸς οὐκ ἐπεπτώκει,	et bien frêle, n'était pas tombé,
αὐτὴ δέ,	et que (tandis que) lui-même,
τόσση φηγός,	si-puissant chêne,
ἐξεριζώθη.	avait été déraciné.
Κάλαμος δὲ εἶπε σοφῶς·	Mais le roseau lui dit sagement :
« Ἐκπλήσσου μηδέν·	« Ne t'en étonne nullement ;
σὺ μὲν ἐνικήθης	toi tu fus vaincu
μαχομένη ταῖς πνοαῖς,	en luttant contre les vents,
ἡμεῖς δὲ καμπτόμεσθα	mais nous nous courbons
γνώμῃ μαλθακῇ,	avec un esprit souple,
καὶ ἐὰν βαιὸν ἄνεμος κινήσῃ	quand faiblement même le vent agite
ἄκρα ἡμῶν. »	les sommités (les têtes) de nous. »
Οὕτως μὲν κάλαμος.	Ainsi parla le roseau.
Ὁ δέ γε μῦθος ἐμφαίνει	Or la fable démontre
μὴ δεῖν μάχεσθαι	qu'il ne faut pas combattre
τοῖς κρατοῦσιν, ἀλλὰ εἴκειν.	les puissants, mais leur céder.

ΛΖ'. ΔΑΜΑΛΙΣ ΚΑΙ ΤΑΥΡΟΣ.

Δάμαλις ἐν ἀγροῖς, ἄφετος, ἀτριβὴς ζεύγλης,
κάμνοντι καὶ σύροντι τὴν ὕνιν ταύρῳ,
« Τάλας, » ἐφώνει, « μόχθον οἷον ὀτλεύεις. »
Ὁ βοῦς δ' ἐσίγα γυπέτεμνε τὴν χώρην.
Ἐπεὶ δ' ἔμελλον ἀγρόται θεοῖς θύειν, 5
ὁ βοῦς μὲν ὁ γέρων εἰς νομὰς ἀπεζεύχθη,
ὁ δὲ μόσχος ἀδμὴς κεῖνος εἵλκετο, σχοίνῳ
δεθεὶς κέρατα, βωμὸν αἵματος πλήσων.
Κἀκεῖνος αὐτῷ τοιάδ' εἶπε φωνήσας·
« Εἰς ταῦτα μέντοι μὴ πονῶν ἐτηρήθης· 10
ὁ νέος παρέρπεις τὸν γέροντα, καὶ θύῃ,
καί σου τένοντα πέλεκυς, οὐ ζυγὸς τρίψει. »

37. LE VEAU ET LE BOEUF.

Un veau, encore vierge du joug, errait en liberté dans les champs; il vit un bœuf qui traînait péniblement la charrue : « Infortuné, lui dit-il, que de mal tu te donnes! » Celui-ci, sans rien dire, poursuivit son sillon. A quelque temps de là, les villageois allaient faire un sacrifice ; on détacha le vieux serviteur, et on l'envoya au pâturage; mais le veau, jusque là si ménagé, fut traîné, les cornes entourées de jonc, à l'autel qu'il allait arroser de son sang. Le bœuf lui dit alors : « Voilà pourquoi on t'épargnait les fatigues; jeune, tu devances le vieillard, et tu es immolé ; ton cou n'a pas senti le joug, il sentira la hache. »

ΛΗ'. ΠΕΥΚΗ.

Δρυτόμοι τινὲς σχίσαντες ἀγρίην πεύκην,
ἐνεῖραν αὐτῇ σφῆνας, ὡς διασταίη,
γένοιτό τ' αὐτοῖς ὁ πόνος ὕστερον ῥᾴων.

38. LE PIN.

Des bûcherons fendaient un pin dans la forêt; ils y enfoncèrent des coins pour le tenir entr'ouvert et rendre la besogne plus facile.

ΛΖ'. ΔΑΜΑΛΙΣ ΚΑΙ ΤΑΥΡΟΣ. 37. LE VEAU ET LE TAUREAU.

Δάμαλις ἐν ἀγροῖς,	Un veau dans les champs,
ἄφετος,	libre,
ἀτριβὴς ζεύγλης,	non-frotté (encore vierge) du joug,
ἐφώνει ταύρῳ	disait à un taureau
κάμνοντι καὶ σύροντι τὴν ὕνιν·	qui se fatiguait et traînait le soc :
« Τάλας,	« Malheureux,
οἷον μόχθον ὀτλεύεις. »	quelle fatigue tu endures ! »
Ὁ δὲ βοῦς ἐσίγα,	Mais le bœuf se-taisait,
καὶ ὑπέτεμνε τὴν χώρην.	et sillonnait le champ.
Ἐπεὶ δὲ ἀγρόται	Or lorsque les villageois
ἔμελλον θύειν θεοῖς,	devaient faire-un-sacrifice aux dieux,
ὁ μὲν γέρων βοῦς	le vieux bœuf
ἀπεζεύχθη εἰς νομάς·	fut délié et envoyé dans les pâturages;
ὁ δὲ μόσχος κεῖνος	et ce veau-là,
ὁ ἀδμής,	encore-insoumis-au-joug,
εἵλκετο	fut traîné,
δεθεὶς κέρατα σχοίνῳ,	attaché par les cornes avec un jonc,
πλήσων	devant remplir (arroser)
βωμὸν αἵματος.	l'autel de son sang.
Καὶ ἐκεῖνος	Et l'autre (le bœuf)
φωνήσας	lui adressant-la-parole,
εἶπεν αὐτῷ τοιάδε·	dit à lui de telles-choses :
« Εἰς ταῦτα μέντοι	« Pour cela donc
ἐτηρήθης μὴ πονῶν·	tu fus réservé ne travaillant pas :
ὁ νέος	jeune
παρέρπεις τὸν γέροντα,	tu as-le-pas-sur le vieillard,
καὶ θύῃ,	et tu es immolé,
καὶ πέλεκυς, οὐ ζυγός,	et la hache, non le joug,
τρίψει τὸν τένοντά σου. »	frottera le tendon-de-nuque de toi. »

ΛΗ'. ΠΕΥΚΗ. 38. LE PIN.

Δρυτόμοι τινὲς	Certains bûcherons
σχίσαντες	fendant
πεύκην ἀγρίην,	un pin sauvage (de-la-forêt),
αὐτῇ ἐνεῖραν σφῆνας,	lui enfoncèrent des coins,
ὡς διασταίη,	afin qu'il s'entr'ouvrît,
ὅ τε πόνος αὐτοῖς γένοιτο	et que la besogne leur fût

Πεύκη στένουσα, « Πῶς ἄν, » εἶπε, « μεμφοίμην
τὸν πέλεκυν, ὅς μου μὴ προσῆκε¹ τῇ ῥίζῃ, 5
ὡς τοὺς κακίστους σφῆνας, ὧν ἐγὼ μήτηρ;
ἄλλος γὰρ ἄλλῃ μ' ἐμπεσὼν διαρρήσσει. »
['Ο μῦθος ἡμῖν τοῦτο πᾶσι μηνύει,
ὡς οὐδὲν οὕτω δεινὸν ἂν πρὸς ἀνθρώπων
πάθοις τι τῶν ἔξωθεν, ὡς ὑπ' οἰκείων.] 10

L'arbre gémit et dit : « Qu'ai-je à reprocher à la hache? Elle n'est pour moi qu'une étrangère ; mais j'ai nourri de mes sucs ces méchants coins, qui, à l'envi me pénètrent et me déchirent. »

Cette fable nous montre que les outrages nous sont bien moins sensibles venant des étrangers que de nos proches.

ΛΘ'. ΔΕΛΦΙΝΕΣ ΚΑΙ ΚΑΡΚΙΝΟΣ.

Δελφῖνες αἰεὶ διεφέροντο φαλαίναις.
Τούτοις παρῆλθε¹ καρκίνος μεσιτεύων·
ὡς εἴ τις ὢν ἄδοξος ἐν πολιτείαις
στάσιν τυράννων μαχομένων εἰρηνεύοι.

39. LES DAUPHINS ET LE CANCRE.

Les dauphins étaient en démêlés perpétuels avec les baleines. Un cancre se porta médiateur. On dirait d'un citoyen obscur de l'État qui prétendrait terminer la discorde et les querelles des grands.

Μ'. ΚΑΜΗΛΟΣ.

Διέβαινε ποταμὸν ὀξὺν ὄντα τῷ ῥείθρῳ
κυρτὴ κάμηλος, εἶτ' ἔχεζε. Τοῦ δ' ὄνθου

40. LE CHAMEAU.

Un chameau bossu traversait un fleuve rapide ; il y fienta, et comme le courant emportait les crottins en avant, il dit : « Me voilà bien ! ce

ὕστερον ῥάων.   ensuite plus facile.
Πεύκη στένουσα εἶπε·   Le pin gémissant *leur* dit :
« Πῶς ἂν μεμφοίμην   « Comment blâmerais-je
τὸν πέλεκυν,   la hache,
ὃς μὴ προσῆκε   qui n'appartenait pas
τῇ ῥίζῃ μου,   à ma souche,
ὡς τοὺς σφῆνας τοὺς κακίστους,   comme les coins les plus ingrats,
ὧν ἐγὼ μήτηρ;   desquels moi *je suis* la mère ?
ἐμπεσὼν γὰρ   en effet, s'étant enfoncés
ἄλλος ἄλλῃ,   l'un ici, l'autre là,
διαρρήσσει με. »   ils me déchirent (me font éclater). »
[Ὁ μῦθος μηνύει ἡμῖν   [Cette fable indique à nous
πᾶσι τοῦτο,   à tous cela, *savoir*,
ὡς πάθοις ἂν   que tu ne saurais-souffrir
οὐδέν τι οὕτω δεινὸν   rien d'aussi affreux
πρὸς ἀνθρώπων   des personnes
τῶν ἔξωθεν,   du dehors (étrangères),
ὡς ὑπὸ οἰκείων.]   comme de *tes* proches.]

ΛΘ'. ΔΕΛΦΙΝΕΣ ΚΑΙ ΚΑΡΚΙΝΟΣ.
39. LES DAUPHINS ET LE CANCRE.

Δελφῖνες ἀεὶ   Les dauphins toujours
διεφέροντο φαλαίναις.   étaient-en-différend avec les baleines.
Τούτοις παρῆλθε   A eux se présenta
καρκίνος μεσιτεύων·   un cancre faisant-le-médiateur :
ὡς εἴ τις, ὢν ἄδοξος,   comme si quelqu'un, étant obscur,
εἰρηνεύοι ἐν πολιτείαις   voulait apaiser dans des États
στάσιν τυράννων   la discorde de tyrans
μαχομένων.   qui-se-combattent.

Μ'. ΚΑΜΗΛΟΣ.
40. LE CHAMEAU.

Κάμηλος κυρτὴ   Un chameau courbé (bossu)
διέβαινε ποταμὸν   traversait un fleuve
ὄντα ὀξὺν τῷ ῥείθρῳ,   qui était rapide par son courant,
εἶτα ἔχεζε.   puis il y fientait.
Τοῦ δὲ ὄνθου αὐτὴν φθάνοντος,   Et le crottin le dépassant,

φθάνοντος αὐτήν, εἶπεν· « Ἦ κακῶς πράττω·
ἔμπροσθεν ἤδη τἀξόπισθε μου βαίνει. »
[Πόλις ἄν τις εἴποι τὸν λόγον τὸν Αἰσώπου, 5
ἧς ἔσχατοι κρατοῦσιν ἀντὶ τῶν πρώτων.]

qui tantôt était derrière moi passe maintenant devant. »
Certaines villes où les derniers citoyens gouvernent et ont le pas sur les plus dignes, pourraient s'appliquer cette fable d'Ésope.

ΜΓ΄. ΣΑΥΡΑ.

Διαρραγῆναί φασιν ἐκ μέσου νώτου
δράκοντι μῆκος ἐξισουμένην[1] σαύραν.
Βλάψεις σεαυτόν, κοὐδὲν ἄλλο ποιήσεις,
ἂν τόν γε λίαν ὑπερέχοντα μιμήσῃ.

41. LE LÉZARD.

On raconte qu'un lézard, qui voulait égaler un serpent en grosseur, se fit crever en deux.

Tu te perdras toujours en cherchant à imiter celui qui te surpasse de si loin.

ΜΒ΄. ΚΥΩΝ ΚΑΙ ΜΑΓΕΙΡΟΣ.

Δεῖπνόν τις εἶχε λαμπρὸν ἐν πόλει θύσας.
Ὁ κύων δὲ τούτου κυνὶ φίλῳ συναντήσας,
ἐλθεῖν πρὸς αὐτὸν ἐπὶ τὸ δεῖπνον ἠρώτα.
Κἀκεῖνος ἦλθε· Τὸν δὲ τοῦ σκέλους ἄρας
ὁ μάγειρος ἐκτὸς ἐξέριψε τοῦ τοίχου 5
εἰς τὴν ἀγυιάν. Τῶν κυνῶν δ' ἐρωτώντων

42. LE CHIEN ET LE CUISINIER.

Un citadin qui venait de faire un sacrifice donna un grand festin. Son chien, rencontrant un autre chien de ses amis, le pria à dîner; celui-ci y alla. Mais le cuisinier le prit par les deux pattes et le jeta dans la rue. Ses camarades lui demandaient comment il avait dîné :

εἶπεν·
« Ἦ πράττω κακῶς·
τὰ ἐξόπισθέ μου
βαίνει ἤδη ἔμπροσθεν. »
  [Πόλις τις εἴποι ἂν
τὸν λόγον τὸν Αἰσώπου,
ἧς κρατοῦσιν
ἔσχατοι
ἀντὶ τῶν πρώτων.]

il dit :
« Certes ça va mal pour moi !
ce qui était derrière moi,
va maintenant devant. »
  [Certaine ville pourrait dire
cette fable d'Ésope,
ville sur laquelle règnent
les derniers *citoyens*
au-lieu des premiers.]

ΜΓ'. ΣΑΥΡΑ.

41. LE LÉZARD.

Φασὶ σαύραν,
ἐξισουμένην μῆκος
δράκοντι,
διαρραγῆναι ἐκ μέσου νώτου.
  Βλάψεις σεαυτόν,
καὶ ποιήσεις
οὐδὲν ἄλλο,
ἂν μιμήσῃ
τόν γε ὑπερέχοντα λίην.

On raconte qu'un lézard,
voulant-se-rendre-égal en-grandeur
à un serpent,
creva par le milieu du dos.
  Tu *te* nuiras à-toi-même,
et tu n'effectueras (tu ne gagneras)
rien autre-chose,
si tu veux-imiter
celui qui te surpasse de-beaucoup.

ΜΒ'. ΚΥΩΝ ΚΑΙ ΜΑΓΕΙΡΟΣ.

42. LE CHIEN ET LE CUISINIER.

Ἐν πόλει τις
θύσας,
εἶχε δεῖπνον λαμπρόν.
Ὁ κύων δὲ τούτου,
συναντήσας κυνὶ φίλῳ,
ἠρώτα ἐλθεῖν πρὸς αὐτὸν
ἐπὶ τὸ δεῖπνον.
Καὶ ἐκεῖνος ἦλθε.
Τὸν δὲ ὁ μάγειρος ἄρας
τοῦ σκέλους,
ἐξέριψεν ἐκτὸς τοῦ τοίχου
εἰς τὴν ἀγυιάν.
Τῶν κυνῶν δὲ ἐρωτώντων
ὅπως ἐδείπνησεν, εἶπε·

Quelqu'un dans une ville
ayant fait-un-sacrifice,
tint *chez lui* un festin splendide.
Or le chien de celui-ci,
ayant rencontré un chien *son* ami,
le priait de venir chez lui
au festin.
Et l'autre vint.
Mais le cuisinier ayant soulevé celui-ci
par la jambe,
le jeta hors du mur (de la maison)
dans la rue.
Et les chiens *lui* demandant
comment il avait dîné, il répondit :

ὅπως ἐδείπνησ', εἶπε· « Πῶς γὰρ ἂν κρεῖσσον¹,
ὃς οὐδὲ ποίαν ἀναλύειν με γινώσκω; »

« On ne peut mieux, dit-il ; je ne sais seulement pas par quel chemin je suis revenu. »

ΜΓ'. ΕΛΑΦΟΣ ΚΑΙ ΚΥΝΗΓΕΤΑΙ.

Ἔλαφος κεράστης ὑπὸ τὸ καῦμα¹ διψήσας
λίμνης ὕδωρ ἔπινεν ἡσυχαζούσης.
Ἐκεῖ δ' ἑαυτοῦ τὴν σκιὴν θεωρήσας,
χηλῆς μὲν ἕνεκα καὶ ποδῶν ἐλυπήθη,
ἐπὶ τοῖς δὲ κέρασιν ὡς καλοῖς ἄγαν ηὔχει.   5
Παρῆν δὲ Νέμεσις, ἣ τὰ γαῦρα πημαίνει.
Κυνηγέτας γὰρ ἄνδρας εἶδεν ἐξαίφνης
ὁμοῦ² σαγήναις καὶ σκύλαξιν εὐρίνοις·
ἰδὼν δ' ἔφευγε, δίψαν οὐδέπω παύσας,
καὶ μακρὸν ἐπέρα πεδίον ἴχνεσιν κούφοις.   10
Ἐπεὶ δὲ δὴ σύνδενδρον ἦλθεν εἰς ὕλην
κέρατα θάμνοις ἐμπλακεὶς ἐθηρεύθη.
Καὶ ταῦτ' ἔφη· « Δύστηνος, ὡς διεψεύσθην·
οἱ γὰρ πόδες μ' ἔσῳζον, οἷς ἐπηδούμην·

43. LE CERF ET LES CHASSEURS.

Un cerf de haute ramure, pressé par la soif, se désaltérait pendant le chaud du jour dans l'eau d'un étang tranquille ; il y vit son image, et il eut honte de ses jambes et de ses pieds ; mais il louait fort la beauté de son bois. Cependant Némésis, qui punit l'orgueil, n'était pas loin. Tout à coup il entend des chasseurs qui accouraient avec leurs toiles et leurs fins liniers ; à leur vue, il s'enfuit, avant même d'avoir étanché sa soif, et, d'un pied léger, s'élance dans une vaste plaine. Au bout de sa course, il entre dans un bois épais, mais ses cornes s'embarrassent dans le taillis ; on le prit sans peine. Alors il s'écria : « Hélas ! comme je me suis trompé ! mes pieds, que je mé-

« Πῶς γὰρ ἂν
κρεῖσσον,
ὃς οὐδὲ γινώσκω
ποίαν ἀναλύειν με; »

« Comment donc *aurais-je-pu-diner*
mieux,
moi qui ne sais même pas
par quel *chemin* je suis parti? »

ΜΓ΄. ΕΛΑΦΟΣ ΚΑΙ ΚΥΝΗΓΕΤΑΙ.
43. LE CERF ET LES CHASSEURS.

Ἔλαφος κεράστης
διψήσας
ὑπὸ τὸ καῦμα,
ἔπινεν ὕδωρ
λίμνης ἡσυχαζούσης.
Ἐκεῖ δὲ θεωρήσας
τὴν σκιὴν ἑαυτοῦ, ἐλυπήθη
ἕνεκα χηλῆς
καὶ ποδῶν,
ηὔχει δὲ
ἐπὶ τοῖς κέρασιν
ὡς ἄγαν καλοῖς.
Παρῆν δὲ Νέμεσις,
ἣ πημαίνει τὰ γαῦρα.
Εἶδε γὰρ ἐξαίφνης
ἄνδρας κυνηγέτας
ὁμοῦ σαγήναις
καὶ σκύλαξιν εὐρίνοις·
ἰδὼν δὲ ἔφευγεν,
οὐδέπω παύσας δίψαν,
καὶ ἐπέρα
ἴχνεσι κούφοις
μακρὸν πεδίον.
Ἐπεὶ δὲ δὴ ἦλθεν
εἰς ὕλην σύνδενδρον,
ἐθηρεύθη, ἐμπλακεὶς
θάμνοις κέρατα.
Καὶ ἔφη ταῦτα·
« Δύστηνος,
ὡς διεψεύσθην·
οἱ γὰρ πόδες, οἷς ἐπῃδούμην,

Un cerf au-bois-entier
ayant-eu-soif
vers la grande-chaleur (sur le midi),
buvait l'eau
d'un étang qui-était-tranquille.
Et là ayant contemplé
l'ombre de lui-même, il fut attristé
au-sujet de *son* pied
et de *ses* jambes,
il était-fier au-contraire
de *ses* cornes
comme *étant* très-belles.
Et survint la Némésis,
qui punit les sentiments-orgueilleux.
En effet, il vit tout-à-coup
des hommes chasseurs
à-la-fois avec des filets (fin.
et avec de jeunes-chiens à-l'odorat-
Et *les* ayant aperçus, il fuyait,
n'ayant pas-encore étanché *sa* soif,
et il traversait
avec des pas légers
une vaste plaine.
Mais lorsqu'il arriva
dans un bois épais-d'arbres,
il fut pris, embarrassé
dans les broussailles par *ses* cornes.
Et il dit ces-choses :
« Malheureux,
comme je me-suis-trompé !
car les pieds, dont j'avais-honte,

τὰ κέρατα δὲ προὔδωκεν, οἷς ἐγαυρούμην³. » 15
[Περὶ τῶν σεαυτοῦ πραγμάτων ὅταν κρίνῃς,
μηδὲν βέβαιον ὑπολάβῃς, προγινώσκων⁴,
μηδ' αὖτ' ἀπογνῷς, μηδ' ἀπελπίσῃς· οὕτω
σφάλλουσιν ἡμᾶς ἐνίοθ' αἱ πεποιθήσεις.]

prisais, me sauvaient, et cette ramure dont j'étais si fier m'a perdu. »
Dans vos jugements sur vous-même, et dans vos prévisions, ne comptez trop sur rien; mais ne désespérez de rien non plus, et ne vous découragez point, tant quelquefois ce qui fait notre confiance peut nous trahir!

ΜΔ′. ΤΑΥΡΟΙ ΚΑΙ ΛΕΩΝ.

Ἐνέμοντο ταῦροι τρεῖς ἀεὶ μετ' ἀλλήλων.
Λέων δὲ τούτους συλλαβεῖν ἐφεδρεύων,
ὁμοῦ μὲν αὐτοὺς οὐκ ἔδοξε νικήσειν·
λόγοις δ' ὑπούλοις διαβολαῖς τε συγκρούων,
ἐχθροὺς ἐποίει, χωρίσας δ' ἀπ' ἀλλήλων, 5
ἕκαστον αὐτῶν ἔσχε ῥαδίαν θοίνην.
Ὅταν μάλιστα ζῆν θέλῃς ἀκινδύνως,
ἐχθροῖς ἀπίστει, τοὺς φίλους δ' ἀεὶ τήρει.

44. LES TAUREAUX ET LE LION.

Trois taureaux paissaient toujours de compagnie. Un lion qui guettait l'occasion de les prendre, vit bien qu'il n'en viendrait jamais à bout s'ils restaient ensemble; il chercha donc à les animer les uns contre les autres par des calomnies et des propos perfides. Ils furent bientôt ennemis, et les ayant ainsi divisés, le lion ne trouva plus en chacun d'eux qu'une proie facile.

Savez-vous le meilleur moyen de vivre à l'abri des dangers? méfiez-vous de vos ennemis, et conservez toujours vos amis.

ΜΕ′. ΑΙΠΟΛΟΣ ΚΑΙ ΑΙΓΕΣ.

Ἔνιφεν ὁ Ζεύς¹· αἰπόλος δέ τις φεύγων
εἰς ἄντρον εἰσήλαυνε τῶν ἀοικήτων

45. LE CHEVRIER ET LES CHÈVRES.

Il neigeait; un chevrier cherchait un abri dans un antre écarté, et y poussait ses chèvres toutes blanchies par la neige. Des chèvres sau-

ἔσωζόν με·
τὰ δὲ κέρατα, οἷς ἐγαυρούμην,
προὔδωκε. »
 [Ὅταν κρίνῃς
περὶ τῶν πραγμάτων
σεαυτοῦ,
ὑπολάβῃς μηδὲν βέβαιον,
προγινώσκων,
μηδὲ αὖτε ἀπογνῷς,
μηδὲ ἀπελπίσῃς·
οὕτως ἐνίοτε αἱ πεποιθήσεις
ἡμᾶς σφάλλουσι.]

me sauvaient ;
mais les cornes, dont j'étais-fier,
m'ont trahi. »
 [Lorsque tu portes-un-jugement
au-sujet-des affaires
de toi-même,
ne considère rien comme certain,
prévoyant *les chances de l'avenir ;*
et d'un-autre-côté ne désespère pas,
et ne-perds-pas-l'espérance :
tant quelquefois la confiance
nous fait-tomber-dans-le-malheur !]

ΜΔ'. ΤΑΥΡΟΙ ΚΑΙ ΛΕΩΝ.

44. LES TAUREAUX ET LE LION.

Τρεῖς ταῦροι ἐνέμοντο
ἀεὶ μετὰ ἀλλήλων.
Λέων δὲ ἐφεδρεύων
συλλαβεῖν τούτους,
οὐκ ἔδοξε μὲν νικήσειν
αὐτοὺς ὁμοῦ·
συγκρούων δὲ
λόγοις ὑπούλοις
διαβολαῖς τε,
ἐποίει ἐχθρούς,
χωρίσας δὲ ἀπὸ ἀλλήλων,
ἔσχε ἕκαστον αὐτῶν
ῥᾳδίαν θοίνην.
 [Ὅταν μάλιστα θέλῃς
ζῆν ἀκινδύνως,
ἀπίστει ἐχθροῖς,
τήρει δὲ ἀεὶ τοὺς φίλους.]

Trois taureaux paissaient
toujours les uns avec les autres.
Or, un lion guettant-l'occasion
de prendre ceux-ci,
ne pensa pas qu'il vaincrait
eux *étant* ensemble ;
mais *les* excitant *l'un-contre-l'autre*
par des discours perfides
et des calomnies,
il *les* rendait ennemis,
et *les* ayant séparés les uns des autres,
il eut chacun d'eux
comme facile repas.
 [Lorsque avant-tout tu veux
vivre sans-danger,
méfie-toi des ennemis,
et conserve toujours les amis.]

ΜΕ'. ΑΙΠΟΛΟΣ ΚΑΙ ΑΙΓΕΣ.

45. LE CHEVRIER ET LES CHÈVRES.

Ὁ Ζεὺς ἔνιφεν·
αἰπόλος δέ τις
φεύγων εἰς ἄντρον
τῶν ἀοικήτων

Jupiter (le ciel) neigeait :
et certain chevrier
se-réfugiant dans une caverne
des *lieux* non-habités

τὰς αἶγας ἁδρῇ χιόνι λευκανθιζούσας.
Εὑρὼν δ' ἐκεῖ τάχιον εἰσδεδυκυίας
αἶγας κερούχους ἀγρίας πολὺ πλείους   5
ὧν αὐτὸς ἦγε, μείζονάς τε καὶ κρείσσους,
ταῖς μὲν φέρων ἔβαλλε θαλλὸν ἐξ ὕλης,
τὰς δέ γ' ἰδίας ἀφῆκε μακρὰ² λιμώττειν.
Ὡς δ' ᾐθρίασε, τὰς μὲν εὗρε τεθνώσας,
αἳ δ' οὐκ ἔμειναν, ἀλλ' ὀρῶν ἀβοσκήτων   10
ἀνέμβατον δρυμῶνα ποσσὶν ἠρεύνων.
Ὁ δ' αἰπόλος [γελάσας] ἦλθεν εἰς οἴκους,
αἰγῶν ἔρημος· ἐλπίσας δὲ τὰς κρείσσους,
οὐκ ὤνατ' οὐδ' ὧν αὐτὸς εἶχεν ἐκ πρώτης³.

vages, à belles cornes, s'y étaient déjà réfugiées en grand nombre; elles étaient plus grandes et plus fortes que celles qu'il conduisait; il alla chercher de jeunes branches dans la forêt, et les leur donna, laissant la faim tourmenter les siennes. Bientôt le ciel s'éclaircit : il trouva ses bêtes mortes; les autres s'en allèrent et regagnèrent les bois inaccessibles et leurs montagnes sauvages. Le chevrier s'en revint chez lui sans chèvres : il en avait convoité de plus belles; il ne conserva même pas celles qu'il avait.

ΜϚ'. ΕΛΑΦΟΣ ΝΟΣΩΝ.

Ἔλαφος καθ' ὕλην γυῖα κοῦφα ναρκήσας,
ἔκειτο πεδίων¹ ἐν χλόῃ βαθυσχοίνῳ,
ἐξ ἧς ἕτοιμον² χιλὸν εἶχε πεινήσας.
Ἤρχοντο δ' ἀγέλαι ποικίλων ἐκεῖ³ ζῴων

46. LE CERF MALADE.

Un cerf, qui sentait ses pieds légers s'engourdir, gisait, au fond d'un bois, dans des herbes hautes et épaisses; il avait là pour sa faim une pâture toute prête. Des animaux de toute espèce accouraient en

εἰσήλαυνε τὰς αἶγας	y-poussait ses chèvres
λευκανθιζούσας	qui étaient-blanches
χιόνι ἀδρῇ.	d'une neige épaisse.
Εὑρὼν δὲ ἐκεῖ	Et ayant trouvé là,
εἰσδεδυκυίας τάχιον	étant entrées plutôt (avant lui),
αἶγας ἀγρίας κερούχους,	des chèvres sauvages cornues,
πολὺ πλείους	beaucoup plus nombreuses
ὧν ἦγεν αὐτός,	que-celles-qu'il conduisait lui-même.
μείζονάς τε καὶ κρείσσους,	et plus grandes et plus fortes,
ἔβαλλε ταῖς μὲν	il jetait à celles-ci
θαλλὸν	de jeunes-branches
φέρων ἐξ ὕλης,	qu'il apportait de la forêt ;
τὰς δέ γε ἰδίας	et ses propres *chèvres*, au-contraire,
ἀφῆκε μακρὰ λιμώττειν.	il *les* laissait longuement avoir-faim.
Ὡς δὲ ᾐθρίασε,	Mais lorsque le-ciel-se-fut-éclairci,
τὰς μὲν εὗρε τεθνώσας,	il trouva celles-ci mortes,
αἱ δὲ οὐκ ἔμειναν,	et celles-là ne restèrent pas,
ἀλλὰ ἠρεύνων	mais elles recherchaient
ποσσὶ δρυμῶνα ἀνέμβατον	de *leurs* pieds la forêt inaccessible
ὀρῶν ἀβοσκήτων.	des montagnes non-broutées.
Ὁ δὲ αἰπόλος....	Et le chevrier....
ἦλθεν εἰς οἴκους ἔρημος αἰγῶν·	alla à la maison privé de *ses* chèvres ;
ἐλπίσας δὲ τὰς κρείσσους,	et ayant espéré *avoir* les plus fortes,
οὐκ ὤνατο οὐδὲ ὧν	il ne jouit pas même de celles-que
εἶχεν αὐτὸς ἐκ πρώτης.	il possédait lui-même d'abord.

ΜϚ'. ΕΛΑΦΟΣ ΝΟΣΩΝ.	46. LE CERF MALADE.
Ἔλαφος	Un cerf
ναρκήσας γυῖα κοῦφα,	défaillant quant à *ses* membres légers,
ἔκειτο καθ' ὕλην	gisait dans une forêt
ἐν χλόῃ πεδίων	dans l'herbe des prés,
βαθυσχοίνῳ,	*herbe* épaisse-de-hauts-joncs,
ἐξ ἧς πεινήσας	de laquelle, ayant-faim,
εἶχε χιλὸν	il avait (tirait) un fourrage
ἕτοιμον.	tout-prêt.
Ἤρχοντο δὲ ἐκεῖ	Or il venait là
ἀγέλαι ζώων	des troupeaux d'animaux
ποικίλων ἐπισκοπούντων·	de-différentes-espèces *le* visitant ;

ἐπισκοπούντων· ἦν γὰρ ἀβλαβὴς γείτων. 5
Ἐλθὼν δ' ἕκαστος, τῆς πόης ἀποτρώγων⁴,
ᾔει πρὸς ὕλας· [ὁ δὲ πενίῃ θνήσκει.]
Ἔλαφος δὲ λιμῷ, κοὐ νόσῳ, κατεσκλήκει⁵,
μήπω κορώνην δευτέρην ἀναπλήσας⁶,
ὃς εἰ φίλους οὐκ ἔσχε, κἂν γεγηράκει. 10

foule visiter ce bon voisin. Aussitôt arrivé, chacun broutait de son herbe, et rentrait dans les bois.... Le cerf mourut de faim plutôt que de maladie; il avait à peine vécu l'âge de deux corneilles : avec moins d'amis, il aurait pu devenir vieux.

ΜΖ'. ΓΕΡΩΝ ΚΑΙ ΥΙΟΙ.

Ἐν τοῖς παλαιοῖς ἦν ἀνὴρ ὑπέργηρως·
εἶχεν δὲ πολλοὺς παῖδας· οἷς ἐπισκήπτων
(ἔμελλε γὰρ δὴ τὸν βίον τελευτήσειν),
ἐκέλευε λεπτῶν, εἴ τις ἐστί που, ῥάβδων
δέσμην ἐνεγκεῖν. Ἧκέ τις φέρων ταύτην. 5
« Πειρᾶσθε δή μοι, τέκνα, σὺν βίῃ πάσῃ,
ῥάβδους κατᾶξαι δεδεμένας σὺν ἀλλήλαις. »
Ὁ δ'¹ (οὐ γὰρ ἠδύναντο)· « Κατὰ μίην τοίνυν
πειρᾶσθ' ». Ἑκάστης δ' εὐχερῶς καταγείσης,
« Ὦ παῖδες, οὕτως, » εἶπεν, « ἂν μὲν ἀλλήλοις 10
ὁμοφρονῆτε πάντες, οὐδ' ἂν εἷς ὑμᾶς
βλάψαι δύναιτο, κἂν μέγιστον ἰσχύῃ·

47. LE LABOUREUR ET SES ENFANTS.

Au temps jadis vivait un vieillard, père de nombreux enfants; voulant leur donner une dernière leçon, car il sentait approcher sa fin, il leur commanda d'aller chercher un faisceau de petites baguettes. L'un d'eux l'apporta. « Mes enfants, dit-il, voyez à présent si vous romprez ces baguettes liées ensemble, et faites-y tous vos efforts. » Puis, comme ils ne le pouvaient pas : « Essayez donc de les briser une à une. » Chaque baguette se rompit aisément : « C'est ainsi, mes enfants, reprit le vieillard, que si vous savez rester unis, l'homme le plus puissant ne pourra rien contre vous; mais si vous vous éloignez

ἦν γὰρ γείτων ἀβλαβής.
Ἕκαστος δὲ ἐλθών,
ἀποτρώγων τῆς πόης,
ᾔει πρὸς ὕλας
. . . .
Ἔλαφος δὲ κατεσκλήκει
λιμῷ,
καὶ οὐ νόσῳ,
μήπω ἀναπλήσας
δευτέρην κορώνην,
ὃς εἰ οὐκ ἔσχε φίλους,
καὶ ἂν γεγηράκει.

car il était un voisin inoffensif.
Et chacun étant venu,
broutant de *son* herbe,
s'en allait dans les bois
. . . .
Or le cerf périt-consumé
par la faim,
et non par la maladie,
n'ayant pas encore accompli [neille,
une deuxième (l'âge de deux) cor-
lui qui, s'il n'avait pas eu d'amis,
aurait pu-devenir-vieux.

ΜΖ'. ΓΕΡΩΝ ΚΑΙ ΥΙΟΙ.

47. UN VIEILLARD ET SES FILS.

Ἐν τοῖς παλαιοῖς
ἦν ἀνὴρ ὑπέργηρως·
εἶχε δὲ πολλοὺς παῖδας·
οἷς ἐπισκήπτων
(ἔμελλε γὰρ δὴ
τελευτήσειν τὸν βίον),
ἐκέλευεν ἐνεγκεῖν
δέσμην ῥάβδων λεπτῶν,
εἴ πού ἐστί τις.
Ἦκέ τις φέρων ταύτην.
« Πειρᾶσθέ μοι δή, τέκνα,
σὺν πάσῃ βίῃ,
κατάξαι ῥάβδους
δεδεμένας σὺν ἀλλήλαις. »
Ὁ δέ (οὐ γὰρ ἠδύναντο)
« Πειρᾶσθε τοίνυν κατὰ μίην. »
Ἑκάστης δὲ καταγείσης
εὐχερῶς, εἶπεν·
« Ὦ παῖδες, ἂν μὲν πάντες
ὁμοφρονῆτε
ἀλλήλοις,
οὐδεὶς δύναιτο ἂν ὑμᾶς βλάψαι,
καὶ ἐὰν ἰσχύῃ
μέγιστον·

Dans les anciens *temps*
était un homme extrêmement-vieux
et il avait beaucoup-d'enfants :
auxquels donnant-*ses*-instructions
(car il était sur-le-point
de finir sa vie),
il *leur* ordonnait d'apporter
un faisceau de baguettes minces,
si quelque part il y *en* avait un.
Un *d'eux* vint apportant celui-ci.
« Essayez-moi maintenant, enfants,
avec tout *l'*effort *possible*,
de briser les baguettes
liées les unes-avec-les autres. »
Et lui (car ils ne *le* purent), *dit* :
« Essayez donc une-à-une. »
Et chacune étant *ainsi* rompue
facilement, il dit :
« O *mes* fils, si tous [ments
vous êtes-d'accord-dans-vos-senti-
les uns-avec-les-autres,
personne ne pourrait vous nuire,
même s'il était-puissant
au-plus-haut-degré;

ἢν δ' ἄλλος ἄλλου χωρὶς ἦτε τὴν γνώμην,
πείσεσθ' ἕκαστος ταῦτα τῇ μιῇ ῥάβδῳ. »
[Φιλαδελφία μέγιστον ἀγαθὸν ἀνθρώποις, 15
ἣ καὶ ταπεινοὺς ὄντας ἦρεν εἰς ὕψος.]

les uns des autres, chacun de vous éprouvera le sort de la baguette. »
L'union fraternelle est pour les hommes un bien précieux ; elle peut élever les plus humbles.

ΜΗ'. ΕΡΜΗΣ ΚΑΙ ΚΥΩΝ.

Ἐν ὁδῷ τις Ἑρμῆς τετράγωνος[1] εἱστήκει·
λίθων δ' ὑπ' αὐτῷ σωρὸς ἦν. Κύων τούτῳ
εἶπε προσελθών· « Χαῖρε πρῶτον, Ἑρμείη·
ἔπειτ' ἀλεῖψαι[2] βούλομαί σε, μηδ' οὕτω
θεὸν παρελθεῖν, καὶ θεὸν παλαιστρίτην. » 5
Ὁ δ' εἶπεν· « Ἄν μοι τοῦτο μὴ 'πιλιχμήσῃς
τοὔλαιον ἐλθών, μηδέ μοι προσουρήσῃς,
χάριν εἴσομαί σοι[3]· καὶ πλέον με μὴ τίμα. »

48. L'HERMÈS ET LE CHIEN.

Sur une route était un Hermès quadrangulaire ; il avait à ses pieds un tas de pierres. Un chien s'en approcha et lui dit : « Reçois d'abord mon salut, ô Mercure ; je veux t'oindre ensuite, pour ne pas passer sans l'honorer devant un dieu, devant le dieu des lutteurs. » L'Hermès lui répondit : « Pourvu que tu ne me lappes pas mon huile et ne m'arroses point de ton urine, je te rendrai grâce, et te tiens quitte de tes honneurs. »

ΜΘ'. ΕΡΓΑΤΗΣ ΚΑΙ ΤΥΧΗ.

Ἐκάθευδε νύκτωρ ἐργάτης ὑπ' ἀγνοίης
φρέατος ἐγγύς. Τῆς Τύχης δ' ἐπιστάσης

49. L'OUVRIER ET LA FORTUNE.

Un ouvrier s'était endormi la nuit par mégarde sur le bord d'un puits. Il lui sembla entendre la Fortune qui s'approchait et lui di-

ἂν δὲ ἦτε τὴν γνώμην   mais si vous êtes dans vos sentiments
χωρὶς ἄλλος ἄλλου,   en-désaccord l'un avec l'autre,
πείσεσθε ἕκαστος   vous éprouverez chacun
τὰ αὐτὰ   la même chose
τῇ ῥάβδῳ τῇ μιῇ. »   que la baguette isolée. »
   [Φιλαδελφία   [L'amour-fraternel est
μέγιστον ἀγαθὸν ἀνθρώποις, le plus grand bien pour les hommes,
ἣ ἦρεν εἰς ὕψος   lui qui éleva (élève) en haut
καὶ ὄντας ταπεινούς.]   aussi ceux qui sont humbles.

ΜΗ΄. ΕΡΜΗΣ ΚΑΙ ΚΥΩΝ.   48. MERCURE ET LE CHIEN.

Ἐν ὁδῷ εἱστήκει   Sur une route était-debout
Ἑρμῆς τις τετράγωνος·   un Hermès quadrangulaire :
ὑπὸ δὲ αὐτῷ   et sous lui (à ses pieds)
ἦν σωρὸς λίθων.   était un tas de pierres.
Κύων προσελθὼν   Un chien s'étant approché
τούτῳ, εἶπε·   de celui-ci (de l'Hermès), dit :
« Πρῶτον, Ἑρμείη, χαῖρε·   « D'abord, Hermès, salut :
ἔπειτα βούλομαί σε ἀλεῖψαι, ensuite je veux t'oindre,
καὶ μὴ οὕτω παρελθεῖν θεόν, et ne pas ainsi passer-devant un dieu,
καὶ θεὸν παλαιστρίτην. »   et, cela, le dieu-de-la-palestre. »
Ὁ δὲ εἶπεν·   Mais celui-ci lui dit :
« Ἂν ἐλθὼν   « Si étant venu ici
μή μοι ἐπιλιχμήσῃς   tu ne me lèches pas
τοῦτο τὸ ἔλαιον,   cette huile répandue sur moi,
μηδέ μοι προσουρήσῃς,   ni ne m'asperges-de-ton-urine,
εἴσομαί σοι χάριν·   je te saurai gré :
καὶ μή με τίμα πλέον. »   et ne m'honore pas davantage. »

ΜΘ΄. ΕΡΓΑΤΗΣ ΚΑΙ ΤΥΧΗ.   49. L'OUVRIER ET LA FORTUNE.

Ἐργάτης ἐκάθευδε   Un ouvrier dormait
νύκτωρ ὑπὸ ἀγνοίης   pendant-la-nuit par inadvertance
ἐγγὺς φρέατος.   près d'un puits.
Ἔδοξε δὲ ἀκούειν   Et il crut entendre
τῆς Τύχης   la Fortune
ἐπιστάσης·   qui-s'était-placée-près de lui·

ἔδοξ' ἀκούειν· « Οὗτος, οὐκ ἐγερθήσῃ;
μή σου πεσόντος αἰτίη παρ' ἀνθρώποις
ἐγὼ λέγωμαι, καὶ κακὴν λάβω φήμην.
Ἐμοὶ γὰρ ἐγκαλοῦσι πάντα συλλήβδην,
ὅσ' ἂν παρ' αὑτοῦ δυστυχῇ τις, ἢ πταίῃ. »

sait : « Holà ! te réveilleras-tu ? Veux-tu que les hommes me reprochent ta chute et me fassent une méchante réputation ? Ils s'en prennent déjà à moi de tous les malheurs, de tous les accidents dont ils sont la seule cause. »

Ν'. ΑΛΩΠΗΞ ΚΑΙ ΔΡΥΤΟΜΟΣ.

Ἔφευγ' ἀλώπηξ· τῆς δ' ὄπισθε¹ φευγούσης
κυνηγὸς ἐτρόχαζεν. Ἡ δ' ἐκεχμήκει·
δρυτόμον δ' ἰδοῦσα, « Πρὸς θεῶν σε σωτήρων,
κρύψον με ταύταις αἷς ἔκοψας αἰγείροις,
καὶ τῷ κυνηγῷ, » φησί, « μή με μηνύσῃς. »
Ὁ δ' οὐ προδώσειν ὤμνυ· ἡ δ' ἀπεκρύφθη.
Ἦλθεν κυνηγός, καὶ τὸν ἄνδρ' ἐπηρώτα,
μή² τῇδ' ἀλώπηξ καταδέδυκεν, ἢ φεύγει.
« Οὐκ εἶδον, » εἶπε· τῷ δὲ δακτύλῳ νεύων
τὸν τόπον ἐδείκνυ· οὗ πανοῦργος ἐκρύφθη.
Ὁ δ' οὐκ ἐπισχών³, τῷ λόγῳ δὲ πιστεύσας,

50. LE RENARD ET LE BUCHERON.

Un renard fuyait ; un chasseur courait sur sa piste. L'animal était rendu ; il avise un bûcheron et lui dit : « Au nom des dieux sauveurs, de grâce, cache-moi sous ces peupliers que tu viens d'abattre, et ne me dénonce pas au chasseur. » L'homme jura de ne le point trahir ; l'autre se cacha. Arrive le chasseur qui demande au bûcheron si un renard ne s'était pas réfugié dans cet endroit, ou s'il fuyait : « Je n'en ai point vu, répondit-il, mais du doigt il indiqua le lieu où le matois s'était tapi. Le chasseur n'y prit pas garde, n'écouta que ses paroles

« Οὗτος, οὐκ ἐγερθήσῃ;	« Hé toi! ne te réveilleras-tu pas?
μὴ ἐγὼ λέγωμαι	de-peur-que moi je ne sois dite
παρὰ ἀνθρώποις	auprès des hommes
αἰτίη σου	être la cause de toi
πεσόντος,	tombé (de ta chute),
καὶ λάβω	et que je n'en prenne
κακὴν φήμην.	une mauvaise réputation.
Ἐμοὶ γὰρ ἐγκαλοῦσι	Car c'est à moi qu'ils reprochent
συλλήβδην	en-somme
πάντα ὅσα ἄν τις	tout ce-en-quoi quelqu'un
παρὰ αὑτοῦ	par lui-même (par sa propre faute)
δυστυχῇ ἢ πταίῃ. »	est-malheureux ou faillit. »

Ν'. ΑΛΩΠΗΞ ΚΑΙ ΔΡΥΤΟΜΟΣ.

50. LE RENARD ET LE BUCHERON.

Ἀλώπηξ ἔφευγε·	Un renard fuyait:
τῆς δὲ ὄπισθε φευγούσης	et-sur-les-pas de lui fuyant
ἐτρόχαζε κυνηγός.	courait un chasseur.
Ἡ δὲ ἐκεκμήκει·	Et il était-épuisé-de-fatigue;
ἰδοῦσα δὲ δρυτόμον φησί·	et ayant aperçu un bûcheron, il dit:
« Πρὸς θεῶν σωτήρων	« De par les dieux sauveurs
σέ, κρύψον με	je te conjure, cache moi
ταύταις αἰγείροις αἷς ἔκοψας,	sous ces peupliers que tu as coupés,
καὶ μή με μηνύσῃς τῷ κυνηγῷ. »	et ne me dénonce pas au chasseur. »
Ὁ δὲ ὤμνυεν	Et celui-ci jurait
οὐ προδώσειν·	qu'il ne le trahirait pas:
ἡ δὲ ἀπεκρύφθη.	et l'autre se cacha.
Ἦλθε κυνηγός,	Vint le chasseur,
καὶ ἐπηρώτα τὸν ἄνδρα,	et il interrogeait l'homme,
μὴ τῇδε ἀλώπηξ	si en-cet-endroit un renard
καταδέδυκεν, ἢ φεύγει.	ne s'était pas caché, ou s'il fuyait.
« Οὐκ εἶδον, » εἶπε·	« Je ne l'ai pas vu, » dit-il;
νεύων δὲ τῷ δακτύλῳ,	mais faisant-signe du doigt,
ἐδείκνυε τὸν τόπον,	il montrait le lieu,
οὗ πανοῦργος ἐκρύφθη.	où le coquin s'était caché.
Ὁ δὲ	Mais lui (le chasseur)
οὐκ ἐπισχών,	n'y ayant pas fait-attention,
πιστεύσας δὲ	mais ayant ajouté-foi

παρῆλθε. Θερμοῦ⁴ δ' ἐκφυγοῦσα κινδύνου,
κερδὼ παχείας ἐξέκυπτεν αἰγείρου⁵,
σεσηρὸς αἰκάλλουσα. Τῇ δ' ὁ πρεσβύτης
« Ζωαγρίους μοι χάριτας, » εἶπεν, « ὀφλήσεις.   15
Ἐρρυσάμην σε, » φησίν· « ἀλλὰ μιμνήσκου. »
« Πῶς οὐκ ἄν⁶, » εἶπεν, « ὧν γε μάρτυς εἰστήκειν;
Ἔρρωσο⁷ τοίνυν, καὶ τὸν ὅρκον οὐ φεύξῃ.
Φωνῇ μ' ἔσωσας, δακτύλῳ δ' ἀπέκτεινας. »
[Σοφὸν τὸ θεῖον κἀπλάνητον· οὐδ' ἄν τις   20
λαβεῖν ἐπιορκῶν προσδοκᾷ, δίκην φεύγει.]

et s'éloigna. Cependant le renard, remis d'une si chaude alarme, sortit de dessous les peupliers, agitant sa queue et grinçant des dents. « Tu me dois la vie, lui dit le vieillard, je t'ai sauvé, souviens-toi de moi. — Comment ne m'en souviendrais-je pas, reprit le renard, j'étais là, j'ai tout vu? Rassure-toi donc, tu n'échapperas pas à la peine du parjure. Ta langue m'a sauvé quand ton doigt m'assassinait. »

Les dieux sont clairvoyants et ne se laissent point tromper; les parjures ne peuvent espérer de se dérober à leur justice.

ΝΑ'. ΧΗΡΑ ΚΑΙ ΠΡΟΒΑΤΟΝ.

Ἐν τῷ ποτ' οἴκῳ πρόβατον εἶχέ τις χήρη.
Θέλουσα δ' αὐτοῦ τὸν πόκον λαβεῖν μείζω,
ἔκειρεν ἀτέχνως, τῆς τε σαρκὸς οὐ πόρρω
τὸν μαλλὸν ἐψάλιζεν, ὥστε τιτρώσκειν.
Ἀλγοῦν δὲ πρόβατον, εἶπε· « Μή με λυμαίνου·   5

51. LA VEUVE ET LA BREBIS.

Une veuve possédait une brebis dans sa maison. Pour en avoir de plus longue laine, elle la tondait si maladroitement, et coupait si près de la peau, qu'elle l'entamait. N'en pouvant plus, la brebis lui dit :

τῷ λόγῳ, παρῆλθε.	aux paroles *de l'homme*, passa.
Κερδὼ δέ, ἐκφυγοῦσα	Et le renard, ayant échappé
κινδύνου θερμοῦ,	au danger brûlant,
ἐξέκυπτεν	sortait-de-dessous
αἰγείρου παχείας,	le peuplier touffu,
αἰκάλλουσα	remuant-la-queue
σεσηρός.	en grinçant-des-dents.
Τῇ δὲ ὁ πρεσβύτης εἶπεν·	Et le vieillard lui dit :
« Ὀφλήσεις μοι	« Tu me devras
χάριτας ζωαγρίους.	la reconnaissance de-ta-vie-sauvée.
Ἐρρυσάμην σε,	Je t'ai sauvé,
φησίν· ἀλλὰ μιμνήσκου. »	dit-il; or, souviens-t'en. »
« Πῶς οὐκ ἄν,	« Comment ne *me souviendrais-je* pas
εἶπεν,	répondit-il,
ὧν γε εἱστήκειν	de ce dont j'étais-là
μάρτυς;	témoin *moi-même?*
Ἔρρωσο τοίνυν,	Sois-tranquille donc,
καὶ οὐ φεύξῃ	et tu n'échapperas pas à la violation
τὸν ὅρκον.	au serment (à la peine du serment).
Ἔσωσάς με φωνῇ,	Tu m'as sauvé par la parole,
ἀπέκτεινας δὲ δακτύλῳ. »	mais tu m'as tué par le doigt.
[Τὸ θεῖον σοφὸν	[La divinité *est* clairvoyante
καὶ ἀπλάνητον·	et ne-peut-être-trompée :
οὐδὲ ἄν τις,	et même si quelqu'un,
ἐπιορκῶν,	se parjurant,
προσδοκᾷ λαθεῖν,	espère être caché,
φεύγει δίκην.]	il n'échappe pas à la punition.]

ΝΑ'. ΧΗΡΑ ΚΑΙ ΠΡΟΒΑΤΟΝ. 51. LA VEUVE ET LA BREBIS.

Χήρη τις εἶχέ ποτε	Certaine veuve avait une-fois
ἐν τῷ οἴκῳ πρόβατον.	dans sa maison une brebis.
Θέλουσα δὲ λαβεῖν	Et voulant obtenir
τὸν πόκον αὐτοῦ μείζω,	la laine d'elle plus longue,
ἔκειρεν ἀτέχνως,	elle *la* tondait maladroitement
ἐψάλιζέ τε τὸν μαλλὸν	et coupait la toison
οὐ πόρρω τῆς σαρκός,	non loin de la chair,
ὥστε τιτρώσκειν.	de manière à blesser *la brebis.*
Πρόβατον δὲ ἀλγοῦν εἶπε·	Et la brebis souffrant *lui* dit :

πόσην γὰρ ὁλκὴν τοὐμὸν αἷμα προσθήσει;
Ἀλλ' εἰ κρεῶν, δέσποινα, τῶν ἐμῶν χρῄζεις,
ἔστιν μάγειρος, ὅς με συντόμως θύσει·
εἰ δ' εἰρίων πόκου τε, κοὐ κρεῶν, χρῄζεις,
πάλιν ἔστι κουρεύς, ὃς κερεῖ με καὶ σώσει. » 10

« Ne me fais point de mal; de combien mon sang rendra-t-il ta laine plus pesante? Si tu as besoin, maîtresse, de ma chair, il y a le boucher, qui me tuera d'un coup; mais si c'est ma laine et ma toison qu'il te faut, il y a le tondeur, qui me tondra du moins sans m'écorcher. »

ΝΒ'. ΒΟΗΛΑΤΗΣ ΚΑΙ ΑΜΑΞΑ.

Εἰς ἄστυ τετράκυκλον ἄρρενες[1] ταῦροι
ἄμαξαν ὤμοις εἷλκον. Ἡ δ' ἐτέτριγει,
καὶ τὸν βοώτην θυμὸς εἷχε. Τῇ δ' οὕτως,
ἐγγὺς προσελθών, εἶπεν ὡς ἀκουσθῆναι·
« Ὦ παγκάκιστον κτημάτων, τί δὴ κρώζεις, 5
ἄλλων ἐπ' ὤμοις φερομένη σιωπώντων; »
Κακοῦ πρὸς[2] ἀνδρός ἐστι μακρὸν οἰμώζειν
ἄλλων πονούντων, ὥσπερ αὐτὸς εἰ κάμνοι.

52. LE BOUVIER ET LE CHAR.

Traîné par les épaules de vigoureux taureaux, un char roulait sur ses quatre roues vers la ville. La voiture criait, le bouvier en prit de l'humeur, s'approcha et dit de façon à se faire entendre : « Oh! la détestable machine, pourquoi tout ce bruit, quand ceux qui te portent sur leurs épaules se taisent? »

Les lâches, quand ils voient travailler les autres, sont toujours à gémir bien haut, comme s'ils avaient toute la peine.

ΝΓ'. ΛΥΚΟΣ ΚΑΙ ΑΛΩΠΗΞ.

Εἰς λύκον ἀλώπηξ ἐμπεσοῦσα δειλαίη,
ζωγρεῖν ἐδεῖτο, μηδὲ γραῦν ἀποκτείνειν.

53. LE LOUP ET LE RENARD.

Un renard s'étant par malheur jeté sous la patte d'un loup, le conjurait de lui laisser la vie sauve et d'épargner un vieillard. « Dis-moi

« Μή με λυμαίνου·
πόσην γὰρ ὁλκὴν τὸ ἐμὸν αἷμα
προσθήσει;
Ἀλλὰ εἰ χρήζεις, δέσποινα,
τῶν ἐμῶν κρεῶν, ἔστι μάγειρος,
ὅς με θύσει συντόμως·
εἰ δὲ χρήζεις
εἰρίων πόκου τε,
καὶ οὐ κρεῶν,
ἔστι πάλιν κουρεύς,
ὅς με κερεῖ
καὶ σώσει. »

« Ne me maltraite pas :
car quel poids mon sang
ajoutera-t-il *à la laine ?*
Mais si tu as-besoin, maîtresse,
de mes chairs, il y a le cuisinier,
qui m'immolera d'un-coup ;
si d'un-autre-côté tu as-besoin
de *mes* laines et de *ma* toison,
et non de *mes* chairs,
il y a encore le tondeur,
qui me tondra
et *me* conservera-sauve. »

ΝΒ'. ΒΟΗΛΑΤΗΣ ΚΑΙ ΑΜΑΞΑ.

52. LE BOUVIER ET LE CHAR.

Ταῦροι ἄρρενες
εἷλκον ὤμοις
ἅμαξαν τετράκυκλον
εἰς ἄστυ.
Ἡ δὲ ἐτετρίγει,
καὶ θυμὸς εἶχε τὸν βοώτην.
Τῇ δὲ προσελθὼν ἐγγὺς
εἶπεν οὕτως,
ὡς ἀκουσθῆναι·
« Ὦ παγκάκιστον
κτημάτων,
τί δὴ κρώζεις,
φερομένη ἐπὶ ὤμοις
ἄλλων σιωπώντων; »
    Ἔστι πρὸς ἀνδρὸς κακοῦ
οἰμώζειν μακρόν,
ἄλλων πονούντων,
ὥσπερ εἰ αὐτὸς κάμνοι.

Des taureaux mâles
traînaient de *leurs* épaules
un char à-quatre-roues
vers une ville.
Et celui-ci criait,
et la colère possédait le bouvier.
Et s'étant approché de lui près,
il *lui* parla ainsi,
de manière à être entendu :
« O la plus détestable
des possessions,
pourquoi donc croasses-tu,
étant porté sur les épaules
d'autres qui se-taisent? »
    C'est le *propre* d'un homme lâche
de gémir beaucoup (bien haut),
lorsque d'autres travaillent,
comme si lui-même se-fatiguait.

ΝΓ'. ΛΥΚΟΣ ΚΑΙ ΑΛΩΠΗΞ.

53. LE LOUP ET LE RENARD.

Δειλαίη ἀλώπηξ
ἐμπεσοῦσα εἰς λύκον,
ἐδεῖτο ζωγρεῖν,
μηδὲ ἀποκτείνειν γραῦν.

Un malheureux renard
étant tombé sur un loup,
le priait de *le* prendre-à-merci,
et de ne pas tuer un vieillard.

Ὁ δ', « Ἂν λόγους μοι τρεῖς ἀληθινοὺς εἴπῃς,
ἐγώ σε, νὴ τὸν Πᾶνα, » φησί, « ζωγρήσω. »
Ἡ δ', « Εἴθε μέν μοι πρῶτα μὴ συνηντήκοις·
ἔπειτα δ', εἴθε τυφλὸς ὢν ὑπηντήκοις¹·
τρίτον δ' ἐπ' αὐτοῖς, » εἶπε, « μὴ σύγ' εἰς ὥρας²
ἵκοιο, μηδέ μοι πάλιν συναντήσαις. »

trois paroles de vérité, répondit le loup, et de par Pan je te fais merci. » Alors le renard : « Puissé-je d'abord ne t'avoir pas rencontré! Puissé-je ensuite n'avoir rencontré qu'un loup aveugle! Enfin, puisses-tu ne pas vivre vieux, et ne plus jamais me rencontrer! »

ΝΔ΄. ΒΟΥΣ ΚΑΙ ΟΝΟΣ.

Ἕνα βοῦν τις εἶχε· τὴν ὄνον δὲ συζεύξας,
ἠροτρία, πτωχῶς μέν, ἀλλ' ἀναγκαίως.
Ἐπεὶ δὲ τοὔργον ἐτετέλεστο καὶ λύειν
ἔμελλεν αὐτούς, ἥ τ' ὄνος διηρώτα
τὸν βοῦν, « Τίς ἄξει τῷ γέροντι τὰ σκεύη; »
ὁ βοῦς πρὸς αὐτὴν εἶπεν· « Ὅσπερ εἰώθει. »

54. LE BOEUF ET L'ANESSE.

Un homme ne possédait qu'un bœuf; il l'attela un jour avec une ânesse, et laboura ainsi misérablement, mais il ne pouvait mieux. Au bout de la journée, l'homme allait dételer, et l'ânesse demanda au bœuf : « Qui ramènera chez le vieillard les instruments de labour? — Celui qui en a l'habitude, » répondit le bœuf.

ΝΕ΄. ΖΕΥΣ ΚΑΙ ΠΙΘΗΚΟΣ.

Εὐτεχνίης ἔπαθλα πᾶσι τοῖς ζῴοις
ὁ Ζεὺς ἔθηκε· πάντα δ' ἔβλεπε κρίνων.
Ἦλθεν δὲ καὶ πίθηκος ὡς καλὴ¹ μήτηρ,

55. JUPITER ET LA GUENON.

Jupiter avait promis un prix à celui de tous les animaux qui montrerait les plus beaux enfants; avant de se décider, il les passait tous en revue. La guenon se présenta aussi, se croyant une heureuse

Ὁ δέ φησιν·
« Ἄν μοι εἴπῃς
τρεῖς λόγους ἀληθινούς,
νὴ τὸν Πᾶνα, ἐγώ σε ζωγρήσω. »
Ἡ δέ· « Πρῶτα μὲν
εἴθε
μή μοι συνηντήκοις·
ἔπειτα δὲ εἴθε
ὑπηντήκοις ὢν τυφλός·
τρίτον δὲ ἐπ' αὐτοῖς,
εἶπε, μὴ σύ γε ἵκοιο
εἰς ὥρας,
μηδέ μοι συναντήσαις
πάλιν. »

Et celui-ci lui dit :
« Quand tu m'auras dit
trois paroles vraies,
oui, par Pan, je te prendrai-à-merci. »
Et l'autre lui dit : « D'abord,
plût-aux-dieux-que
tu ne m'eusses pas rencontré !
ensuite, plût-aux-dieux-que
tu m'eusses rencontré étant aveugle :
et en troisième-lieu après cela,
dit-il, puisses-tu ne point parvenir
à des années,
et puisses-tu ne pas me rencontrer
de-nouveau ! »

ΝΔ΄. ΒΟΥΣ ΚΑΙ ΟΝΟΣ.

54. LE BOEUF ET L'ANESSE.

Εἶχέ τις βοῦν ἕνα·
συζεύξας δὲ τὴν ὄνον,
ἠροτρία,
πτωχῶς μέν, ἀλλὰ ἀναγκαίως.
Ἐπεὶ δὲ τὸ ἔργον ἐτετέλεστο,
καὶ ἔμελλε
λύειν αὐτούς,
ἥ τε ὄνος διηρώτα τὸν βοῦν·
« Τίς ἄξει τῷ γέροντι
τὰ σκεύη; »
ὁ βοῦς εἶπε πρὸς αὐτήν·
« Ὅσπερ εἰώθει. »

Quelqu'un avait un bœuf unique :
et ayant attelé-avec lui son ânesse,
il labourait ainsi, [ment.
pauvrement à-la-vérité, mais forcé-
Et quand la besogne était achevée,
et qu'il était-au-moment
de les dételer,
et que l'ânesse demandait au bœuf :
« Qui portera au vieillard
les instruments ? »
le bœuf dit à elle :
« Celui qui en avait-l'habitude. »

ΝΕ΄. ΖΕΥΣ ΚΑΙ ΠΙΘΗΚΟΣ.

55. JUPITER ET LA GUENON.

Ὁ Ζεὺς ἔθηκε
πᾶσι τοῖς ζῴοις
ἔπαθλα εὐτεκνίης·
ἔβλεπε δὲ πάντα κρίνων.
Ἦλθε δὲ καὶ πίθηκος
ὡς μήτηρ καλὴ

Jupiter proposa
à tous les animaux
des prix de belle-progéniture :
et il les examinait tous en jugeant.
Et vint aussi une guenon,
comme une mère fortunée,

πίθωνα γυμνόν, σιμόν, ἠρμένη κόλποις.
Γέλως δ' ἐπ' αὐτῷ τοῖς θεοῖς ἐκινήθη. 5
Ἡ δ' εἶπεν οὕτω· « Ζεὺς μὲν οἶδε τὴν νίκην·
ἐμοὶ δὲ πάντων οὗτός ἐστι καλλίων. »
Ὁ λόγος δοκεῖ μοι πᾶσι τοῦτο σημαίνειν,
τὸν αὐτὸς αὐτοῦ[3] πᾶς τις εὐπρεπῆ κρίνει.

mère, et portant dans ses bras un petit singe tout pelé et tout camus. A cette vue, les dieux éclatèrent de rire. Mais la guenon : « Jupiter, dit-elle, sait à qui donner le prix ; mais à mes yeux, voici le plus beau de tous. »

Cette fable nous fait bien voir qu'on trouve toujours ses enfants assez beaux.

Νϛ'. ΕΡΜΟΥ ΑΜΑΞΑ ΚΑΙ ΑΡΑΒΕΣ.

Ἑρμῆς ἅμαξαν ψευσμάτων τε πληρώσας
ἀπάτης τε πολλῆς καὶ πανουργίης πάσης,
ἤλαυνε διὰ γῆς, ἄλλο φῦλον ἐξ ἄλλου
σχεδὴν ἀμείβων καὶ μέρος τι τῶν ῥώπων
νέμων ἑκάστῳ μικρόν. Ὡς δὲ τῷ χώρῳ 5
τῷ τῶν Ἀράβων ἐπῆλθε καὶ διεξῄει,
λέγουσιν αὐτοῦ συντριβεῖσαν ἐξαίφνης
ἐπισταθῆναι τὴν ἅμαξαν. Οἱ δ', ὥσπερ[1]
πολύτιμον ἁρπάζοντες ἐμπόρου φόρτον,
ἐκένωσαν αὐτήν, οὐδ' ἀφῆκαν εἰς ἄλλους 10

56. LE CHAR DE MERCURE ET LES ARABES.

Mercure emplit un char de mensonges, de tromperies et de fourberies de toute espèce, puis il le promena par toute la terre, allant de peuple en peuple, et distribuant à chacun une petite part de sa provision. Arrivé chez les Arabes, il traversait leur pays, quand tout à coup son char se brisa et s'arrêta. Les Arabes, croyant qu'il renfermait les marchandises d'un riche trafiquant, se jetèrent dessus, le pil-

ἠρμένη κόλποις
πίθωνα γυμνόν, σιμόν
Γέλως δὲ ἐπὶ αὐτῷ
ἐκινήθη τοῖς θεοῖς.
Ἡ δὲ εἶπεν οὕτω·
« Ζεὺς μὲν οἶδε
τὴν νίκην·
ἐμοὶ δὲ οὗτός ἐστι
καλλίων πάντων. »
  Ὁ λόγος μοι δοκεῖ
σημαίνειν τοῦτο πᾶσι·
Πᾶς τις κρίνει εὐπρεπῆ
αὐτὸς τὸν αὑτοῦ.

portant sur *son* sein
un petit-singe nu (sans poil), camus.
Et un éclat-de-rire sur lui
fut excité aux dieux.
Et elle parla ainsi :
« Jupiter sans-doute connaît
la victoire (le vainqueur);
mais pour moi celui-ci est
plus beau que tous. »
  La fable me semble
indiquer cela à tous :
Un chacun juge beau
lui-même celui de lui-même.

ΝϚ'. ΑΜΑΞΑ ΕΡΜΟΥ ΚΑΙ ΑΡΑΒΕΣ.

56. LE CHAR DE MERCURE ET LES ARABES.

Ἑρμῆς πληρώσας
ἅμαξαν ψευσμάτων τε
ἀπάτης τε πολλῆς
καὶ πανουργίης πάσης,
ἤλαυνε
διὰ γῆς,
ἀμείβων σχέδην
ἐξ ἄλλου ἄλλο φῦλον,
καὶ νέμων ἑκάστῳ
μικρόν τι μέρος
τῶν ῥώπων.
Ὡς δὲ ἐπῆλθε
τῷ χώρῳ τῷ τῶν Ἀράβων
καὶ διεξήει,
λέγουσι τὴν ἅμαξαν αὐτοῦ
συντριβεῖσαν ἐξαίφνης
ἐπισταθῆναι.
Οἱ δὲ αὐτὴν ἐκένωσαν
ἁρπάζοντες
ὥσπερ φόρτον πολύτιμον
ἐμπόρου,
οὐδὲ ἀφῆκαν

Mercure ayant rempli
un char et de mensonges
et de tromperie en-grande-quantité
et de fourberie de toute-espèce,
le menait (promenait)
par *toute* la terre,
passant lentement
d'une autre à une autre nation,
et distribuant à chacune
une petite portion
de *ses* marchandises.
Et lorsqu'il arriva
dans le pays des Arabes
et qu'il *le* traversait,
on raconte que le char de lui
s'étant brisé tout-à-coup
s'arrêta.
Et eux le vidèrent
le pillant,
comme *étant* la charge précieuse
d'un marchand,
et ils ne permirent pas

ἔτι προελθεῖν γῆν πολοῦντας ἀνθρώπους.
Ἐντεῦθεν Ἄραβές εἰσιν, ὡς ἐπειράθην,
ψεῦσταί τε καὶ γόητες, ὧν ἐπὶ γλώσσης
οὐδὲν κάθηται² ῥῆμα τῆς ἀληθείης.

lèrent et l'empêchèrent d'aller chez les autres peuples. Depuis ce temps, j'en ai fait l'expérience, les Arabes sont fourbes et menteurs; il n'y a pas sur leur langue un seul mot de vérité.

ΝΖ'. ΔΙΟΣ ΠΙΘΟΣ.

Ζεὺς ἐν πίθῳ τὰ χρηστὰ πάντα συλλέξας,
ἔθηκεν αὐτὸν πωμάσας παρ' ἀνθρώπῳ.
Ὁ δ' ἀκρατὴς ἄνθρωπος εἰδέναι σπεύδων
τί ποτ' ἦν ἐν αὐτῷ, καὶ τὸ πῶμα κινήσας,
διῆκ' ἀπελθεῖν αὐτὰ πρὸς θεῶν οἴκους, 5
κἀκεῖ πέτεσθαι¹, τῆς τε γῆς ἄνω φεύγειν.
Μόνη δ' ἔμεινεν Ἐλπίς, ἣν κατειλήφει
τεθὲν τὸ πῶμα. Τοιγὰρ Ἐλπὶς ἀνθρώποις
μόνη σύνεστι, τῶν πεφευγότων ἡμᾶς
ἀγαθῶν ἕκαστον ἐγγυωμένη δώσειν. 10

57. LE TONNEAU DE JUPITER.

Jupiter un jour rassembla tous les biens dans un tonneau, et bien fermé, il le déposa chez un homme. Le curieux, impatient de connaître le contenu, soulève le couvercle, et les biens de prendre leur volée loin de ce bas-monde, vers les demeures des dieux. L'Espérance seule resta; le tonneau avait été refermé à temps. C'est ainsi qu'elle devint l'unique richesse de l'homme, promettant à chacun de nous les biens qui nous ont fuis pour toujours.

ΝΗ'. ΖΕΥΣ, ΠΟΣΕΙΔΩΝ, ΑΘΗΝΑ ΚΑΙ ΜΩΜΟΣ.

Ζεὺς καὶ Ποσειδῶν, φασί, καὶ τρίτη τούτοις¹
ἤριζ' Ἀθηνᾶ, τίς καλόν τι ποιήσει.

58. JUPITER, NEPTUNE, MINERVE ET MOMUS.

On raconte que Jupiter, Neptune et Minerve disputèrent à qui des trois créerait le plus bel ouvrage. Jupiter donna l'être au plus parfait

προελθεῖν ἔτι εἰς ἄλλους   qu'il avançât encore chez d'autres
ἀνθρώπους πολοῦντας γῆν.   hommes habitant la terre.
Ἐντεῦθεν Ἀραβές εἰσιν,   De là les Arabes sont,
ὡς ἐπειράθην,   comme j'*en* fis-l'expérience,
ψευσταί τε καὶ γόητες,   et menteurs et imposteurs,
ὧν ἐπὶ γλώσσης   sur la langue desquels
κάθηται οὐδὲν ῥῆμα τῆς ἀληθείης.   ne réside aucune parole de la vérité.

ΝΖ'. ΠΙΘΟΣ ΔΙΟΣ.

57. LE TONNEAU DE JUPITER.

Ζεὺς συλλέξας   Jupiter ayant rassemblé
πάντα τὰ χρηστὰ ἐν πίθῳ,   tous les biens dans un tonneau,
πωμάσας   après *l'*avoir fermé-avec-le-couvercle
αὐτὸν ἔθηκε παρὰ ἀνθρώπῳ. le déposa chez un homme.
Ὁ δὲ ἄνθρωπος   Mais cet homme
ἀκρατής,   n'*étant* pas-maître *de sa curiosité*,
σπεύδων εἰδέναι   ayant-hâte de savoir
τί ἦν ποτε   ce qu'il y avait enfin
ἐν αὐτῷ,   dans lui (le tonneau),
καὶ κινήσας τὸ πῶμα,   et ayant remué le couvercle,
αὐτὰ διῆκεν ἀπελθεῖν   les laissa-échapper pour partir
πρὸς οἴκους θεῶν,   vers les demeures des dieux,
καὶ πετέσθαι ἐκεῖ   et s'envoler là,
φεύγειν τε ἄνω τῆς γῆς.   et fuir au-dessus de la terre.
Μόνη δὲ ἔμεινεν Ἐλπίς,   Et seule resta l'Espérance,
ἣν κατειλήφει τὸ πῶμα τεθέν.   que contint le couvercle *replacé*.
Τοιγὰρ Ἐλπὶς μόνη   C'est-pourquoi l'Espérance seule
σύνεστιν ἀνθρώποις,   est-avec les hommes,
ἐγγυωμένη δώσειν   promettant qu'elle donnera
ἕκαστον ἀγαθῶν   chacun des biens
τῶν ἡμᾶς πεφευγότων.   qui nous ont fui.

ΝΗ'. ΖΕΥΣ, ΠΟΣΕΙΔΩΝ, ΑΘΗΝΑ ΚΑΙ ΜΩΜΟΣ.

58. JUPITER, NEPTUNE, MINERVE ET MOMUS.

Ζεὺς καὶ Ποσειδῶν, φασί,   Jupiter et Neptune, dit-on,
καὶ Ἀθηνᾶ, τρίτη τούτοις, et Minerve, troisième avec ceux-ci,
ἤριζε   disputait (disputaient)
τίς ποιήσει   *à* qui *des trois* créera (créerait

Ποιεῖ μὲν ὁ Ζεὺς ἐκπρεπέστατον ζῴων
ἄνθρωπον· ἡ δὲ Παλλὰς οἶκον ἀνθρώποις·
ὁ δ' αὖ Ποσειδῶν ταῦρον. Ἡρέθη τούτοις
κριτὴς ὁ Μῶμος· ἔτι γὰρ[2] ἐν θεοῖς ᾤκει.
Κἀκεῖνος, ὡς πέφυκε, πάντας ἐχθραίνων,
πρῶτον μὲν εὐθὺς ἔψεγεν τὸ[3] τοῦ ταύρου,
τῶν ὀμμάτων τὰ κέρατα μὴ κάτω κεῖσθαι,
ὡς ἂν[4] βλέπων ἔτυπτε· τοῦ δέ γ' ἀνθρώπου,
μὴ σχεῖν θυρωτὰ μηδ' ἀνοικτὰ τὰ στήθη,
ὡς ἂν βλέποιτο[5] τὸν πέλας τί βουλεύοι·
τῆς οἰκίης δέ, μὴ τροχοὺς σιδηρείους
ἐν τοῖς θεμείλοις γεγονέναι, [6]τόπους ἄλλους
συνεξαμείβειν δεσπόταισιν ἐκδήμοις.

  Τί οὖν ὁ μῦθός φησιν ἐν διηγήσει[7];
Πειρῶ τι ποιεῖν, τὸν φθόνον δὲ μὴ κρίνειν[8].
Ἀρεστὸν ἁπλῶς οὐδέν ἐστι τῷ Μώμῳ.

des animaux, à l'homme; Pallas lui construisit une habitation; Neptune fit le taureau. Ils choisirent Momus pour juge, car il habitait encore parmi les dieux. Momus, toujours envieux de son naturel, se mit à tout reprendre : le taureau devait avoir les cornes au-dessous des yeux, afin qu'il vit où frapper; il fallait ouvrir une fenêtre à la poitrine de l'homme pour qu'on pût pénétrer ce qu'il tramait contre son semblable; la maison devait reposer sur des roues de fer afin de suivre son maître et de changer de place avec lui.

  Que nous dit la fable dans ce récit? « Inventez, faites vos efforts, mais ne prenez pas l'envie pour juge. Rien absolument ne plaît à Momus. »

τὶ καλόν.	quelque-chose de beau.
Ὁ μὲν Ζεὺς ποιεῖ ἄνθρωπον,	Jupiter d'un-côté crée l'homme,
ἐκπρεπέστατον ζώων·	le plus distingué des animaux ;
ἡ δὲ Παλλὰς	et Minerve
οἶκον ἀνθρώποις·	l'habitation'pour les hommes ;
ὁ δὲ Ποσειδῶν αὖ ταῦρον.	et Neptune à-son-tour le taureau.
Ὁ Μῶμος ᾑρέθη	Momus fut choisi
κριτὴς τούτοις·	juge à eux ;
ᾤκει γὰρ ἔτι	car il habitait encore
ἐν θεοῖς.	parmi les dieux.
Καὶ ἐκεῖνος,	Et lui, [turel),
ὡς πέφυκεν,	ainsi-qu'il est né, (suivant son na-
ἐχθραίνων πάντας,	haïssant *par jalousie* tout-le-monde,
ἔψεγε πρῶτον μὲν εὐθὺς	blâmait d'abord aussitôt
τοῦ ταύρου,	du taureau
τὸ τὰ κέρατα μὴ κεῖσθαι	*cela* : les cornes n'être pas placées
κάτω τῶν ὀμμάτων,	au-dessous des yeux,
ὡς ἂν ἔτυπτε βλέπων·	afin qu'il frappât en voyant ;
τοῦ δέ γε ἀνθρώπου	et de l'homme
μὴ σχεῖν τὰ στήθη	*cela* : ne point avoir eu la poitrine
θυρωτὰ	munie-d'une-porte
μηδὲ ἀνοικτά,	ni ouverte,
ὡς ἂν βλέποιτο	afin qu'il pût-être-vu
τί βουλεύοι τὸν πέλας·	ce qu'il projetait contre son voisin :
τῆς οἰκίης δέ,	et de la maison
τροχοὺς σιδηρείους	*cela* : des roues de-fer
μὴ γεγονέναι τοῖς θεμείλοις,	n'être pas aux fondements,
συνεξαμείβειν	pour passer-ensemble
ἄλλους τόπους	en d'autres lieux
δεσπόταισιν	avec les maîtres
ἐκδήμοις.	allant-en-voyage.
Τί φησιν οὖν ὁ μῦθος	Que dit donc la fable
ἐν διηγήσει;	dans *ce* récit ?
Πειρῶ τι ποιεῖν,	Essaye de faire quelque-chose,
τὸν φθόνον δὲ	et que la jalousie
μὴ κρίνειν.	n'*en* soit-*pas* juge.
Ἁπλῶς οὐδέν ἐστιν	En-un-mot il n'est rien
ἀρεστὸν τῷ Μώμῳ.	qui-plaise à Momus.

ΝΘ'. ΜΥΣ ΠΕΣΩΝ ΕΝ ΧΥΤΡΑ.

Ζωμοῦ χύτρῃ μῦς ἐμπεσὼν ἀπωμάστῳ,
καὶ τῷ λίπει πνιγόμενος ἐκπνέων τ' ἤδη,
« Βέβρωκα, » φησί, « καὶ πέπωκα, καὶ πάσης
τρυφῆς πέπλησμαι[1]· καιρός ἐστί μοι θνήσκειν. »
[Τότ' ἂν λίχνος γένοιο μῦς ἐν ἀνθρώποις,   5
ἂν τὸ καταβλάπτον ἡδὺ μὴ παραιτήσῃ.]

59. LA SOURIS TOMBÉE DANS UNE MARMITE.

Une souris se laissa choir dans une marmite découverte et pleine de sauce ; étouffant dans la graisse, et près d'expirer elle dit : « J'ai bien mangé, j'ai bien bu, je me suis gorgée de délices ; il est temps que je meure. »

Homme, tu finiras comme cette souris gloutonne, si tu ne sais pas renoncer à de funestes douceurs.

Ξ'. ΚΥΝΗΓΟΣ ΚΑΙ ΑΛΙΕΥΣ.

Ἤει κυνηγὸς ἐξ ὄρους κυνηγήσας,
ᾔει δὲ γριπεὺς κύρτον ἰχθύων πλήσας.
Καί πως συνηβόλησαν οἱ δύ' ἀλλήλοις·
χὠ μὲν κυνηγὸς ἰχθύων ἁλιπλώτων,
θήρην δ' ὁ γριπεὺς ἡρέτιζεν ἀγρείην·   5
τά τ' εἶχον ἀντέδωκαν. Εἶτα τὴν θήρην
ἤμειβον ἀεί, δεῖπνα δ' εἶχον ἡδίω,

60. LE CHASSEUR ET LE PÊCHEUR.

Un chasseur descendait de la montagne après la chasse ; un pêcheur revenait aussi avec une nasse pleine de poissons. Ils se rencontrèrent. Le chasseur eut envie du poisson ; le pêcheur, du gibier. Nos hommes troquèrent. Depuis, ils échangèrent chaque jour leur prise, et firent de fort agréables repas, jusqu'à ce qu'un quidam leur

ΝΘ'. ΜΥΣ ΠΕΣΩΝ ΕΝ ΧΥΤΡᾼ.

Μῦς ἐμπεσὼν
χύτρῃ ζωμοῦ
ἀπωμάστῳ,
καὶ πνιγόμενος τῷ λίπει,
ἤδη τε ἐκπνέων, φησί·
« Βέβρωκα καὶ πέπωκα,
αἲ πέπλησμαι
πάσης τρυφῆς·
ἔστι καιρός μοι θνῄσκειν. »
[Γένοιο ἂν τότε
μῦς λίχνος
ἐν ἀνθρώποις,
ἢν μὴ παραιτήσῃ
ἡδὺ τὸ καταβλάπτον.]

59. LA SOURIS QUI-ÉTAIT-TOMBÉE DANS UNE MARMITE.

Une souris étant-tombée
dans une marmite *pleine* de sauce
non-fermée-d'un-couvercle,
et étouffant dans la graisse,
et déjà expirante, dit :
« J'ai mangé et j'ai bu,
et je suis gorgée
de toute-espèce de jouissances :
il est temps pour moi de mourir. »
[Tu seras alors
une souris gloutonne
parmi les hommes,
si tu ne refuses pas
la douceur qui nuit.]

Ξ'. ΚΥΝΗΓΟΣ ΚΑΙ ΑΛΙΕΥΣ.

Ἧει ἐξ ὄρους
κυνηγὸς κυνηγήσας,
ᾔει δὲ γριπεὺς
πλήσας
κύρτον ἰχθύων.
Καί πως οἱ δύο
συνηδόλησαν ἀλλήλοις.
Καὶ ὁ κυνηγὸς μὲν
ᾑρέτιζε θήρην
ἰχθύων ἁλιπλώτων,
ὁ γριπεὺς δὲ
ἀγρείην·
τά τε εἶχον,
ἀντέδωκαν.
Εἶτα ἤμειβον αἰεὶ
τὴν θήρην,
εἶχον δὲ δεῖπνα
ἡδίω,

60. LE CHASSEUR ET LE PÊCHEUR.

Il vint de la montagne
un chasseur qui-avait-chassé,
vint aussi un pêcheur
qui avait rempli
une nasse de poissons.
Et par-hasard les deux
se-rencontrèrent l'un-l'autre.
Et le chasseur d'un-côté
préférait la capture
des poissons nageant-dans-la-mer,
le pêcheur d'un-autre-côté
la capture des-champs :
et ce qu'ils avaient,
ils *se le* donnèrent-mutuellement.
Ensuite ils échangeaient toujours
leur capture,
et ils eurent des repas
plus agréables.

ἕως τις αὐτοῖς εἶπεν· « Ἀλλὰ καὶ τούτων
τὸ χρηστὸν ἐξολεῖτε τῇ συνηθείῃ,
πάλιν δ' ἕκαστος ἃ πρὶν εἶχε ζητήσει. » 10

dit : « L'habitude ôtera à cet échange tout son avantage, et vous retournerez tous deux à votre ancienne nourriture. »

ΞΑ'. ΗΜΙΟΝΟΣ.

Ἡμίονος ἀργὴς¹ χιλὸν ἐσθίων φάτνης,
καὶ κριθιάσας, ἐτρόχαζε κἀφώνει,
τένοντα σείων· « Ἵππος ἐστί μοι μήτηρ·
ἐγὼ δ' ἐκείνης οὐδὲν ἐν δρόμοις ἥττων. »
Ἄφνω δ' ἔπαυσε τὸν δρόμον κατηφήσας· 5
ὄνου γὰρ εὐθὺς πατρὸς ὢν ἀνεμνήσθη.

61. LE MULET.

Un mulet, nourri sans rien faire à un bon râtelier, et bien repu d'orge, courait de côté et d'autre et criait en agitant sa tête : « Une cavale est ma mère ; je ne suis pas moins qu'elle rapide à la course. » Quand tout à coup il s'arrêta l'oreille basse : son père l'âne lui revenait en mémoire.

ΞΒ'. ΗΡΩΣ.

Ἦν τις κατ' οἴκους ἀνδρὸς εὐσεβοῦς ἥρως
ἔχων ἐν αὐλῇ¹ τέμενος. Ἔνθα δὴ θύων
στέφων τε βωμοὺς καὶ καταβρέχων οἴνῳ,
προσηύχετ' ἀεί· « Χαῖρε, φίλταθ' ἡρώων,
καὶ τὸν σύνοικον ἀγαθὰ δαψιλῆ ποίει. » 5
Κἀκεῖνος αὐτῷ νυκτὸς ἐν μέσαις ὥραις,
« Ἀγαθὸν μέν, » εἶπεν, « οὐδὲν ἄν τις ἡρώων,

62. LE HÉROS.

Un homme pieux avait chez lui, au milieu de sa cour, une chapelle consacrée à un héros. Il y faisait sans cesse des sacrifices, parait les autels de guirlandes, les arrosait de vin, et fatiguait le héros de ses prières : « Salut! lui disait-il, ô le plus cher des héros! comble de tes bienfaits celui qui t'a logé dans sa maison. » L'autre lui apparut au milieu de la nuit : « Mon ami, les héros n'ont point de bien à faire ;

ἕως τις αὐτοῖς εἶπεν· | jusqu'à-ce-que quelqu'un leur dit :
« Ἀλλὰ ἐξολεῖτε τῇ συνηθείῃ | « Mais vous détruirez par l'habitude
καὶ τὸ χρηστὸν τούτων, | aussi l'avantage de cela,
ἕκαστος δὲ | et chacun de vous
ζητήσει πάλιν | cherchera de-nouveau
ἃ εἶχε πρίν. » | ce qu'il avait auparavant. »

ΞΑ'. ΗΜΙΟΝΟΣ. 61. LE MULET.

Ἡμίονος ἀργὴς | Un mulet ne-travaillant-pas
ἐσθίων | mangeant
χιλὸν φάτνης, | la nourriture du râtelier,
καὶ κριθιάσας, ἐτρόχαζε | et repu-d'orge, courait-çà-et-là
καὶ ἐφώνει σείων τένοντα· | et criait en secouant son cou :
« Ἵππος ἐστὶ μήτηρ μοι· | « Une cavale est mère à moi ;
ἐγὼ δὲ ἐν δρόμοις | et moi dans les courses
οὐδὲν ἥττων ἐκείνης. » | je ne suis nullement inférieur à elle. »
Ἄφνω δὲ ἔπαυσε | Mais tout-à-coup il cessa
τὸν δρόμον | ses courses
κατηφήσας· | en-baissant-tristement-la-tête :
εὐθὺς γὰρ ἀνεμνήσθη, | car subitement il se rappela
ὢν πατρὸς ὄνου. | étant (être) d'un père âne.

ΞΒ'. ΗΡΩΣ. 62. LE HÉROS.

Ἦν τις ἥρως | Il y avait un certain héros
κατ' οἴκους ἀνδρὸς εὐσεβοῦς | dans la demeure d'un homme pieux
ἔχων ἐν αὐλῇ τέμενος. | ayant dans la cour une chapelle.
Ἔνθα δὴ θύων | Là offrant-des-sacrifices
καὶ στέφων βωμοὺς | et couronnant les autels
καὶ καταβρέχων οἴνῳ, | et les arrosant de vin,
προσηύχετο | l'homme lui adressait-des-prières
αἰεί· | sans-cesse, en disant :
« Χαῖρε, φίλτατε ἡρώων, | « Salut, le plus-chéri des héros,
καὶ ποίει τὸν σύνοικον | et fais à ton compagnon
δαψιλῆ ἀγαθά. » | d'abondants bienfaits. »
Καὶ ἐκεῖνος αὐτῷ εἶπεν | Et l'autre lui dit
ἐν ὥραις μέσαις νυκτός· | dans les heures du-milieu de la nuit :
« Ἀγαθὸν μὲν οὐδέν, ὦ τᾶν, | « Aucun bienfait, ô ami,

ὦ τᾶν, παράσχοι· ταῦτα τοὺς θεοὺς αἴτει·
κακῶν δὲ πάντων, ἅ γε σύνεστιν ἀνθρώποις,
δοτῆρες ἡμεῖς. Τοιγὰρ εἰ κακῶν χρῄζεις,   10
εὔχου· παρέξω πολλά, κἂν ἓν αἰτήσῃς.
Πρὸς ταῦτα² λοιπὸν αὐτὸς οἶδας³ εἰ θύσεις. »

adresse-toi aux dieux : nous ne sommes que les dispensateurs de tous les fléaux qui affligent les mortels. Si ce sont des maux que tu désires, parle : pour un que tu demanderas, je t'en enverrai mille. Vois donc si tu veux encore me faire des sacrifices à l'avenir. »

ΞΓ'. ΕΛΑΤΗ ΚΑΙ ΒΑΤΟΣ.

Ἤριζον ἐλάτη καὶ βάτος πρὸς ἀλλήλας.
Ἐλάτης δ' ἑαυτὴν πολλαχῶς ἐπαινούσης·
« Καλὴ μέν εἰμι καὶ τὸ μέτρον εὐμήκης,
καί, τῶν νεφῶν σύνοικος, ὀρθίη φύω¹·
στέγη τε μελάθρων εἰμί, καὶ τρόπις πλοίων,   5
δένδρων τοσούτων ἐκπρεπεστάτη πάντων· »
βάτος πρὸς αὐτὴν εἶπεν· « Ἢν λάβῃς μνήμην
τῶν πελέκεών τε τῶν ἀεί σε κοπτόντων,
τῶν πριόνων τε τῶν ἀεί σε τεμνόντων,
βάτος γενέσθαι καὶ σὺ μᾶλλον αἱρήσῃ. »   10
Ἅπας ὁ λαμπρὸς τῶν ἐλαττόνων μᾶλλον
καὶ δόξαν ἔσχε², ὑπέμεινε κινδύνους.

63. LE SAPIN ET LA RONCE.

Le sapin et la ronce se disputaient un jour. Le sapin se donnait force louanges : « Je suis beau, disait-il, et de belle taille ; je grandis sans me courber, et je suis voisin des nuages ; je donne ux maisons leur toit, aux vaisseaux leur carène, moi qui suis le plus magnifique de tous les arbres. » La ronce lui répondit : « Si tu voulais te souvenir de la hache qui te frappe sans cesse, de la scie qui sans cesse te déchire, toi aussi tu envierais le sort de la ronce. »

Les grands hommes acquièrent plus de gloire, mais courent plus de dangers que le vulgaire.

ἡρώων τις παράσχοι ἄν·	quelqu'un des héros *ne te* rendrait ;
ταῦτα αἴτει τοὺς θεούς·	ceux-ci demande-*les* aux dieux :
πάντων δὲ κακῶν,	mais de tous les maux,
ἅ γε σύνεστιν ἀνθρώποις,	qui sont-avec les hommes,
ἡμεῖς	*c'est* nous *qui en sommes*
δοτῆρες.	les donateurs.
Τοιγὰρ εἰ χρῄζεις κακῶν,	Ainsi, si tu désires des maux,
εὔχου·	supplie *moi* :
παρέξω πολλά,	je t'*en* donnerai beaucoup, [seul.
κἂν αἰτήσῃς ἕν.	même si tu *en* auras demandé un-
Πρὸς ταῦτα οἶδας λοιπὸν	D'après cela tu sais à l'avenir
εἰ θύσεις. »	si tu *me* feras-des-sacrifices. »

ΞΓ'. ΕΛΑΤΗ ΚΑΙ ΒΑΤΟΣ.   63. LE SAPIN ET LA RONCE.

Ἐλάτη καὶ βάτος	Un sapin et une ronce
ἤριζον πρὸς ἀλλήλους.	se-disputaient-l'avantage entre eux.
Ἐλάτης δὲ ἐπαινούσης ἑαυτὴν	Et le sapin se louant lui-même
πολλαχῶς·	sous-divers-rapports, *en disant* :
« Εἰμὶ μὲν καλὴ καὶ εὐμήκης	« Je suis beau et de haute-taille
τὸ μέτρον,	quant à *ma* mesure,
καὶ φύω ὀρθίη,	et je pousse droit,
σύνοικος τῶν νεφῶν·	habitant-avec les nues :
εἰμί τε στέγη μελάθρων,	et je suis le toit des maisons,
καὶ τρόπις πλοίων,	et la carène des vaisseaux,
πάντων δένδρων	*étant* parmi tous les arbres
τοσούτων ἐκπρεπεστάτη· »	si-nombreux le plus remarquable : »
βάτος εἶπε πρὸς αὐτήν·	la ronce dit à lui :
« Ἢν λάβῃς μνήμην	« Si tu prends souvenir
τῶν πελέκεών τε	et des haches
τῶν σε κοπτόντων ἀεί,	qui te frappent sans-cesse,
τῶν πριόνων τε	et des scies
τῶν σε τεμνόντων ἀεί,	qui te coupent sans-cesse,
καὶ σὺ αἱρήσῃ μᾶλλον	toi aussi tu aimeras mieux
γενέσθαι βάτος. »	être une ronce. »
Ἅπας ὁ λαμπρὸς	Tout *homme* illustre
καὶ ἔσχε δόξαν	et jouit de gloire
καὶ ὑπέμεινε κινδύνους	et supporte des dangers
μᾶλλον τῶν ἐλαττόνων.	plus que ceux qui sont plus obscurs.

ΞΔ'. ΓΕΡΑΝΟΣ ΚΑΙ ΤΑΩΣ.

Ἥριζε τεφρὴ γέρανος εὐφυεῖ ταῷ[1]
σείοντι χρυσᾶς πτέρυγας. « Ἀλλ' ἐγὼ ταύταις, »
ἡ γέρανος εἶπεν, « ὧν σὺ τὴν χρόην σκώπτεις,
ἄστρων σύνεγγυς ἵπταμαί τε καὶ κράζω.
Σὺ δ', ὡς ἀλέκτωρ, ταῖσδε ταῖς καταχρύσοις   5
χαμαὶ πτερύσσῃ, » φησίν, « οὐδ' ἄνω φαίνῃ. »
Θαυμαστὸς εἶναι σὺν τρίβωνι βουλοίμην,
ἢ ζῆν ἀδόξως πλουσίῃ σὺν ἐσθῆτι.

64. LA GRUE ET LE PAON.

Une grue au plumage cendré se préférait à un beau paon, qui étalait devant elle ses plumes d'or : « Grâce à ces ailes dont tu méprises la couleur, disait la grue, je vole et je fais entendre ma voix près des astres. Mais toi, avec tout cet or, pareil au coq, tu rases la terre et ne te montres jamais là-haut. »

Mieux vaut la gloire et un manteau troué, qu'une vie sans honneur et de riches vêtements.

ΞΕ'. ΑΝΘΡΩΠΟΣ ΣΥΝ ΔΥΣΙ ΠΗΡΑΙΣ.

Θεῶν Προμηθεὺς ἦν τις, ἀλλὰ τῶν πρώτων.
Τοῦτον πλάσασθαί φασι[1] δεσπότην ζῴων
ἄνθρωπον ἐκ γῆς. Ἐκ δὲ τοῦ[2] δύω πήρας
κρεμάσαι φέροντά φασι τῶν ἐν ἀνθρώποις
κακῶν γεμούσας, τὴν πρόσω μὲν ὀθνείων,   5
ἰδίων δὲ τὴν ὄπισθεν, ἥτις ἦν μείζων.

65. L'HOMME AUX DEUX BESACES.

Au nombre des anciens dieux était Prométhée. On raconte qu'il avait formé de terre l'homme, le maître des animaux. On dit encore qu'il remplit deux besaces de tous les vices de l'espèce humaine, et qu'il les suspendit à l'épaule de l'homme, celle de devant pour les défauts d'autrui, pour les siens, celle de derrière, et c'était de beau-

ΞΔ'. ΓΕΡΑΝΟΣ ΚΑΙ ΤΑΩΣ.

Γέρανος τεφρὴ
ἤριζε εὐφυεῖ ταῷ
σείοντι πτέρυγας χρυσᾶς.
« Ἀλλὰ ταύταις, »
εἶπεν ἡ γέρανος,
« ὧν σὺ σκώπτεις
τὴν χρόην,
ἐγὼ ἵπταμαί τε καὶ κράζω
σύνεγγυς ἄστρων.
Σὺ δέ, φησίν, πτερύσσῃ
ταῖσδε ταῖς καταχρύσοις
χαμαὶ ὡς ἀλέκτωρ,
οὐδὲ φαίνῃ ἄνω. »
Βουλοίμην εἶναι θαυμαστὸς
σὺν τρίβωνι,
ἢ ζῆν ἀδόξως
σὺν ἐσθῆτι πλουσίᾳ.

64. LA GRUE ET LE PAON.

Une grue cendrée
disputait-l'avantage à un beau paon
qui agitait *ses* ailes brillant-d'or.
« Mais avec celles-ci (les miennes), »
dit la grue,
« dont tu blâmes-en-raillant
la couleur,
moi et je vole et je crie
près des astres.
Mais toi, dit-elle, tu voltiges
avec ces *ailes* couvertes-d'or
par-terre comme un coq,
et tu ne parais pas en-haut. »
J'aimerais *mieux* être admiré
avec (sous) un manteau-usé,
que de vivre sans-gloire
avec un habit riche.

ΞΕ'. ΑΝΘΡΩΠΟΣ ΣΥΝ ΔΥΣΙ ΠΗΡΑΙΣ.

Θεῶν,
ἀλλὰ τῶν πρώτων,
ἦν τις Προμηθεύς.
Φασὶ τοῦτον
πλάσασθαι ἐκ γῆς
δεσπότην τῶν ζώων, ἄνθρωπον.
Φασὶ δὲ φέροντα
δύω πήρας γεμούσας κακῶν
τῶν ἐν ἀνθρώποις,
κρεμάσαι
ἐκ τούτου,
τὴν μὲν πρόσω
ὀθνείων,
ἰδίων δὲ
τὴν ὄπισθεν,
ἥτις ἦν μείζων.

65. L'HOMME AVEC LES DEUX BESACES.

Parmi les dieux,
mais parmi les premiers (les anciens),
était un certain Prométhée.
On raconte que celui-ci
avait formé de terre,
le maître des animaux, l'homme.
Et on raconte qu'apportant
deux besaces remplies de vices
de ceux *qui sont* parmi les hommes,
il *les* avait suspendues
à lui (à l'homme),
celle de-devant
remplie des *défauts* d'autrui,
et de ses propres *défauts*
celle de-derrière,
laquelle était plus grande.

Διό μοι δοκοῦσι συμφορὰς μὲν ἀλλήλων
βλέπειν ἀκριβῶς, ἀγνοεῖν δὲ τὰς οἴκοι³.

coup la plus grande. C'est pour cela sans doute que les hommes sont si clairvoyants sur les vices des autres, et si aveugles sur les leurs.

ΞϚ'. ΟΝΑΓΡΟΣ ΚΑΙ ΛΕΩΝ.

Θήρης ὄναγρος καὶ λέων ἐκοινώνουν,
ἀλκῇ μὲν ὁ λέων, ὁ δ' ὄνος ἐν ποσὶ κρείσσων.
Ἐπεὶ δὲ λείην εἶχον ἄφθονον ζώων,
ὁ λέων μερίζει, καὶ τίθησι τρεῖς μοίρας.
Καί, « Τὴν μὲν αὐτός, » φησί, « λήψομαι πρῶτος· 5
βασιλεὺς γάρ εἰμι· λήψομαι δὲ κἀκείνην,
ὡς ἐξ ἴσου κοινωνός· ἡ τρίτη δ' αὕτη
κακόν τι δώσει μὴ θέλοντί σοι φεύγειν. »
  Μέτρει σεαυτόν· πρᾶγμα μηδὲν ἀνθρώπῳ
δυνατωτέρῳ σύναπτε μηδὲ κοινώνει. 10

66. L'ONAGRE ET LE LION.

Un onagre et un lion firent société pour la chasse; le lion était plus fort, l'onagre plus agile. Après avoir pris force gibier, le lion divisa le butin, en fit trois parts et dit : « Je prends pour moi la première en qualité de roi ; je prétends à la seconde, qui est ma part d'associé ; et celle-ci te portera malheur, si tu ne fuis au plus vite. »

Mesure tes forces ; n'entreprends rien en société d'un plus puissant que toi.

ΞΖ'. ΑΠΟΛΛΩΝ ΚΑΙ ΖΕΥΣ.

Θεοῖς Ἀπόλλων ἔλεγε μακρὰ τοξεύων,
« Οὐκ ἂν βάλοι τις πλεῖον, οὐδὲ τοξεύσει¹. »

67. APOLLON ET JUPITER.

Apollon disait aux dieux, en lançant une flèche dans l'espace : « Personne ici ne se servirait mieux de l'arc et n'enverrait plus loin son trait. » Jupiter accepta en riant le défi de Phébus. Mercure agita les

Διὸ	C'est pourquoi
δοκοῦσί μοι	ils (les hommes) semblent à moi
βλέπειν ἀκριβῶς συμφορὰς μὲν	voir clairement d'un côté les vices
ἀλλήλων,	les uns-des-autres,
ἀγνοεῖν δὲ	et ignorer
τὰς οἴκοι.	ceux chez-eux.

Ξϛ'. ΟΝΑΓΡΟΣ ΚΑΙ ΛΕΩΝ.   66. L'ONAGRE ET LE LION.

Ὄναγρος καὶ λέων	Un onagre et un lion
ἐκοινώνουν θήρης,	étaient-associés pour la chasse,
ὁ λέων μὲν κρείσσων	le lion d'un-côté supérieur
ἀλκῇ, ὁ ὄνος δὲ	par la force, l'âne de-l'autre
ἐν ποσίν.	dans les pieds (à la course).
Ἐπεὶ δὲ εἶχον	Et quand ils eurent
λείην ἄφθονον ζώων,	un butin abondant d'animaux,
ὁ λέων μερίζει,	le lion *le* divise,
καὶ τίθησι τρεῖς μοίρας.	et fait trois parts.
Καί φησι· « Τὴν μὲν λήψομαι	Et il dit : « Celle-ci je *la* prendrai
αὐτὸς πρῶτος·	moi-même le premier :
εἰμὶ γὰρ βασιλεύς·	car je suis roi :
λήψομαι δὲ καὶ ἐκείνην,	et je prendrai aussi celle-là,
ὡς κοινωνὸς ἐξ ἴσου·	comme étant associé à part-égale :
αὕτη δὲ ἡ τρίτη	et celle-ci la troisième
δώσει σοί τι κακὸν	t'occasionnera quelque malheur
μὴ θέλοντι φεύγειν. »	si tu ne veux prendre-la-fuite. »
Μέτρει σεαυτόν·	Mesure-toi toi-même (tes forces :
σύναπτε μηδὲν πρᾶγμα,	n'engage aucune affaire,
μηδὲ κοινώνει	ni entreprends-en-commun *aucune*
ἀνθρώπῳ δυνατωτέρῳ.	avec un homme plus-puissant.

ΞΖ'. ΑΠΟΛΛΩΝ ΚΑΙ ΖΕΥΣ.   67. APOLLON ET JUPITER.

Ἀπόλλων ἔλεγε θεοῖς	Apollon dit aux dieux
τοξεύων μακρά·	en lançant-une-flèche au-loin :
« Οὔτις ἂν βάλοι πλεῖον,	« Aucun lancerait plus loin,
οὐδὲ τοξεύσει. »	ni tirera-à-l'arc *plus loin*. »
Ὁ Ζεὺς δὲ παίζων	Et Jupiter en jouant

Ὁ Ζεὺς δὲ παίζων ἠρίδαινε τῷ Φοίβῳ.
Ἑρμῆς δ' ἔσειεν Ἄρεος ἐν κυνῇ κλήρους².
λαγὼν³ δ' ὁ Φοῖβος, χρυσέην τε κυκλώσας   5
τόξοιο νευρήν, ὀξέως⁴ ἀφεὶς πρῶτος,
τὸ βέλος ἔπηξεν ἐντὸς Ἑσπέρου Κήπου⁵.
Ὁ Ζεὺς δέ, διαβὰς ταὐτὸ μέτρον, εἱστήκει,
καί, « Ποῦ βάλω, παῖ; » φησίν· « οὐκ ἔχω χώρην⁶. »
Τόξου δὲ νίκην ἔλαβε μηδὲ τοξεύσας.   10

sorts dans le casque de Mars. Phébus sortit le premier, tendit la corde d'or de son arc, et décochant rapidement sa flèche, la fixa dans le jardin d'Hespérus. Jupiter franchit d'un pas la même distance, puis s'arrêta, et dit : « Mon fils où lancerai-je mon trait? je n'ai plus de place. » Et il remporta ainsi la victoire, sans avoir même fait usage de son arc.

ΞΗ'. ΛΑΓΩΟΣ ΚΑΙ ΚΥΩΝ.

Θάμνου λαγωὸν δασυπόδην ἀναστήσας
Κύων ἐδίωκεν, οὐκ ἄπειρος ἀγρεύειν·
δρόμῳ δ'ἐλείφθη. Καί τις αἰπόλος σκώπτων,
« Ὁ πηλίκος σου¹, » φησίν, « εὑρέθη θάσσων. »
Ὁ δ' εἶπεν· « Ἄλλως ἄλλον ἁρπάσαι σπεύδων   5
τρέχει τις, ἄλλως δ' αὑτὸν ἐκ κακοῦ σῴζων. »

68. LE LIÈVRE ET LE CHIEN.

Un chien lança d'un taillis un lièvre aux pattes velues, et se mit à sa poursuite; il était bon chasseur, mais il fut devancé par l'autre. Un chevrier lui dit d'un ton moqueur : « Ce petit animal s'est montré plus leste que toi. » Le Chien répondit : « On a d'autres jambes pour courir après un autre, ou pour se sauver soi-même. »

ἠρίδαινε τῷ Φοίβῳ.	entrait-en-lutte avec Phébus.
Ἑρμῆς δὲ ἔσειε κλήρους	Et Mercure secouait les sorts
ἐν κυνῇ Ἄρεος.	dans le casque de Mars.
Ὁ δὲ Φοῖβος πρῶτος	Or Phébus le premier
λαχών,	ayant eu-le-sort,
κυκλώσας τε νευρὴν χρυσέην	et ayant courbé la corde d'or
τόξοιο, ἔπηξε τὸ βέλος,	de *son* arc, fixa le trait,
ἀφεὶς ὀξέως,	*l*'ayant fait-partir rapidement,
ἐντὸς κήπου Ἑσπέρου.	dans le jardin d'Hespérus.
Ὁ Ζεὺς δέ,	Mais Jupiter,
διαβὰς τὸ αὐτὸ	ayant franchi la même
μέτρον,	mesure (cet espace),
εἱστήκει,	se-tenait *ainsi*,
καί φησι·	et dit :
« Ποῦ βάλω, παῖ ;	« Où dois-je tirer, *mon* fils ?
οὐκ ἔχω χώρην. »	je n'ai pas de place où *tirer*. »
Ἔλαβε δὲ νίκην	Et il obtint la victoire
τόξου,	de l'arc (du tir),
μηδὲ τοξεύσας.	n'ayant pas-même lancé-une-flèche.

ΞΗ΄. ΛΑΓΩΟΣ ΚΑΙ ΚΥΩΝ. — 68. LE LIÈVRE ET LE CHIEN.

Κύων ἀναστήσας θάμνου	Un chien ayant lancé d'un taillis
λαγωὸν δασυπόδην	un lièvre aux-pattes-velues,
ἐδίωκεν,	*le* poursuivait,
οὐκ ἄπειρος ἀγρεύειν·	*n'étant* pas inhabile à chasser :
ἐλείφθη δὲ δρόμῳ.	mais il resta-en-arrière à la course.
Καί τις αἰπόλος φησὶ σκώπτων·	Et un chevrier *lui* dit en *le* raillant :
« Ὁ πηλίκος	« Lui quel-petit *animal*
εὑρέθη	s'est rencontré
θάσσων σου. »	plus rapide que toi ! »
Ὁ δὲ εἶπεν·	Et celui-ci lui dit :
« Ἄλλως	« Autrement
τρέχει τις	quelqu'un court
σπεύδων ἁρπάσαι ἄλλον,	en s'efforçant d'attraper un autre :
ἄλλως δὲ σώζων	et autrement en *se* sauvant
αὑτὸν ἐκ κακοῦ. »	soi-même d'un danger. »

ΞΘ'. ΘΕΩΝ ΓΑΜΟΙ.

Θεῶν γαμούντων, ὡς ἕκαστος ἐζεύχθη,
παρῆν ἐπιστὰς Πόλεμος ἐσχάτῳ κλήρῳ.
Ὕβριν δὲ γήμας, ἣν μόνην[1] κατειλήχει,
ταύτης περισσῶς, ὡς λέγουσιν, ἠράσθη·
ἕπεται δ' ἐπ' αὐτῇ πανταχοῦ βαδιζούσῃ.   5
[Μή γ' οὖν ἔθνη που, μὴ πόλεις τὰς ἀνθρώπων
ὕβρις ἐπέλθοι, προσγελῶσα τοῖς δήμοις,
ἐπεὶ μετ' αὐτὴν πόλεμος εὐθέως ἥξει.]

69. LES NOCES DES DIEUX.

Les Dieux prenaient femme ; quand chacun fut pourvu, Polème se présenta et eut le dernier lot. Il épousa l'Injure, la seule qui restât encore, et en devint, dit-on, si éperdument amoureux, qu'il la suivait partout où elle allait.

Que l'Injure n'approche donc point des cités des hommes et ne séduise pas les peuples, puisque la guerre y entre aussitôt après elle.

Ο'. ΓΕΩΡΓΟΣ ΚΑΙ ΘΑΛΑΣΣΑ.

Ἰδὼν γεωργὸς νῆα ναυτίλων πλήρη
βάπτουσαν ἤδη κῦμα κυρτὸν ἐκ πρώρης[1],
« Ὦ πέλαγος, » εἶπεν, « εἴθε μήποτ' ἐπλεύσθης,
ἀνηλεὲς στοιχεῖον ἐχθρὸν ἀνθρώποις. »
Ἤκουσε δ' ἡ θάλασσα, καὶ γυναικείην   5
λαβοῦσα φωνήν, εἶπε· « Μή με βλασφήμει·
ἐγὼ γὰρ ὑμῖν οὐδὲν αἰτίη τούτων,

70. LE LABOUREUR ET LA MER.

Un laboureur voyant un navire couvert de matelots, et dont la proue s'enfonçait déjà dans les flots soulevés : « O mer ! dit-il, plût aux dieux que jamais vaisseau n'eût vogué sur ton élément impitoyable et ennemi des hommes ! » La mer l'entendit, et prenant une voix de femme : « Ne m'insulte point, répondit-elle ; je ne suis point la cause de ces malheurs, mais ces vents, qui de tous côtés m'entourent. Si tu

ΞΘ'. ΓΑΜΟΙ ΘΕΩΝ.

Θεῶν γαμούντων,
ὡς ἕκαστος ἐζεύχθη,
Πόλεμος παρῆν
ἐπιστὰς ἐσχάτῳ κλήρῳ.
Γήμας δὲ Ὕβριν,
ἣν κατειλήχει
μόνην,
ἠράσθη ταύτης
περισσῶς, ὡς λέγουσιν·
ἕπεται δὲ ἐπὶ αὐτῇ πανταχοῦ
βαδιζούσῃ.
[Μή γέ που οὖν ὕβρις
ἐπέλθοι ἔθνη,
μὴ πόλεις
τὰς ἀνθρώπων,
προσγελῶσα τοῖς δήμοις,
ἐπεὶ μετὰ αὐτὴν
ἥξει εὐθέως πόλεμος.]

69. LES NOCES DES DIEUX.

Les dieux se-mariant,
quand chacun fut uni,
Polémus (la guerre) se présenta
étant survenu au dernier lot.
Et ayant épousé l'Injure,
laquelle il avait eue-au-sort
étant restée la seule,
il aima celle-ci
éperdument, comme on *le* raconte:
et il la suit partout
où-elle va.
[Que nulle-part donc l'Injure
n'approche des peuples,
qu'elle n'approche pas des cités
des hommes,
souriant aux peuples,
puisque après elle
viendra aussitôt la guerre.]

Ο'. ΓΕΩΡΓΟΣ ΚΑΙ ΘΑΛΑΣΣΑ.

Γεωργὸς ἰδὼν
νῆα πλήρη ναυτίλων
βάπτουσαν ἤδη ἐκ πρώρης
κῦμα κυρτόν,
« Ὦ πέλαγος, εἶπεν,
εἴθε μήποτε
ἐπλεύσθης,
στοιχεῖον ἀνηλεὲς
ἐχθρὸν ἀνθρώποις. »
Ἡ δὲ θάλασσα ἤκουσε,
καὶ λαβοῦσα φωνὴν γυναικείην,
εἶπε·
« Μή με βλασφήμει·
ἐγὼ γὰρ οὐδὲν
αἰτίη ὑμῖν τούτων,
πάντες δὲ ἄνεμοι,

70. LE LABOUREUR ET LA MER.

Un laboureur ayant aperçu
un vaisseau rempli de matelots
s'enfonçant déjà par la proue
sous la vague recourbée (enflée),
« O mer, dit-il,
plût-aux-dieux-que jamais
tu n'eusses été parcourue-par-des-
toi, élément impitoyable [vaisseaux,
ennemi aux hommes! »
Et la mer *l'*entendit,
et ayant pris une voix de-femme,
elle dit:
« Ne m'injurie point:
car moi *je ne suis* aucunement
cause pour vous de-ces-choses,
mais tous les vents,

ἄνεμοι δὲ πάντες², ὧν ἐγὼ μέση κεῖμαι.
Τούτων δὲ χωρὶς ἂν ἴδῃς με καὶ πλεύσῃς,
ἐρεῖς με τῆς σῆς ἠπιωτέρην γαίης. » 10
[Ὅτι πολλὰ χρηστὰ πράγμαθ' αἱ κακαὶ χρήσεις
τρέπουσιν εἰς τὸ χεῖρον, ὡς δοκεῖν φαῦλα.]

me voyais, si tu naviguais tandis qu'ils ne soufflent pas, tu dirais que je suis plus douce encore que ta terre chérie. »

Un usage dépravé gâte souvent les meilleures choses, et les fait paraître mauvaises.

ΟΑ'. ΟΡΝΕΙΣ ΚΑΙ ΚΟΛΟΙΟΣ.

Ἶρίς ποτ' οὐρανοῖο πορφυρῆ¹ κῆρυξ
πτηνοῖσι κάλλους εἶπεν ἐν θεῶν οἴκοις
ἀγῶνα κεῖσθαι. Πᾶσι δ' εὐθὺς ἠκούσθη,
καὶ πάντα θείων ἔσχεν ἵμερος δώρων.
Ἔσταζε πέτρης αἰγὶ δυσβάτου κρήνη, 5
καὶ θερινὸν² ὕδωρ καὶ διαυγὲς εἰστήκει.
Πάντων τ' ἐπ' αὐτὸ φῦλον ἦλθεν ὀρνίθων,
πρόσωπα δ' αὐτῶν ἐξέλουε καὶ κνήμας,
ἔσειε ταρσούς, ἐκτένιζε τὰς χαίτας³.
Ἦλθεν δ' ἐκείνην καὶ κολοιὸς εἰς κρήνην 10
γέρων κορώνης υἱός· ἄλλο δ' ἐξ ἄλλου

71. LES OISEAUX ET LE CHOUCAS.

Iris, la brillante messagère des dieux, annonça un jour aux oiseaux que dans les célestes demeures on allait disputer le prix de la beauté. Tous aussitôt l'entendirent, et tous souhaitèrent d'obtenir les présents des dieux. D'un rocher inaccessible aux chèvres même coulait une source dont l'eau douce tombait en nappe transparente. Tout le peuple des oiseaux s'y réunit, et chacun vint y laver son bec et ses pattes, secouer ses ailes et peigner ses plumes. Il s'y trouva aussi un choucas, vieux fils de la corneille; il prit une plume à l'un, une plume à l'autre, et les

ὧν μέση ἐγὼ κεῖμαι.
Ἂν δὲ ἴδῃς με
καὶ πλεύσῃς χωρὶς τούτων,
ἐρεῖς με ἠπιωτέρην
τῆς σῆς γαίης. »
[Ὅτι
αἱ κακαὶ χρήσεις τρέπουσι
πολλὰ χρηστὰ πράγματα
εἰς τὸ χεῖρον,
ὡς δοκεῖν
φαῦλα.]

au-milieu desquels je suis couchée.
Et quand tu me vois
et que tu navigues sans ceux-ci,
tu diras que je suis plus douce
que ta terre. »
[*La fable enseigne* que
les mauvais usages tournent
beaucoup-de bonnes choses
au pire,
de-sorte-qu'elles paraissent
mauvaises.]

ΟΑ'. ΟΡΝΕΙΣ ΚΑΙ ΚΟΛΟΙΟΣ.

71. LES OISEAUX ET LE CHOUCAS.

Ἶρις,
κῆρυξ πορφυρὴ
οὐράνοιο, εἶπέ ποτε πτηνοῖσιν
ἐν οἴκοις θεῶν
κεῖσθαι
ἀγῶνα κάλλους.
Ἠκούσθη δὲ εὐθὺς πᾶσι,
καὶ ἵμερος δώρων θείων
ἔσχε πάντα.
Κρήνη ἔσταζε
πέτρης δυσβάτου
αἰγί,
καὶ ὕδωρ θερινὸν
καὶ διαυγὲς
εἱστήκει.
Φῦλόν τε πάντων ὀρνίθων
ἦλθεν ἐπὶ αὐτό, ἐξέλουε δὲ
πρόσωπα καὶ κνήμας αὑτῶν,
ἔσειε ταρσούς,
ἐκτένιζε τὰς χαίτας.
Ἦλθε δὲ καὶ εἰς ἐκείνην κρήνην
κολοιός, γέρων υἱὸς κορώνης·
ἁρμόσας δὲ
ἐντὸς ὤμων καθύγρων

Iris,
la messagère pourprée (brillante)
du ciel, dit un-jour aux oiseaux,
que dans les demeures des dieux
était établi   té.
un concours *pour le prix* de la beau-
Et elle fut entendue aussitôt de tous.
et le désir des présents divins
s'empara de tous.
Une source dégouttait
d'un rocher difficile-à-aborder
pour une chèvre,
et une eau d'-été (claire)
et transparente
était-là formant-une-nappe.
Et la race de tous les oiseaux
vint près d'elle (l'eau), et lavait
la figure et les jambes d'eux-mêmes.
secouait les ailes,
et peignait les plumes.
Et il vint aussi vers cette source
un choucas, vieux fils de la corneille :
et ayant ajusté   des
en-dedans-de *ses* épaules (ailes) humi-

πτερὸν καθύγρων ἐντὸς ἁρμόσας ὤμων,
μόνος τὰ πάντων⁴ ποικίλως ἐκοσμήθη,
καὶ πρὸς θεοὺς ἤϊξεν αἰετοῦ κρείσσων.
Ὁ Ζεὺς δ' ἐθαύμβει, καὶ παρεῖχε⁵ τὴν νίκην,   15
εἰ μὴ χελιδὼν αὐτόν, ὡς Ἀθηναίη⁶,
ἤλεγξεν, ἑλκύσασα τὸ πτερὸν πρώτη.
Ὁ δ' εἶπεν αὐτῇ· « Μή με συκοφαντήσῃς⁷. »
Τὸν δ' ἄρα τρυγὼν ἐσπάρασσε καὶ κίχλη,
καὶ κίσσα, καὶ κορυδαλὸς οὑν τάφοις⁸ παίζων,   20
χὠ νηπίων ἔφεδρος ὀρνέων ἴρηξ,
τά τ' ἄλλ' ὁμοίως. Καὶ κολοιὸς ἐγνώσθη.
[Ὦ παῖ, σεαυτὸν κόσμον οἰκεῖον κόσμει·
ξένοις γὰρ ἐμπρέπων⁹ στεργηθήσῃ τούτων.]

accommoda à son corsage humide; seul ainsi il se montra paré, aux dépens de tous les autres, des couleurs les plus variées, et plus fier qu'un aigle, il prit son vol vers l'Olympe. Jupiter, transporté d'admiration, allait lui décerner le prix, si une hirondelle, en vraie fille d'Athènes, ne fût venue confondre l'imposteur, et lui arracher la première plume : « Ne me calomnie point, » s'écriait le choucas. Mais tous aussitôt d'accourir et de plumer le voleur, et des premiers, la tourterelle, la grive, la pie, la huppe qui se joue sur les tombeaux, et le vautour qui guette les oiseaux imprudents. Le choucas fut reconnu.

Enfant, pare-toi de tes grâces naturelles; si tu empruntes une parure étrangère, on t'en dépouillera.

ΟΒ'. ΙΚΤΙΝΟΣ.

Ἴκτινος ἄλλην¹ εἶχεν ὀξέην κλαγγήν·
ἵππου δ' ἀκούσας χρεμετίσαντος εὐφώνως,
μιμούμενος τὸν ἵππον, οὔτε τὴν κρείσσω
φωνὴν θελήσας ἔσχεν, οὔτε τὴν πρώτην.

72. LE MILAN.

Le milan avait jadis un tout autre cri, un cri perçant. Il entendit un jour le puissant hennissement du cheval, et voulut l'imiter; mais il ne put ni se donner cette voix plus forte qu'il avait désirée ni retrouver la sienne.

πτερὸν
ἄλλο ἐξ ἄλλου,
μόνος
ἐκοσμήθη ποικίλως
τὰ πάντων,
καὶ ᾖξε πρὸς θεοὺς
κρείσσων ἀετοῦ.
Ὁ Ζεὺς δὲ ἐθάμβει,
καὶ παρεῖχε τὴν νίκην,
εἰ χελιδών,
ὡς Ἀθηναίη,
μὴ ἤλεγξεν αὐτόν,
ἑλκύσασα πρώτη
τὸ πτερόν.
Ὁ δὲ εἶπεν αὐτῇ·
« Μή με συκοφαντήσῃς. »
Τὸν δὲ ἄρα τρυγὼν ἐσπάρασσε
καὶ κίχλη, καὶ κίσσα,
καὶ κορυδαλὸς
ὁ παίζων ἐν τάφοις, καὶ ἴρηξ
ὁ ἔφεδρος ὀρνέων νηπίων,
τά τε ἄλλα ὁμοίως.
Καὶ κολοιὸς ἐγνώσθη.
[Ὦ παῖ, κόσμει σεαυτὸν
κόσμον οἰκεῖον·
ἐμπρέπων γὰρ ξένοις,
τούτων στερηθήσῃ.]

les plumes
une de celui-ci, une d'un autre oiseau *entre tous* [seau,
il fut paré d'une-manière-variée
des-*couleurs* de tous *les oiseaux*,
et il s'élança chez les dieux
plus fier que l'aigle.
Et Jupiter était-dans-l'admiration,
et *lui* décernait la victoire,
si l'hirondelle,
en-*sa*-qualité-d'Athénienne,
ne l'eût convaincu-d'imposture,
ayant arraché la première
son plumage.
Et il dit à elle : [ment. »
« Ne m'attaque-*pas*-calomnieuse-
Mais alors la tournelle le lacérait
et la grive, et la pie,
et la huppe [tour
qui joue sur les tombeaux, et le vau-
le guetteur des oiseaux imprudents,
et les autres pareillement.
Et le choucas fut reconnu.
[O *mon* enfant, pare-toi
d'une parure qui-t'-appartienne;
car brillant d'une *parure* étrangère,
tu en seras dépouillé.]

ΟΒʹ. ΙΚΤΙΝΟΣ.

72. LE MILAN.

Ἰκτῖνος εἶχεν
ἄλλην κλαγγὴν ὀξέην·
ἀκούσας δὲ
ἵππου χρεμετίσαντος
εὐφώνως,
μιμούμενος τὸν ἵππον,
ἔσχεν οὔτε φωνὴν τὴν κρείσσω
θελήσας,
οὔτε τὴν πρώτην.

Le milan avait *autrefois*
un autre cri, *un cri* aigu;
mais ayant entendu
un cheval qui hennissait
à-grand-bruit,
voulant-imiter le cheval,
il *n*'obtint ni *cette* voix plus forte,
comme il l'avait désiré,
ni sa première *voix*.

ΟΓ'. ΑΝΘΡΩΠΟΣ, ΙΠΠΟΣ, ΒΟΥΣ ΚΑΙ ΚΥΩΝ.

Ἵππος τε καὶ βοῦς καὶ κύων ὑπὸ ψύχους
κάμνοντες ἦλθον οἰκίην ἐς ἀνθρώπου.
Κἀκεῖνος αὐτοῖς τὰς θύρας ἀναπλώσας,
παρῆγεν ἔνδον, καὶ παρ' ἑστίῃ θάλψας
πυρὸς γεμούσῃ, παρετίθει τι τῶν ὄντων[1], 5
κριθὰς μὲν ἵππῳ, λάθυρα δ' ἐργάτῃ ταύρῳ·
ὁ κύων γὰρ αὐτῷ συντράπεζος εἰστήκει.
Ξενίης δ' ἀμοιβὴν ἀντέδωκαν ἀνθρώπῳ,
μερίσαντες αὐτῷ τῶν ἐτῶν ἀφ' ὧν ἔζων·
ὁ μὲν ἵππος εὐθύ[2]· διόπερ ἐν χρόνοις[3] πρώτοις 10
ἕκαστος ἡμῶν γαῦρός ἐστι τὴν γνώμην·
ὁ δὲ βοῦς μετ' αὐτόν· διόπερ, εἰς μέσους[4] ἥκων,
μοχθεῖ, φίλεργός ἐστιν ὄλβον ἀθροίζων·
ὁ κύων δ' ἔδωκε, φασί, τοὺς τελευταίους.
Διὸ δυσχολαίνει, Βράγχε, πᾶς ὁ γηράσας, 15

73. L'HOMME, LE CHEVAL, LE BOEUF ET LE CHIEN.

Un cheval, un bœuf et un chien, transis par le froid, entrèrent dans la maison de l'homme. Celui-ci leur ouvrit sa porte, les reçut chez lui, et les réchauffa à son foyer près d'un bon feu; puis il leur servit ce qu'il avait, de l'avoine au cheval, des vesces au bœuf laborieux; le chien, il le fit asseoir à sa table. En retour de son hospitalité, ils cédèrent à l'homme une partie des années qu'ils avaient à vivre : le cheval fit le premier don; voilà pourquoi chacun de nous, dans ses premières années, a le cœur rempli de fierté. Après ce fut le tour du bœuf, et c'est pour cela que dans le milieu de la vie l'homme prend de la peine, aime le travail et amasse des richesses. Le chien, dit-on, fit le dernier son présent; de là vient, ô Branchus, que le vieil-

ΟΓ′. ΑΝΘΡΩΠΟΣ, ΙΠΠΟΣ, ΒΟΥΣ ΚΑΙ ΚΥΩΝ.

73. L'HOMME, LE CHEVAL, LE BOEUF ET LE CHIEN.

Ἵππος τε καὶ βοῦς καὶ κύων,	Un cheval et un bœuf et un chien,
κάμνοντες ὑπὸ ψύχους,	souffrant par le froid,
ἦλθον ἐς οἰκίην ἀνθρώπου.	vinrent dans la demeure de l'homme.
Καὶ ἐκεῖνος,	Et lui,
ἀναπλώσας αὐτοῖς	ayant ouvert à eux
τὰς θύρας,	les portes,
παρῆγεν ἔνδον,	*les* introduisait à-l'intérieur,
καὶ θάλψας	et *les* ayant réchauffés
παρὰ ἑστίῃ γεμούσῃ πυρός,	près du foyer rempli de feu,
παρετίθει τι	il *leur* servait quelque-chose
τῶν ὄντων,	de ce qui était-en-sa-possession :
κριθὰς μὲν ἵππῳ,	de l'avoine au cheval,
ταύρῳ δὲ ἐργάτῃ λάθυρα·	et au taureau travailleur des vesces :
ὁ κύων γὰρ εἱστήκει	car *pour* le chien *il* était-placé
συντράπεζος αὐτῷ.	commensal-avec lui.
Ἀντέδωκαν δὲ ἀνθρώπῳ	Et ils donnèrent-en-retour à l'homme
ἀμοιβὴν	une récompense
ξενίης,	pour *son* hospitalité,
αὐτῷ μερίσαντες τῶν ἐτῶν	lui ayant donné-une-part des années
ἀπὸ ὧν ἔζων·	dont ils vivaient :
ὁ μὲν ἵππος εὐθύ·	le cheval à-l'instant-même :
διόπερ	c'est-pourquoi
ἐν πρώτοις χρόνοις	dans les premières années
ἕκαστος ἡμῶν	chacun de nous
γαῦρός ἐστι τὴν γνώμην·	est fier quant-à *ses* sentiments :
ὁ δὲ βοῦς μετὰ αὐτόν·	et le bœuf après lui :
διόπερ,	c'est pourquoi,
ἥκων εἰς μέσους,	arrivé aux *années* du-milieu,
μοχθεῖ,	*l'homme* se-fatigue-au-travail,
φίλεργός ἐστιν	*et* est aimant-le-labeur,
ἀθροίζων ὄλβον.	amassant des richesses.
Ὁ κύων δὲ ἔδωκε, φασί,	Et le chien donna, dit-on,
τοὺς τελευταίους·	les dernières *années à l'homme* :
διό, Βράγχε,	c'est pourquoi, ô Branchus,
πᾶς ὁ γηράσας	chacun qui est devenu-vieux
δυσκολαίνει,	est-chagrin,
καὶ σαίνει μόνον	et caresse seulement

καὶ τὸν διδόντα τὴν τροφὴν μόνον σαίνει,
ἀεὶ δ' ὑλακτεῖ, καὶ ξένοισιν οὐ χαίρει.

lard est chagrin, ne caresse que ceux qui le nourrissent, gronde incessamment et fait mauvais accueil aux étrangers.

ΟΔ'. ΙΑΤΡΟΣ ΑΤΕΧΝΟΣ.

Ἰατρὸς ἦν ἄτεχνος. Οὗτος ἀῤῥώστῳ
πάντων λεγόντων, « Μὴ σὺ δέδιθι, σωθήσῃ·
πάθος μέν ἐστι χρόνιον, ἀλλ' ἔσῃ ῥᾴων¹· »
ὁ δ'² ἄτεχνος ὧδ' ἰατρὸς εἶπεν εἰσβαίνων·
« Ἕτοιμα δεῖ σε πάντ' ἔχειν· ἀποθνήσκεις³·   5
οὐκ ἐξαπατῶ σε, » φησίν, « οὐδ' ἐνεδρεύω·
τὴν αὔριον γὰρ τό γ' ἄκρον⁴ οὐχ ὑπερβήσῃ. »
Ταῦτ' εἶπε, καὶ τὸ λοιπὸν οὐκέτ' εἰσῄει.
Χρόνῳ δ' ἐκεῖνος ἐκ νόσων ἀνασφήλας,
προῆλθεν ὠχρός, τοῖς ποσὶν μόλις βαίνων.   10
Ὁ δ' ἰατρὸς αὐτῷ, « Χαῖρ', » ἔφη συναντήσας·
καὶ πῶς ἔχουσιν οἱ κάτω διηρώτα.
Κἀκεῖνος εἶπεν· « Ἠρεμοῦσι, τῆς Λήθης
πιόντες. Ἡ Κόρη δὲ χὠ μέγας Πλούτων
πρώην ἰατροῖς δεινὰ πᾶσιν ἠπείλουν   15

74. LE MÉDECIN IGNORANT.

Il y avait un médecin fort ignorant. Tandis que ses confrères répétaient à un malade : « Sois sans inquiétude, tu t'en retireras; la maladie sera longue, mais la guérison est sûre; » notre ignorant entra et dit : « Tiens-toi prêt, tu vas mourir; je ne te trompe pas et ne te cache rien; tu ne passeras pas au plus la journée de demain. » Après cette belle sentence il partit et ne revint plus. Cependant le malade avec le temps se rétablit; un jour qu'il sortait tout pâle encore et se soutenant à peine sur ses jambes, il rencontra le médecin qui l'aborda : « Bonjour, lui cria-t-il, comment se porte-t-on chez les morts? » L'autre répondit : « On y boit tranquillement les eaux du Léthé. Mais l'autre jour Proserpine et le grand Pluton faisaient de terribles menaces con-

τὸν διδόντα τὴν τροφήν, celui qui *lui* donne la nourriture,
ὑλακτεῖ δὲ ἀεί, et aboie (gronde) sans-cesse,
καὶ οὐ χαίρει et ne se réjouit pas
ξένοισι. des étrangers *qu'il voit*.

ΟΔ'. ΙΑΤΡΟΣ ΑΤΕΧΝΟΣ.   74. LE MÉDECIN IGNORANT.

Ἦν ἰατρὸς ἄτεχνος. Il-y-avait un médecin ignorant.
Οὗτος, Celui-ci,
πάντων λεγόντων pendant que tous *les autres* disaient
ἀρρώστῳ· à un malade :
« Μὴ σὺ δέδιθι, σωθήσῃ· « Ne crains *rien*, tu sera sauvé :
πάθος μέν ἐστι la maladie, à la vérité, est
χρόνιον, de-longue-durée ;
ἀλλὰ ἔσῃ ῥάων· » mais tu te remettras ; »
ὁ δὲ ἄτεχνος ἰατρὸς l'ignorant médecin cependant
εἶπεν ὧδε εἰσβαίνων· parla ainsi en entrant :
« Δεῖ σε ἔχειν « Il faut que tu aies
πάντα ἕτοιμα· toutes-choses prêtes :
ἀποθνῄσκεις· οὐκ ἐξαπατῶ σε, tu meurs : je ne te trompe pas,
φησίν, οὐδὲ ἐνεδρεύω· dit-il, ni ne *te* tends-un-piège :
οὐ γὰρ ὑπερβήσῃ tu ne dépasseras pas, en effet,
τὴν αὔριον τό γε ἄκρον. » la *journée* de-demain, au plus. »
Εἶπε ταῦτα, Il dit cela,
καὶ τὸ λοιπὸν οὐκ εἰσῄει ἔτι. et désormais n'entra plus.
Χρόνῳ δὲ ἐκεῖνος Cependant avec-le-temps l'autre
ἀνασφήλας ἐκ νόσων, s'étant relevé de *sa* maladie,
προῆλθεν ὠχρός, sortit, pâle *encore*,
βαίνων μόλις τοῖς ποσίν. marchant à-peine sur ses pieds.
Ὁ δὲ ἰατρὸς αὐτῷ συναντήσας, Et le médecin l'ayant rencontré,
ἔφη· « Χαῖρε· » *lui* dit : « Salut ; »
καὶ διερώτα πῶς ἔχουσιν et il s'informait comment se portaient
οἱ κάτω. ceux d'en-bas (dans les enfers).
Καὶ ἐκεῖνος εἶπεν· Et celui-ci dit :
« Ἠρεμοῦσι « Ils goûtent-le-calme
πιόντες τῆς Λήθης. ayant bu du *fleuve* Léthé.
Ἡ Κόρη δὲ Mais Proserpine
καὶ ὁ μέγας Πλούτων et le puissant Pluton
ἠπείλουν δεινὰ πρώην menaçaient terriblement l'autre-jour

ἐπὶ τῷ θεραπεύειν τοὺς νοσοῦντας ἀνθρώπους,
ἀνέγραφον[b] δὲ πάντας· ἐν δὲ τοῖς πρώτοις
καὶ σὲ γράφειν ἔμελλον· ἀλλ' ἐγὼ δείσας
εὐθὺς προσῆλθον, ἡψάμην τε τῶν σκήπτρων[6],
κἀπώμοσ' αὐτοῖς ὅτι σὺ ταῖς ἀληθείαις   20
ἰατρὸς οὐκ εἶ, καὶ μάτην διεβλήθης. »

tre tous ces gens qui guérissent les malades, et en prenaient note. Ils allaient te mettre en tête; je tremblai pour toi, et m'approchant aussitôt, je touche leur sceptre, et je leur jure que tu n'étais pas médecin le moins du monde, et qu'on t'avait calomnié. »

ΟΕ'. ΙΠΠΕΥΣ ΚΑΙ ΙΠΠΟΣ.

Ἱππεὺς τὸν ἵππον, ἄχρι μὲν συνειστήκει[1]
ὁ πόλεμος, ἐκρίθιζε κἄτρεφεν χόρτῳ,
παραστάτην γενναῖον ἐν μάχαις κρίνων·
ἐπεὶ δ' ἐπαύσατ', ἦν δὲ λοιπὸν εἰρήνη,
καὶ μισθὸν ἱππεὺς οὐκ ἔτ' εἶχεν ἐκ δήμου[2],   5
τότ' ἐκεῖνος ἵππος πολλάκις μὲν ἐξ ὕλης
κορμοὺς παχεῖς κατῆγεν εἰς πόλιν βαίνων,
μισθῷ τε φόρτον ἔφερεν ἄλλοτ' ἀλλοῖον,
τὸ πνεῦμα σῴζων ἐπ'[3] ἀχύροισι δυστήνοις,
σάγην τε νώτοις ἔφερεν, οὐκέθ' ἱππείην.   10
Ὡς δ' αὖ πρὸ τειχῶν πόλεμος ἄλλος ἠκούσθη,

75. LE CAVALIER ET LE CHEVAL.

Un cavalier, tant que dura la guerre, donnait à son cheval large pitance d'avoine et de foin, trouvant en lui dans les combats un vaillant compagnon. La campagne terminée et la paix revenue, le cavalier ne recevait plus de solde du peuple; le cheval alors allait à chaque instant de la forêt à la ville, traînant de gros troncs d'arbre; on le louait pour porter des fardeaux de côté et d'autre; il soutenait à peine sa vie avec quelques misérables chaumes, et son dos ne sentait plus la selle. Mais dès qu'un nouveau cri de guerre retentit autour de

πᾶσιν ἰατροῖς	tous les médecins
ἐπὶ τῷ θεραπεύειν	de ce qu'ils guérissent
ἀνθρώπους τοὺς νοσοῦντας,	les hommes malades,
ἀνέγραφον δὲ πάντας·	et ils *les* enregistraient tous :
ἐν δὲ τοῖς πρώτοις	et parmi les premiers
ἔμελλον γράφειν καὶ σέ·	ils allaient inscrire toi aussi ;
ἀλλὰ ἐγὼ δείσας	mais moi, craignant *pour toi*,
προσῆλθον εὐθύς,	je m'approchais aussitôt,
ἡψάμην τε τῶν σκήπτρων,	et je touchais *leurs* sceptres,
καὶ αὐτοῖς ἀπώμοσα	et je leur jurai
ὅτι σὺ οὐκ εἶ	que toi tu n'es (n'étais) pas
ταῖς ἀληθείαις ἰατρός,	en réalité un médecin,
καὶ διεβλήθης μάτην. »	et que tu as été calomnié à-tort. »

OΕ'. ΙΠΠΕΥΣ ΚΑΙ ΙΠΠΟΣ.

75. LE CAVALIER ET LE CHEVAL.

Ἱππεύς, ἄχρι μὲν	Un cavalier, aussi-long-temps-que
ὁ πόλεμος συνειστήκει,	la guerre était engagée,
ἐκρίθιζε	nourrissait-d'avoine
καὶ ἔτρεφε χόρτῳ,	et nourrissait de foin
τὸν ἵππον, κρίνων	son cheval, *le* jugeant
γενναῖον παραστάτην	un vaillant compagnon-d'armes
ἐν μάχαις·	dans les combats :
ἐπεὶ δὲ ἐπαύσατο,	mais lorsque *la guerre* cessa,
λοιπὸν δὲ ἦν εἰρήνη,	et que dorénavant il y avait paix,
καὶ ἱππεὺς οὐκ εἶχεν ἔτι	et que le cavalier n'avait plus
μισθὸν ἐκ δήμου,	de solde de la république,
τότε ἐκεῖνος ἵππος κατῆγε	alors ce cheval traînait
πολλάκις παχεῖς κορμούς,	souvent de gros troncs-d'arbres,
βαίνων ἐξ ὕλης εἰς πόλιν,	marchant de la forêt dans la ville,
ἔφερέ τε μισθῷ φόρτον	et portait pour un salaire une charge
ἄλλοτε ἀλλοῖον,	tantôt celle-ci, tantôt une autre,
σώζων τὸ πνεῦμα	soutenant le souffle-*de-sa-vie*
ἐπὶ δυστήνοις ἀχύροισιν·	au-moyen de misérables chaumes :
ἔφερέ τε οὐκέτι νώτοις	et il ne portait plus sur *son* dos
σάγην ἱππείην.	la selle équestre.
Ὡς δὲ αὖ	Mais lorsque de-nouveau
ἄλλος πόλεμος ἠκούσθη,	une autre guerre se-fit-entendre

σάλπιγξ τ' ἐφώνει πᾶσιν ἀσπίδα σμήχειν,
ἵππους τε κοσμεῖν καὶ σίδηρον ὀξύνειν,
κἀκεῖνος αὖ τὸν ἵππον ἐγχαλινώσας
ὁ δεσπότης⁴ παρῆγεν, ὡς ἐφιππεύσων. 15
Ὁ δ' ὀκλάσας⁵ ἔπιπτεν οὐκέτ' ἰσχύων.
« Ἔντασσε πεζοῖς σαυτόν, » εἶπεν, « ὁπλίταις·
σὺ γάρ μ' ἀφ' ἵππων εἰς ὄνους μεταστήσας,
πῶς αὖτις ἵππον ἐξ ὄνου με ποιήσεις; »

la ville, que la trompette invita tous les citoyens à fourbir leurs boucliers, à harnacher leurs chevaux, à aiguiser le fer, le maître remit le frein au cheval, le fit avancer et se disposa à le monter. Le cheval épuisé tomba sur ses genoux : « Va, lui dit-il, va t'enrôler à pied dans les hoplites ; de cheval tu m'as fait âne ; comment d'âne pourras-tu me faire redevenir cheval ? »

Οϛ'. ΚΟΡΑΞ ΚΑΙ ΑΛΩΠΗΞ.

Κόραξ δεδηχὼς στόματι τυρὸν εἱστήκει·
τυροῦ δ' ἀλώπηξ ἰχανῶσα¹ κερδῴη
μύθῳ τὸν ὄρνιν ἠπάτησε τοιούτῳ·
« Κόραξ, καλαί σοι πτέρυγες, ὀξέη γλήνη,
θηητὸς αὐχήν· στέρνον ἀϊετοῦ φαίνεις· 5
ὄνυξι πάντων θηρίων κατισχύεις·
ὁ τοῖος ὄρνις κωφὸς ἐσσί, κοὐ κρώζεις. »
Κόραξ δ' ἐπαίνῳ καρδίην ἐχαυνώθη,
στόματος δὲ τυρὸν ἐκβαλών, ἐκεκράγει.

76. LE CORBEAU ET LE RENARD.

Sur un arbre perché, un corbeau tenait dans son bec un fromage. Un renard, rusé compère, alléché par l'odeur, dupa l'oiseau avec ce beau discours : « Corbeau, que ton plumage est joli, ta prunelle perçante, ton cou admirable ! Tu as la poitrine de l'aigle et les serres les plus puissantes de tous les animaux. Mais quoi ! un si merveilleux oiseau est muet ; il n'a pas de chant ! » Le Corbeau, à ces louanges, ne se sentit pas de joie ; il ouvrit le bec et laissa tomber le fro-

πρὸ τειχέων, devant les murs *de la ville*,
σάλπιγξ τε ἐφώνει πᾶσι et que la trompette annonçait à tous
σμήχειν ἀσπίδα, de frotter le bouclier,
κοσμεῖν τε ἵππους et d'équiper les chevaux
καὶ ὀξύνειν σίδηρον, et d'aiguiser le fer,
καὶ ἐκεῖνος αὖ ὁ δεσπότης, l'autre aussi, le maître,
ἐγχαλινώσας τὸν ἵππον, ayant soumis-au-frein son cheval,
παρῆγεν *le* faisait-avancer
ὡς ἐφιππεύσων. comme voulant *le* monter.
Ὁ δὲ ὀκλάσας Mais celui-ci ayant plié-les-genoux
ἔπιπτεν, οὐκ ἰσχύων ἔτι. tombait, n'en pouvant plus.
« Ἔντασσε σαυτόν, εἶπεν, « Enrégimente-toi, dit-il,
ὁπλίταις πεζοῖς· dans les hoplites à-pied :
μεταστήσας γάρ με car après m'avoir fait-passer
ἀπὸ ἵππων εἰς ὄνους, *du rang* des chevaux parmi les ânes,
πῶς αὖτίς με ποιήσεις σὺ comment de-nouveau me feras-tu
ἐξ ὄνου ἵππον; » d'âne cheval ? »

Ο϶'. ΚΟΡΑΞ ΚΑΙ ΑΛΩΠΗΞ.

76. LE CORBEAU ET LE RENARD.

Κόραξ εἱστήκει Un corbeau se-tenait-là
δεδηχὼς στόματι τυρόν. serrant avec *son* bec un fromage.
Ἀλώπηξ δὲ κερδώη, Et un renard rusé,
ἰχανῶσα τυροῦ, convoitant le fromage,
ἠπάτησε τὸν ὄρνιν μύθῳ τοιούτῳ· dupa l'oiseau par le conte suivant :
« Κόραξ, καλαί σοι πτέρυγες, « Corbeau, belles *sont* à toi les ailes,
ὀξέη γλήνη, perçante la prunelle-de-l'œil,
θηητὸς αὐχήν· admirable le cou :
φαίνεις στέρνον ἀετοῦ· tu montres la poitrine d'un aigle :
ὄνυχι κατισχύεις par *tes* serres tu l'emportes
πάντων θηρίων· sur tous les animaux :
ὁ τοῖος ὄρνις ἐσσὶ κωφός, *étant* ce tel oiseau, tu es muet,
καὶ οὐ κρώζεις. » et tu ne croasses pas ! »
Κόραξ δὲ ἐπαίνῳ Et le corbeau par *cet* éloge
ἐχαυνώθη καρδίην, fut enflé-d'orgueil *dans son* cœur,
ἐκβαλὼν δὲ et ayant laissé-échapper
στόματος τυρόν, ἐκεκράγει. de *son* bec le fromage, il criait.
Τὸν δὲ ἡ σοφὴ Et celui-ci (le fromage) le rusé

Τὸν δ' ἡ σοφὴ λαβοῦσα, κερτόμῳ γλώσσῃ, 10
« Οὐκ ἦσθ' ἄφωνος, » εἶπεν, « ἀλλὰ φωνήεις².
Ἔχεις, κόραξ, ἅπαντα· νοῦς δέ σοι λείπει. »

mage. Le matois s'en saisit et dit d'un ton moqueur : « Non, tu n'es pas muet, tu as vraiment de la voix. Corbeau, rien ne te manque, si tu avais de la cervelle. »

ΟΖ'. ΚΟΡΑΞ ΝΟΣΩΝ.

Κόραξ νοσήσας εἶπε μητρὶ κλαιούσῃ·
« Μὴ κλαῖε, μῆτερ, ἀλλὰ τοῖς θεοῖς εὔχου
νόσου με δεινῆς καὶ πόνων ἀνασφῆλαι. »
« Καὶ τίς σε, » φησί, « τῶν θεῶν, τέκνον, σώσει;
τίνος γὰρ ὑπὸ σοῦ βωμὸς οὐκ ἐσυλήθη; » 5

77. LE CORBEAU MALADE.

Un Corbeau malade dit à sa mère qui pleurait : « Mère, ne pleure pas, mais prie les dieux de me délivrer de ma maladie et de mes souffrances. — Quel dieu voudra te venir en aide? répondit la mère. Quel est celui dont tu n'as pas pillé l'autel? »

ΟΗ'. ΚΥΩΝ ΚΑΙ ΣΚΙΑ.

Κρέας κύων ἔκλεψεν ἐκ μαγειρείου.
Καὶ δὴ παρῄει ποταμόν· ἐν δὲ τῷ ῥείθρῳ
πολὺ τοῦ κρέως ἰδοῦσα τὴν σκιὴν μείζω,
τὸ κρέας ἀφῆκε¹, τῇ σκιῇ δ' ἐφωρμήθη.
Ἀλλ' οὔτ' ἐκείνην εὗρεν, οὔθ' ὃ βεβλήκει· 5
πεινῶσα δ' ὀπίσω τὸν πόρον διεξῄει.
[Βίος ἀβέβαιος παντὸς ἀνδρὸς ἀπλήστου
ἐλπίσι ματαίαις πραγμάτων² ἀνήλωται.]

78. LE CHIEN ET L'OMBRE.

Un chien avait volé un morceau de viande dans une cuisine. Passant sur le bord d'une rivière, et voyant dans l'eau sa proie qui lui parut plus grande, il la lâcha, et s'élança sur l'image; mais il n'eut ni l'ombre ni le corps, et regagna la rive les dents longues.

L'homme insatiable n'est assuré de rien ; sa vie se perd en vaines espérances.

..αβοῦσα, εἶπε	l'ayant pris, dit
λώσσῃ κερτόμῳ·	avec un langage railleur :
Οὐκ ἦσθα ἄφωνος,	« Tu n'étais pas muet,
..λλὰ φωνήεις.	mais doué-de-voix.
..όραξ, ἔχεις ἅπαντα·	Corbeau, tu possèdes tout ;
οὖς δέ σοι λείπει. »	mais l'esprit te manque. »

OZ'. ΚΟΡΑΞ ΝΟΣΩΝ.   77. LE CORBEAU MALADE.

..όραξ νοσήσας	Un corbeau étant malade
..ἶπε μητρὶ κλαιούσῃ·	dit à *sa* mère qui pleurait :
Μὴ κλαῖε, μῆτερ,	« Ne pleure pas, mère,
..λλὰ εὔχου τοῖς θεοῖς	mais adresse-des-prières aux dieux
..νασφῆλαί με	pour que je relève
..εινῆς νόσου	de *cette* grave maladie
..αὶ πόνων.	et de *mes* souffrances.
Καὶ τίς τῶν θεῶν, φησί,	« Et lequel des dieux, dit-elle,
..ώσει σε, τέκνον ;	te sauvera, *mon* enfant ?
..ίνος γὰρ βωμὸς	duquel *d'entr'eux*, en effet, l'autel
..ὐκ ἐσυλήθη ὑπὸ σοῦ ; »	n'a-t-il pas été dépouillé par toi ? »

OH'. ΚΥΩΝ ΚΑΙ ΣΚΙΑ.   78. LE CHIEN ET L'OMBRE.

Κύων ἔκλεψε	Un chien avait dérobé
..ρέας ἐκ μαγειρείου.	de la viande d'une cuisine.
Καὶ δὴ παρῄει ποταμόν·	Et alors il passait près d'un fleuve.
..δοῦσα δὲ ἐν τῷ ῥείθρῳ	Or, ayant vu dans le courant
τὴν σκιὴν τοῦ κρέως	l'ombre de la viande
πολὺ μείζω,	beaucoup plus grande,
ἀφῆκε τὸ κρέας,	il lâcha la viande,
ἐφωρμήθη δὲ τῇ σκιῇ.	et s'élança sur l'ombre.
Ἀλλὰ εὗρεν οὔτε ἐκείνην,	Mais il ne trouva ni celle-ci,
οὔτε ὃ βεβλήκει·	ni ce qu'il avait jeté :
διεξῄει δὲ ὀπίσω	et il passa en-arrière (repassa)
τὸν πόρον πεινῶσα.	la rivière, ayant faim.
[Βίος ἀβέβαιος	[La vie incertaine
παντὸς ἀνδρὸς ἀπλήστου	de tout homme insatiable
ἀνήλωται	est consumée
ἐλπίσι ματαίαις	en vaines espérances
πραγμάτων.]	d'affaires.]

ΟΘ'. ΚΑΜΗΛΟΣ.

Κάμηλον ἠνάγκαζε δεσπότης πίνων
ὀρχεῖσθ' ὑπ' αὐλοῖς¹ κυμβάλοις τε χαλκείοις.
Ἡ δ' εἶπ'· « Ἐμοὶ γένοιτο κἂν ὁδῷ βαίνειν
« ἄνευ γέλωτος, μήτι γ'² ἐν χορῷ παίζειν. »

79. LE CHAMEAU.

Un maître, pendant qu'il était à boire, forçait son chameau à danser au son des flûtes et des cymbales d'airain. La bête lui dit : « Plût aux dieux que je ne fisse pas rire en marchant! Faut-il encore que je danse! »

Π'. ΑΛΩΠΗΞ ΚΑΙ ΠΙΘΗΚΟΣ.

Κερδὼ πιθήκῳ φησίν¹· « Ἣν ὁρᾷς στήλην,
« ἐμοὶ πατρῴη τ' ἐστὶ κἄτι παππῴη. »
Κερδοῖ πίθηκος εἶπεν· « Ὡς θέλεις ψεύδου,
« ἔλεγχον οὐκ ἔχουσα² τῆς ἀληθείης. »
[Κακοῦ πρὸς ἀνδρός ἐστι μὴ φεύγειν ψεῦδος, 5
κἂν³ λανθάνειν ψευδόμενος εὐχερῶς μέλλῃ.]

80. LE RENARD ET LE SINGE.

Un renard disait à un singe : « Tu vois ce cippe; c'est celui de mon père, et même de mon grand-père. » Le singe lui répondit : « Tu peux mentir à ton aise, car personne ne peut te confondre. »
C'est le propre de l'homme malhonnête de mentir, surtout quand il est certain de n'être pas repris.

ΠΑ'. ΛΕΩΝ ΚΑΙ ΑΛΩΠΗΞ.

Κοιμωμένου λέοντος ἀγρίης χαίτης
διέδραμεν¹ μῦς· ὁ δὲ λέων ἐθυμώθη·
φρίξας δὲ χαίτην ἔθορε² φωλάδος κοίλης.

81. LE LION ET LE RENARD.

Un lion dormait; une souris passa en trottant sur sa sauvage crinière. Aussitôt le lion est transporté de courroux; son poil se hérisse, et d'un bond il s'élance du fond de son antre. Un renard se

ΟΘ'. ΚΑΜΗΛΟΣ.

Δεσπότης πίνων
ἠνάγκαζε κάμηλον ὀρχεῖσθαι
ὑπὸ αὐλοῖς
κυμβάλοις τε χαλκείοις.
Ἡ δὲ εἶπεν·
« Ἐμοὶ γένοιτο βαίνειν
καὶ ἐν ὁδῷ ἄνευ γέλωτος,
μήτι γε
παίζειν ἐν χορῷ. »

79. LE CHAMEAU.

Un maître en buvant
forçait un chameau à danser
aux (au son des) flûtes
et aux cymbales d'-airain.
Et celui-ci dit :
« Puisse-t-il m'arriver de marcher
même sur la route sans *exciter le rire*,
à-plus-forte-raison-de-ne-pas
jouer à la danse ! »

Π'. ΑΛΩΠΗΞ ΚΑΙ ΠΙΘΗΚΟΣ.

Κερδώ φησι πιθήκῳ·
« Στήλη ἣν ὁρᾷς, ἐστὶν ἐμοὶ
πατρῴη
καὶ ἔτι παππῴη. »
Πίθηκος εἶπε κερδοῖ·
« Ψεύδου ὡς θέλεις,
οὐκ ἔχουσα
ἔλεγχον
τῆς ἀληθείης. »
[Ἔστι πρὸς ἀνδρὸς
κακοῦ
μὴ φεύγειν ψεῦδος,
καὶ ἐὰν μέλλῃ
λανθάνειν εὐχερῶς
ψευδόμενος.]

80. LE RENARD ET LE SINGE.

Un renard dit à un singe :
« La stèle que tu vois, est à moi
paternelle (est celle de mon père),
et même de-*mon*-grand-père. »
Le singe dit au renard :
« Mens comme tu veux,
n'ayant pas *à craindre*
la démonstration
de la vérité. »
[C'est *le propre* d'un homme
malhonnête
de ne pas fuir le mensonge,
même lorsqu'il doit
être-caché facilement
disant-des-mensonges.

ΠΑ'. ΛΕΩΝ ΚΑΙ ΑΛΩΠΗΞ.

Μῦς διέδραμεν
ἀγρίης χαίτης
λέοντος κοιμωμένου.
Ὁ δὲ λέων ἐθυμώθη,
καὶ φρίξας χαίτην
ἔθορε

81. LE LION ET LE RENARD.

Une souris passa-en-courant
sur la sauvage crinière
d'un lion dormant.
Et le lion se-mit-en-colère,
et ayant hérissé *sa* crinière,
il s'élança

Κερδὼ δ' ἐπεγλεύαζεν ὡς ἐκινήθη
πρὸς μῦν ὁ πάντων θηρίων τυραννεύων.   5
Ὁ δ', « Οὐχὶ τὸν μῦν, » εἶπεν, « ὦ παλαμναίη,
δέδοικα, μή μου τὴν δορὴν κνίσῃ φεύγων·
κακὴν δὲ μελέτην ἐπ' ἐμὲ τῆς ὁδοῦ τρίβει³. »
[Ἀρχόμενον ἄρτι τὸ θρασὺ τῶν ὑβριζόντων,
κἂν μικρὸν ᾖ, κώλυε, μηδὲ συγχώρει   10
εὐκαταφρόνητον σαυτὸν εἶναι τοῖς φαύλοις.]

mit à rire de le voir si ému pour une souris, lui le roi des animaux :
« Je ne crains pas, maraud, lui dit le lion, qu'elle m'égratigne en
se sauvant ; mais je la trouve bien insolente d'oser venir se promener
sur moi. »

Réprime tout d'abord une impertinente familiarité, fût-elle sans
conséquence, et ne souffre pas qu'un homme de rien oublie trop facilement les égards qu'il te doit.

ΠΒ'. ΙΠΠΟΣ ΚΑΙ ΑΝΘΡΩΠΟΣ.

Κριθάς τις ἵππου πᾶσαν ἡμέρην πίνων¹,
ἔτριβεν, ἐκτένιζεν ἡμέρῃ πάσῃ.
Ὁ δ' εἶπεν· « Εἰ θέλεις με ταῖς ἀληθείαις²
καλὸν γενέσθαι, τὸ τρέφον με μὴ πώλει. »

82. LE CHEVAL ET L'HOMME.

Un homme vendait chaque jour pour boire l'orge de son cheval, et
chaque jour il l'étrillait et le peignait à outrance. Le cheval lui dit : « Si
tu veux vraiment que je sois beau, ne vends pas ma nourriture. »

ΠΓ'. ΚΩΝΩΨ ΚΑΙ ΤΑΥΡΟΣ.

Κώνωψ ἐπιστὰς κέρατι καμπύλῳ ταύρου,
μικρόν τ' ἐπισχών, εἶπε ταῦτα βομβήσας·

83. LE MOUCHERON ET LE TAUREAU.

Un moucheron vint se poser sur la corne recourbée d'un taureau :
il s'y arrêta quelque temps, puis en bourdonnant il dit : « Si mon

κοίλης φωλάδος.
Κερδὼ δὲ ἐπεχλεύαζεν
ὡς ἐκινήθη
πρὸς μῦν
ὁ τυραννεύων
πάντων τῶν θηρίων.
Ὁ δὲ εἶπεν·
« Ὦ παλαμναίη,
οὐχὶ δέδοικα τὸν μῦν,
μὴ κνίσῃ φεύγων
τὴν δορήν μου·
τρίβει δὲ κακὴν μελέτην
ὁδοῦ ἐπὶ ἐμέ. »
[Κώλυε ἄρτι ἀρχόμενον
τὸ θρασὺ τῶν ὑβριζόντων,
καὶ ἐὰν ᾖ μικρόν,
μηδὲ συγχώρει
σαυτὸν εἶναι τοῖς φαύλοις
εὐκαταφρόνητον.]

hors de sa profonde tanière.
Et un renard se moquait
de ce qu'il s'était ému
contre une souris
lui qui était-le-roi
de tous les animaux.
Mais celui-ci *lui* dit :
« O démon-importun,
je ne crains point la souris,
qu'elle n'égratigne en fuyant
la peau de moi ;
mais elle exerce un insolent manège
de promenade sur moi. »
[Réprime d'abord dans-son-prin-
l'audace de ceux qui sont-insolents,
même lorsqu'elle est peu-de-chose,
et ne permets pas
que tu sois pour les hommes-de-rien
un objet-de-facile-mépris.]

ΠΒ'. ΙΠΠΟΣ ΚΑΙ ΑΝΘΡΩΠΟΣ.

Πίνων τις
πᾶσαν ἡμέρην
κριθὰς ἵππου,
ἔτριβεν, ἐκτένιζε πάσῃ ἡμέρῃ.
Ὁ δὲ εἶπεν·
« Εἰ θέλεις ταῖς ἀληθείαις
γενέσθαι με καλόν,
μὴ πώλει τὸ τρέφον μ.ε. »

82. LE CHEVAL ET L'HOMME.

Quelqu'un buvant (dissipant)
chaque jour
l'orge d'un cheval,
l'étrillait, le peignait chaque jour.
Et celui-ci (le cheval) *lui* dit :
« Si tu veux en réalité
que je sois beau,
ne vends pas ce qui me nourrit. »

ΠΓ'. ΚΩΝΩΨ ΚΑΙ ΤΑΥΡΟΣ.

Κώνωψ ἐπιστὰς
κέρατι καμπύλῳ ταύρου,
ἐπισχών τε μικρόν,
εἶπε ταῦτα βομβήσας·

83. LE MOUCHERON ET LE TAUREAU.

Un moucheron s'étant posé
sur la corne recourbée d'un taureau,
et s'étant arrêté un-instant,
dit cela en bourdonnant :

« Εἴ σου βαρύνω τὸν τένοντα καὶ κλίνω,
καθεδοῦμ' ἀπελθὼν ποταμίας ἐπ' αἰγείρου. »
Ὁ δ', « Οὐ μέλει μοι, » φησίν, « οὔτ' ἐὰν μείνῃς, 5
οὔτ' ἂν ἀπέλθῃς· οὐδ' ὅτ' ἦλθες ἐγνώκειν. »
[Γελοῖος ὅστις, οὐδὲν ὤν, κατ' ἀνθρώπων
τῶν κρεισσόνων θρασύνεθ', ὥς τις[1] ὢν σφόδρα.]

poids fait fléchir ta tête, j'irai m'asseoir sur un des peupliers de la rivière. — Peu m'importe, répliqua le taureau, que tu restes ou que tu t'en ailles; je ne t'ai pas seulement senti venir. »

Un homme de rien, qui fait l'arrogant avec de plus puissants que lui, comme s'il était quelque chose, est bien ridicule.

ΠΔ'. ΚΥΝΕΣ ΚΑΙ ΛΥΚΟΙ.

Κυσίν ποτ' ἔχθρα καὶ λύκοις συνειστήκει.
Κύων δ' Ἀχαιὸς[1] ᾑρέθη κυνῶν δήμου
στρατηγὸς εἶναι. Καὶ μάχης ἐπιστήμων
ἔμελλεν, ἐβράδυνεν. Οἱ δ' ἐπηπείλουν,
εἰ μὴ προάξει τὴν μάχην τε συστήσει. 5
Ἀκούσατ', » εἶπεν, « οὗ χάριν διατρίβω,
τί δ' εὐλαβοῦμαι· χρὴ δ' ἀεὶ προβουλεύειν.
Τῶν πολεμίων μὲν τὸ γένος ὧν ὁρῶ πάντων
ἕν ἐστιν· ἡμῶν δ' ἦλθον οἱ μὲν ἐκ Κρήτης[2],
οἱ δ' ἐκ Μολοσσῶν εἰσιν, οἱ δ' Ἀκαρνάνων, 10
ἄλλοι δὲ Δόλοπες, οἱ δὲ Κύπρον ἢ Θράκην

84. LES CHIENS ET LES LOUPS.

Les chiens et les loups étaient en grande inimitié. Un chien d'Achaïe fut élu général d'armée de la nation canine. En savant capitaine, il temporisait, attendait l'occasion : ses soldats menaçaient de le maltraiter, s'il ne les conduisait hors du camp et n'engageait le combat : « Écoutez, leur dit-il, pourquoi je diffère ainsi et use de prudence. La prévoyance est bonne en toutes choses. Je vois que tous nos ennemis ne forment qu'un seul peuple : mais les nôtres arrivent les uns de la Crète, ceux-ci du pays des Molosses, les autres

« Εἰ βαρύνω τὸν τένοντά σου,
καὶ κλίνω,
καθεδοῦμαι ἀπελθὼν
ἐπὶ αἰγείρου
ποταμίας. »
Ὁ δέ φησιν·
« Οὐ μέλει μοι, οὔτε ἐὰν μείνῃς,
οὔτε ἂν ἀπέλθῃς·
οὐδὲ ἐγνώκειν
ὅτε ἦλθες. »
[Ὅστις, ὢν οὐδέν,
θρασύνεται
κατὰ ἀνθρώπων τῶν κρεισσόνων,
ὡς ὢν τις,
σφόδρα γελοῖος.]

« Si je pèse sur ta nuque,
et que je *la* fasse-fléchir,
je m'asseoirai étant parti
sur un peuplier
fluvial (près du fleuve). »
Mais celui-ci *lui* dit :
« Il n'importe à moi, ni si tu restes,
ni si tu t'en vas ;
et je ne m'étais pas même aperçu
lorsque tu es venu. »
[Quiconque, n'étant rien,
se-montre-arrogant
envers les hommes plus puissants,
comme s'il était quelqu'un *d'important*,
est bien ridicule.]

ΠΔ'. ΚΥΝΕΣ ΚΑΙ ΛΥΚΟΙ.

84. LES CHIENS ET LES LOUPS.

Κυσὶ καὶ λύκοις
συνειστήκει ποτὲ ἔχθρα.
Κύων δὲ Ἀχαιὸς ᾑρέθη
εἶναι στρατηγὸς δήμου κυνῶν.
Καὶ ἐπιστήμων μάχης
ἔμελλεν, ἐβράδυνεν.
Οἱ δὲ ἐπηπείλουν,
εἰ μὴ προάξει,
συστήσει τε τὴν μάχην.
« Ἀκούσατε, εἶπε,
χάριν οὗ διατρίβω,
τί δὲ
εὐλαβοῦμαι·
χρὴ δὲ προβουλεύειν ἀεί.
Τὸ γένος μὲν
πάντων τῶν πολεμίων ὧν ὁρῶ,
ἐστὶν ἕν·
ἡμῶν δὲ οἱ μὲν
ἦλθον ἐκ Κρήτης,
οἱ δέ εἰσιν ἐκ Μολοσσῶν,
οἱ δὲ Ἀκαρνάνων,

Entre les chiens et les loups
s'était établi un-jour inimitié.
Et un chien Achéen fut élu
pour être général du peuple des chiens.
Et ayant-la-science du combat,
il différait, il temporisait.
Mais ceux-ci menaçaient,
s'il ne *les* conduisait-dehors,
et engageait le combat.
« Écoutez, *leur* dit-il,
à-cause de quoi je traîne-en-longueur
et pourquoi
j'agis-avec-circonspection ;
or il faut délibérer-d'avance toujours.
La race
de tous les ennemis que je vois,
est une (formée d'un seul peuple) ;
mais (tandis que) de nous les uns
sont venus de la Crète,
les autres sont *du pays* des Molosses,
ceux-ci des Acarnaniens ;

αὐχοῦσιν· ἄλλοι δ' ἄλλοθεν. Τί μηκύνω;
τὸ χρῶμα δ' ἡμῖν οὐχ ἕν ἐστιν ὡς τούτοις,
ἀλλ' οἱ μὲν ἡμῶν μέλανες, οἱ δὲ τεφρώδεις,
ἔνιοι δὲ λαμπροὶ καὶ διάργεμοι στήθη,   15
ἄλλοι δὲ λευκοί. Πῶς ἂν οὖν δυνηθείην
εἰς πόλεμον ἄρχειν, » εἶπε, « τῶν ἀσυμφώνων³
πρὸς τοὺς ὅμοια πάντ' ἔχοντας ἀλλήλοις; »
 [Συμφωνία μέγιστον ἀγαθὸν ἀνθρώποις·
τὸ δὲ στασιάζον ἀσθενές τε καὶ δοῦλον.]   20

de l'Acarnanie, certains sont Dolopes, d'autres se font gloire de venir de Cypre ou de Thrace, d'autres d'ailleurs. Bref, nous n'avons pas non plus, comme eux, une robe de couleur uniforme : plusieurs sont noirs, plusieurs cendrés, quelques-uns roux avec des taches blanches à la poitrine, d'autres sont entièrement blancs. Comment pourrais-je, dit-il, mener au combat des troupes si mêlées, contre une armée où tout s'accorde si bien? »

L'harmonie procure aux hommes les plus grands avantages ; la division les rend faibles et esclaves.

ΠΕ'. ΑΛΩΠΗΞ ΟΓΚΩΘΕΙΣΑ.

Κοίλωμα ῥίζης φηγὸς εἶχεν ἀρχαίη.
Ἐν τῇ δ' ἔκειτο ῥωγὰς αἰπόλου πήρη,
ἄρτων ἑώλων πᾶσα καὶ κρεῶν πλήρης.
Ταύτην ἀλώπηξ εἰσδραμοῦσα τὴν πήρην,
ἐξέφαγε· γαστὴρ δ', ὥσπερ εἰκός, ὠγκώθη,   5
στενῆς δὲ τρώγλης οὐκέτ' εἶχεν ἐκδῦναι.
Ἑτέρη δ' ἀλώπηξ, ὡς ἐπῆλθε κλαιούσῃ,

85. LE RENARD GOURMAND.

Un vieux chêne était creux à sa racine. Un chevrier y avait déposé sa besace trouée, pleine de pain moisi et de viande. Certain renard entra dans l'arbre, et vida la besace; son ventre s'arrondit, comme on le peut bien croire, et il ne pouvait plus passer par l'étroite ouverture. Un autre renard, qui l'entendit pleurer, vint à lui, et d'un ton rail-

ἄλλοι δὲ Δόλοπες,	d'autres *sont* des Dolopes :
οἱ δὲ αὐχοῦσι	ceux-ci vantent *comme leur patrie*
Κύπρον ἢ Θράκην·	la Cypre ou la Thrace ;
ἄλλοι δὲ ἄλλοθεν.	d'autres *enfin* sont d'ailleurs.
Τί μηκύνω ;	Pourquoi ferais-je-de-longs-discours?
τὸ χρῶμα δὲ οὐκ ἔστιν	la couleur même n'est pas
ἐν ἡμῖν ὡς τούτοις,	uniforme à nous, comme à ceux-ci ;
ἀλλὰ οἱ μὲν ἡμῶν μέλανες,	mais les uns de nous *sont* noirs,
οἱ δὲ τεφρώδεις, ἔνιοι δὲ λαμπροὶ	d'autres cendrés, quelques-uns roux
καὶ διάργεμοι στήθη,	et tachetés-de-blanc *aux* poitrines,
ἄλλοι δὲ λευκοί.	d'autres *encore* blancs.
Πῶς οὖν, εἶπε,	Comment donc, dit-il,
δυνηθείην ἂν ἄρχειν	pourrais-je conduire-en-chef
τῶν ἀσυμφώνων εἰς πόλεμον	ces *troupes* discordantes à la guerre
πρὸς τοὺς ἔχοντας	contre ceux qui ont [(au combat,
πάντα ὅμοια ἀλλήλοις ; »	tout pareil entr'eux ? »
[Συμφωνία ἀνθρώποις	[La concorde *est* pour les hommes
μέγιστον ἀγαθόν·	le plus grand bien ;
τὸ δὲ στασιάζον	et la discorde
ἀσθενές τε καὶ δοῦλον.]	*est* et faible et esclave.]

ΠΕ'. ΑΛΩΠΗΞ ΟΓΚΩΘΕΙΣΑ. — 85. LE RENARD ENFLÉ.

Φηγὸς ἀρχαίη	Un chêne antique
εἶχε κοίλωμα ῥίζης.	avait un creux de (à) la racine.
Ἐν τῇδε ἔκειτο	Et dans celle-ci gisait
πήρη ῥωγὰς αἰπόλου	la panetière trouée d'un chevrier
πᾶσα πλήρης	toute pleine
ἄρτων ἑώλων καὶ κρεῶν.	de pain moisi et de viandes.
Ἀλώπηξ εἰσδραμοῦσα	Un renard s'étant élancé-dedans,
ἐξέφαγε ταύτην τὴν πήρην·	vida-en-entier cette panetière ;
γαστὴρ δέ, ὥσπερ εἰκός,	et *son* ventre, comme de-raison,
ὠγκώθη,	en fut enflé, [plus]
εἶχε δὲ οὐκέτι	et il n'avait plus *moyen* (ne pouvait
ἐκδῦναι τρώγλης στενῆς.	de sortir du trou étroit.
Ἑτέρη δὲ ἀλώπηξ,	Or, un autre renard,
ὡς ἐπῆλθε	lorsqu'il se fut approché
κλαιούσῃ,	de *lui* pleurant,
εἶπε σκώπτουσα·	*lui* dit en *le* raillant :

σκώπτουσα, « Μεῖνον, » εἶπεν, « ἄχρι πεινήσῃς·
οὐκ ἐξελεύσῃ πρότερον ἄχρι τοιαύτην
τὴν γαστέρα σχῇς, ἡλίκην ὅτ᾽ εἰσῄεις. »

leur : « Attends, lui dit-il, que la faim revienne ; tu ne sortiras plus qu'avec le ventre que tu avais quand tu es entré. »

ΠϚ'. ΚΥΩΝ ΚΑΙ ΛΑΓΩΟΣ.

Κύων λαγωὸν ἐξ ὄρους ἀναστήσας
ἐδίωκε δάκνων αὐτόν, εἰ κατειλήφει,
μεταστραφεὶς δ᾽ ἔσαινεν ὡς φίλῳ ψαύων.
Ὁ λαγωός « Ἁπλοῦν » δ᾽ εἶπε, « θηρίον γίνου.
Φίλος εἶ; τί δάκνεις; ἐχθρὸς εἶ; τί οὖν σαίνεις; 5
Ἀμφίβολος οὗτός ἐστι νοῦς ἐν ἀνθρώποις,
οἷς οὔτ᾽ ἀπιστεῖν ἔχομεν, οὔτε πιστεύειν.

86. LE CHIEN ET LE LIÈVRE.

Un chien fit partir un lièvre sur une montagne ; il le poursuivait, et le mordait quand il le joignait, puis se ravisant il le flattait et le caressait en ami. Le lièvre lui dit : « Sois franc. Es-tu mon ami? pourquoi me mords-tu? Es-tu mon ennemi? pourquoi me flattes-tu? »

On rencontre chez les hommes de ces caractères doubles, qui vous laissent entre la défiance et la confiance.

ΠΖ'. ΚΟΡΥΔΑΛΟΣ ΚΑΙ ΝΕΟΣΣΟΙ.

Κορυδαλὸς ἦν τις ἐν χλόῃ νεοσσεύων,
[τῇ χαραδριῷ πρὸς τὸν ὄρθρον ἀντᾴδων.]
Καὶ παῖδας εἶχε ληίου κόμῃ[1] θρέψας
λοφῶντας ἤδη καὶ πτεροῖσιν ἀκμαίους.

87. L'ALOUETTE ET SES PETITS.

Une alouette avait sa nichée dans un champ de blé vert ; ses petits, biens repus de grains, étaient déjà drus et huppés. Le maître vint

« Μεῖνον, ἄχρι πεινήσῃς·
οὐκ ἐξελεύσῃ πρότερον,
ἄχρι σχῆς
τὴν γαστέρα τοιαύτην ἡλίκην
ὅτε εἰσῄεις. »

« Attends, jusqu'à-ce-que tu aies-
tu ne sortiras pas auparavant. faim:
jusqu'à-ce-que tu aies
le ventre tel que *tu l'avais*
lorsque tu *y* entras. »

ΠϚ'. ΚΥΩΝ ΚΑΙ ΛΑΓΩΟΣ.

86. LE CHIEN ET LE LIÈVRE.

Κύων ἀναστήσας
ἐξ ὄρους λαγωὸν
ἐδίωκεν αὐτὸν δάκνων,
εἰ κατειλήφει·
μεταστραφεὶς δὲ
ἔσαινεν ὡς φίλῳ
ψαύων.
Ὁ λαγωὸς δὲ εἶπε·
« Γίνου θηρίον ἁπλοῦν.
Εἰ φίλος; τί δάκνεις;
εἰ ἐχθρός;
τί οὖν σαίνεις; »
  Ἀμφίβολός ἐστιν οὗτος νοῦς
ἐν ἀνθρώποις,
οἷς ἔχομεν
οὔτε ἀπιστεῖν,
οὔτε πιστεύειν.

Un chien ayant lancé
d'une montagne un lièvre,
le poursuivait en *le* mordant
quand il *l*'attrapait;
et *puis* ayant changé-de-manières,
il *le* flattait comme un ami,
en *le* touchant (en le caressant).
Et le lièvre *lui* dit:
« Sois un animal franc.
Es-tu ami? pourquoi *me* mords-tu
es-tu ennemi?
pourquoi donc *me* flattes-tu? »
  Équivoque est cet esprit
dans les hommes,
pour lesquels nous *ne* savons
ni *s'il faut* avoir-de-la-méfiance,
ni *s'il faut* avoir-de-la-confiance.

ΠΖ'. ΚΟΡΥΔΑΛΟΣ ΚΑΙ ΝΕΟΣΣΟΙ.

87. L'ALOUETTE-HUPPÉE ET SES PETITS.

Ἦν τις κορυδαλὸς
νεοσσεύων
ἐν χλόῃ.
Καὶ εἶχε παῖδας
ἤδη λοφῶντας
καὶ ἀκμαίους πτεροῖσι,
θρέψας κόρμῃ
ληΐου.
Ὁ δὲ δεσπότης τῆς ἀρούρης

Il y avait une alouette-huppée
faisant-sa-couvée
dans un blé-vert:
et elle avait des petits
déjà huppés
et en-force par *leurs* ailes,
les ayant nourris avec l'épi
de la moisson.
Et le maître du champ

Ὁ δὲ τῆς ἀρούρης δεσπότης, ἐποπτεύων,
ὡς ξηρὸν εἶδε τὸ θέρος, εἶπε· « Νῦν ὥρη
πάντας λαβεῖν μοι τοὺς φίλους, ἵν' ἀμήσω. »
Καί τις κορυδαλοῦ τῶν λοφηφόρων παίδων
ἤκουεν αὐτοῦ, τῷ τε πατρὶ μηνύει,
σκοπεῖν κελεύων ποῦ σφέας μεταστήσει.
Ὁ δ' εἶπεν· « Οὔπω καιρός ἐστι νῦν φεύγειν·
ὃς γὰρ φίλοις πέποιθεν, οὐκ ἄγαν σπεύδει. »
Ὡς δ' αὖτις ἐλθών, ἡλίου θ' ὑπ' ἀκτίνων
ἤδη ῥέοντα² τὸν στάχυν θεωρήσας,
μισθὸν μὲν ἀμητῆρσιν αὔριον πέμψειν,
μισθὸν δὲ πᾶσι δραγματηφόροις δώσειν
εἶπεν, κορυδαλός φησι νηπίοις· « Ὄντως
νῦν ἐστιν ὥρη, παῖδες, ἀλλαχοῦ φεύγειν,
ὅτ' αὐτὸς αὑτῷ, κοὐ φίλοισι, πιστεύει. »

visiter ses blés, et voyant qu'ils étaient mûrs : « Il est temps, dit-il, que je rassemble mes amis pour faire la moisson. » Un des petits de l'alouette l'entendit et le redit à sa mère, la priant de leur trouver un autre gîte. L'alouette répondit : « Rien ne nous presse encore de fuir; celui qui compte sur ses amis n'a pas trop de hâte. » L'homme revint, et voyant que le soleil faisait déjà couler ses épis, il dit qu'il allait dès le lendemain payer des moissonneurs et des lieurs de gerbes. L'alouette alors : « C'est ce coup, mes enfants, qu'il faut déloger, puisque le maître ne se fie plus qu'à lui et non à ses amis. »

ΠΗ'. ΛΥΚΟΣ ΚΑΙ ΑΡΝΙΟΝ.

Λύκος ποτ' ἄρνα πεπλανημένον ποίμνης
ἰδών, βίῃ μὲν οὐκ ἐπῆλθεν ἁρπάξων¹,

88. LE LOUP ET L'AGNEAU.

Un loup, voyant un jour un agneau qui s'était égaré, ne voulut point l'enlever de force, mais cherchait un prétexte spécieux et l'ac-

ἐποπτεύων, | le visitant,
ὡς εἶδε τὸ θέρος ξηρόν, | lorsqu'il vit la moisson sèche (jaune),
εἶπε· | dit :
« Νῦν ὥρη μοι | « Maintenant *il est* temps pour moi
λαβεῖν πάντας τοὺς φίλους, | de prendre tous les amis,
ἵνα ἀμήσω. » | afin que je moissonne. »
Καί τις παίδων τῶν λοφηφόρων | Et un des petits portant-aigrette
κορυδαλοῦ | de l'alouette-huppée
ἤκουεν αὐτοῦ, μηνύει τε τῷ πατρί, | entendait lui, et il *l'*indique au père,
κελεύων σκοπεῖν | *l'*engageant à aviser
ποῦ μεταστήσει σφέας. | où il transportera eux.
Ὁ δὲ εἶπεν· | Mais celui-ci dit :
« Οὔπω ἐστὶ καιρὸς | « Il n'est pas encore temps
νῦν φεύγειν· | maintenant de fuir :
ὃς γὰρ πέποιθε φίλοις, | car celui qui se fie en des amis,
οὐ σπεύδει ἄγαν. » | n'a pas hâte grandement. »
Ὡς δὲ ἐλθὼν αὖτις, | Mais lorsqu'étant venu de-nouveau,
θεωρήσας τε τὸν στάχυν | et ayant vu l'épi
ἤδη ῥέοντα | déjà coulant
ὑπὸ ἀκτίνων ἡλίου, | sous *l'influence* des rayons du soleil,
εἶπε | il annonça
πέμψειν αὔριον | qu'il enverrait le-lendemain
μισθὸν μὲν ἀμητῆρσι, | le salaire aux moissonneurs,
δώσειν δὲ μισθὸν | et qu'il donnerait le salaire
πᾶσι δραγματηφόροις, | à tous les porteurs-de-gerbes,
κορυδαλός φησι | *alors* l'alouette-huppée dit
νηπίοις· | à *ses* petits :
« Νῦν, παῖδες, | « Maintenant, enfants,
ἔστιν ὄντως ὥρη | il est réellement temps
φεύγειν ἀλλαχοῦ, | de fuir quelque-part-ailleurs,
ὅτε πιστεύει αὐτὸς αὑτῷ, | lorsqu'il se fie lui-même à-lui-même,
καὶ οὐ φίλοισι. » | et non à des amis. »

ΠΗ'. ΛΥΚΟΣ ΚΑΙ ΑΡΝΙΟΝ. — 88. LE LOUP ET L'AGNELET.

Λύκος ἰδών ποτε | Un loup ayant vu un-jour
ἄρνα πεπλανημένον ποίμνης, | un agneau égaré du troupeau,
οὐκ ἐπῆλθε μὲν | ne fondit-*point*-sur *lui*
ἁρπάξων βίῃ, | pour *l'*enlever de force,

ἔγκλημα δ' εὑρὴς εὐπρόσωπον ἐζήτει.
« Οὐ σύ μέ τι πέρυσι μικρὸς ὢν ἐβλασφήμεις; »
« Ἐγὼ οὐ σὲ πέρυσιν², ὅς γ' ἐπ' ἔτος³ ἐγεννήθην. » 5
« Οὔκουν σὺ τὴν ἄρουραν ἣν ἐγὼ χείρεις; »
« Οὔπω τι χλωρὸν ἔφαγον, οὐδ' ἐβοσκήθην. »
« Οὐδ' ἄρα πηγὴν ἐκπέπωκας ἣν πίνω; »
« Θηλὴ μεθύσκει μέχρι νῦν με μητρῴη. »
Τότε δὴ τὸν ἄρνα συλλαβών τε καὶ τρώγων, 10
« Ἀλλ' οὐκ ἄδειπνον, » εἶπε, « τὸν λύκον θήσεις,
κἂν εὐχερῶς μου πᾶσαν αἰτίην λύσῃς. »

cusait d'être son ennemi : « Pourquoi, misérable petit être, médisais-tu de moi l'an passé ? — L'an dernier ! je suis de cette année. — Ne broutes-tu pas mon herbe ? — Je n'ai pas encore mangé de vert. — N'as-tu pas tari la source où je me désaltère ? — Jusqu'à présent, je n'ai encore fait que teter ma mère. » Alors, le loup se jetant sur l'agneau et le mangeant, « Le loup, dit-il, ne se passera pas de souper pour toi, malgré toute ton adresse à te justifier. »

ΠΘ'. ΛΕΩΝ ΚΑΙ ΝΕΒΡΟΣ.

Λέων ἐλύσσα. Τὸν δὲ νεβρὸς ἐξ ὕλης
ἰδὼν ἔφησεν· « Ἡμέων ταλαιπώρων¹·
τί γὰρ μεμηνὼς οὗτος οὐχὶ ποιήσει,
ὃς ἦν φορητὸς οὐδὲ σωφρονῶν² ἡμῖν; »

89. LE LION ET LE FAON.

Un lion était en fureur; un faon, qui le vit depuis la forêt, s'écria : « Malheureux que nous sommes ! Que ne nous fera-t-il pas dans sa rage, lui déjà si redoutable, alors même qu'il est calme ? »

Ϟ'. ΤΑΥΡΟΣ ΚΑΙ ΤΡΑΓΟΣ.

Λέοντα φεύγων ταῦρος εἰς ἐρημαίην¹
σπήλυγγα κατέδυ ποιμένων ὀρειφοίτων,

90. LE TAUREAU ET LE BOUC.

Un taureau, qui fuyait devant un lion, entra dans une caverne déserte, qui servait d'abri aux pâtres de la montagne; un bouc y

ἐζήτει δὲ ἔγκλημα εὐπρόσωπον
ἔχθρης.
« Οὔ τι σύ, ὢν μικρός,
ἐβλασφήμεις με
πέρυσιν; »
« Ἐγὼ οὐ σὲ πέρυσιν,
ὅς γε ἐγεννήθην ἐπὶ ἔτος. »
« Οὔκουν σὺ κείρεις
τὴν ἄρουραν ἣν ἔχω; »
« Οὔπω ἔφαγον οὐδὲ ἐβοσκήθην
χλωρόν τι. »
« Οὐδὲ ἄρα ἐκπέπωκας
πηγὴν ἣν πίνω; »
« Μέχρι νῦν
θηλὴ μητρῴη
μεθύσκει με. »
Τότε δὴ συλλαβὼν ἄρνα
καὶ τρώγων, εἶπεν·
« Ἀλλὰ οὐ θήσεις τὸν λύκον
ἄδειπνον,
καὶ ἐὰν λύσῃς
εὐχερῶς πᾶσαν αἰτίην μου. »

mais il cherchait un grief spécieux
d'hostilité (pour le traiter en ennemi).
« N'est-ce pas toi, qui, étant petit,
médisais de moi
l'an-dernier?
— Je ne *médisais* pas de toi l'an-der-
moi qui suis né cette année.
— Eh bien donc, ne tonds-tu pas
le champ que je possède?
— Je n'ai encore mangé ni brouté
quelque-chose de vert.
— Et tu n'as donc aussi pas bu
la fontaine que (de laquelle) je bois?
— Jusqu'à-présent
la mamelle maternelle
m'enivre (m'abreuve). »
Alors ayant saisi l'agneau
et *le* croquant, il dit :
« Mais tu ne rendras pas le loup
manquant-de-souper,
même si tu dissous (détruis)
facilement toute accusation de moi. »

ΠΘ'. ΛΕΩΝ ΚΑΙ ΝΕΒΡΟΣ.   89. LE LION ET LE FAON.

Λέων ἐλύσσα.
Τὸν δὲ νεβρὸς ἰδὼν
ἐξ ὕλης, ἔφησεν·
« Ἡμέων ταλαιπώρων·
τί γὰρ οὐχὶ ποιήσει,
οὗτος μεμηνώς,
ὃς ἦν φορητὸς ἡμῖν
οὐδὲ σωφρονῶν; »

Un lion était-dans-la-rage.
Et un faon l'ayant vu
de la forêt, dit :
« *Ah!* nous malheureux!
que ne fera point, en effet,
celui-ci étant-enragé,
lui qui *n*'était supportable pour nous
pas-même étant-dans-son-bon-sens?»

Ϟ'. ΤΑΥΡΟΣ ΚΑΙ ΤΡΑΓΟΣ.   90. LE TAUREAU ET LE BOUC.

Ταῦρος φεύγων λέοντα
κατέδυ εἰς σπήλυγγα ἐρημαίην
ποιμένων ὀρειφοίτων,
ὅπου τράγος τις,

Un taureau fuyant *devant* un lion,
entra dans une caverne déserte
de pâtres errants-sur-les-montagnes,
où un bouc,

ὅπου τράγος τις, χωρὶς αἰπόλου μείνας,
ἐμβάντα ταῦρον τοῖς κέρασιν ἐξώθει.
Ὁ δ' εἶπεν· « Οὐ σέ, τὸν λέοντα δ' ἐκκλίνω. 5
Ἀνέξομαί σου μικρὰ τῆς ἐπηρείης·
ἐπεὶ παρελθέτω με, καὶ τότε γνώσῃ
πόσον τράγου μεταξὺ καὶ πόσον² ταύρου. »

était resté loin de l'œil du chevrier, et essayait de chasser le taureau à coups de cornes. Celui-ci lui dit : « Ce n'est pas toi que je redoute, mais le lion. Je veux bien supporter quelque temps tes outrages; mais dès que le lion sera loin d'ici, je te ferai voir quelle différence il y a entre un bouc et un taureau. »

ϞΑ'. ΚΥΝΗΓΟΣ ΔΕΙΛΟΣ.

Λέοντά τις κυνηγὸς οὐχὶ τολμήεις
ἴχνευεν ὀρέων ἐν βαθυσκίοις ὕλαις·
δρυτόμῳ δὲ μακρῆς ἐγγὺς ἐντυχὼν πεύκης,
« Ὦ πρός σε νυμφῶν, » εἶπεν, « ἆρα γινώσκεις
ἴχνη λέοντος, ὅστις ὧδε φωλεύει; » 5
Κἀκεῖνος εἶπεν· « Ἀλλὰ σὺν θεῷ βαίνεις·
αὐτὸν γὰρ ἤδη τὸν λέοντά σοι δείξω. »
Ὁ δ' ὠχριάσας, γομφίους τε συγκρούων,

91. LE CHASSEUR POLTRON.

Un chasseur peu brave suivait la piste d'un lion à travers les forêts épaisses de la montagne; il rencontra un bûcheron près d'un grand sapin : « Au nom des nymphes, lui dit-il, peux-tu me montrer les erres du lion qui habite par ici? » Le bûcheron répondit : « Tu es sur la bonne voie; je vais à l'instant te faire voir le lion lui-même. » L'autre pâlit, claqua des dents et dit : « Ne sois pas plus obligeant

μείνας	qui y était resté
χωρὶς αἰπόλου,	loin de l'œil du chevrier,
ἐξώθει τοῖς κέρασι	poussait-dehors avec ses cornes
ταῦρον ἐμβάντα.	le taureau entré.
Ὁ δὲ εἶπεν·	Et celui-ci lui dit :
« Οὐ σὲ ἐκκλίνω,	« Ce n'est pas toi que j'évite,
τὸν δὲ λέοντα.	mais le lion.
Ἀνέξομαι μικρὰ	Je supporterai un-instant
τῆς ἐπηρείης σου·	les insultes de toi :
ἐπεὶ παρελθέτω με,	car, qu'il (le lion) me passe,
καὶ τότε γνώσῃ,	et alors tu apprendras,
πόσον	combien
μεταξὺ τράγου	il y a d'intervalle-entre le bouc,
καὶ πόσον ταύρου. »	et combien entre le taureau. »

ϟΑ'. ΚΥΝΗΓΟΣ ΔΕΙΛΟΣ. — 91. LE CHASSEUR POLTRON.

Κυνηγός τις	Certain chasseur
οὐχὶ τολμήεις	point hardi
ἴχνευε λέοντα	suivait-à-la-piste un lion
ἐν ὕλαις βαθυσκίοις	dans les bois à-ombre-épaisse
ὀρέων·	des montagnes :
ἐντυχὼν δὲ	et ayant-fait-rencontre
δρυτόμῳ	d'un bûcheron
ἐγγὺς μακρῆς πεύκης,	près d'un grand sapin,
« Ὦ σε πρὸς νυμφῶν,	« O je te supplie par les nymphes,
εἶπεν,	dit-il,
ἆρα γινώσκεις	est-ce-que tu connais
ἴχνη λέοντος,	les traces du lion,
ὅστις φωλεύει ὧδε; »	lequel a-son-gîte ici ? »
Καὶ ἐκεῖνος εἶπεν·	Et l'autre lui dit :
« Ἀλλὰ βαίνεις	« Mais tu marches
σὺν θεῷ·	avec dieu :
δείξω γάρ σοι ἤδη	car je te montrerai même
τὸν λέοντα αὐτόν. »	le lion lui-même. »
Ὁ δὲ	Et celui-ci
ὠχριάσας	ayant pâli-de-frayeur,
συγκρούων τε γομφίους,	et entrechoquant ses molaires,

« Μή μοι χαρίζου, » φησί, « πλεῖον οὗ χρήζω·
τὸ δ' ἴχνος εἰπέ· τὸν λέοντα μὴ δείξῃς. » 10

que je ne te demande; indique-moi la trace, et ne me montre pas le lion. »

ϞΒ'. ΛΥΚΟΙ ΚΑΙ ΠΡΟΒΑΤΑ.

Λύκων παρῆσαν ἄγγελοί ποτ' εἰς ποίμνην,
ὅρκους φέροντες καὶ βέβαιον εἰρήνην,
ἐφ' ᾧ[1] λάβωσι τοὺς κύνας πρὸς αἰκίην,
δι' οὓς μάχονται καὶ κοτοῦσιν ἀλλήλοις.
Μωρὴ δὲ ποίμνη καὶ τὰ πάντα βληχώδης[2]
πέμπειν ἔμελλεν. Ἀλλά τις γέρων ἤδη
κριός, βαθείῃ φρικὶ[3] μᾶλλον ὀρθώσας,
« Καινῆς γε ταύτης, » εἶπε, « τῆς μεσιτείης
ἀφύλακτος ὑμῖν πῶς ἐγὼ συνοικήσω,
δι' οὓς νέμεσθαι μηδὲ νῦν ἀκινδύνως 10
ἔξεστι, καίτοι τῶν κυνῶν με τηρούντων; »

92. LES LOUPS ET LES BREBIS.

Un jour des députés vinrent de la part des loups trouver un troupeau de brebis, apportant des serments et des gages de paix : ils demandaient en retour qu'on leur abandonnât les chiens; ils voulaient livrer au supplice ceux qui étaient entre les deux partis une cause de querelles et de combats. Les brebis, bêtes sottes et toujours de peu de cervelle, les allaient remettre en leurs mains. A cette résolution, un vieux bélier sentit un frisson dresser toute sa laine, et dit : « Voici bien un nouvel accommodement! Comment vivrai-je sans défenseurs avec vous, quand je ne puis maintenant paître en sûreté, même sous la garde des chiens? »

φησί·
« Μὴ χαρίζου μοι
πλεῖον οὗ χρῄζω·
εἰπὲ δὲ τὸ ἴχνος·
μὴ δείξῃς τὸν λέοντα. »

lui dit :
« Ne me rends-pas-service
plus que je ne demande :
mais indique-*moi* la trace :
ne *me* montre pas le lion. »

ϟΒ'. ΛΥΚΟΙ ΚΑΙ ΠΡΟΒΑΤΑ. 92. LES LOUPS ET LES BREBIS.

Ἄγγελοί ποτε λύκων
παρῆσαν
εἰς ποίμνην,
φέροντες ὅρκους
καὶ εἰρήνην βέβαιον,
ἐφ' ᾧ λάβωσι
τοὺς κύνας
πρὸς αἰκίην,
διὰ οὓς μάχονται
καὶ κοτέουσιν
ἀλλήλοις.
Ποίμνη μωρὴ δὲ
καὶ βληχώδης τὰ πάντα
ἔμελλε πέμπειν.
Ἀλλά τις κριὸς
ἤδη γέρων,
ὀρθώσας μαλλὸν
φρικὶ βαθείῃ,
εἶπε·
« Καινῆς γε τῆς μεσιτείης
ταύτης·
πῶς ἐγὼ
συνοικήσω ὑμῖν
ἀφύλακτος,
διὰ οὓς
μηδὲ νῦν
ἔξεστι
νέμεσθαι ἀκινδύνως,
καίτοι τῶν κυνῶν με τηρούντων; »

Un-jour les ambassadeurs des loups
étaient arrivés
chez un troupeau-de-brebis,
apportant des serments
et une paix garantie,
à-la-condition-qu'ils prendraient
les chiens
pour *les livrer au* supplice,
à cause desquels ils bataillent (batail-
et sont (étaient) irrités   [laient)
les-uns-contre-les-autres.
Et le sot troupeau-des-brebis
et stupide en tout
allait *les* envoyer (livrer).
Mais un certain bélier,
déjà vieillard,
ayant dressé *sa* toison
d'un frisson profond,
leur dit :
« *Ah!* la nouvelle transaction
que celle-ci !
comment moi
habiterai-je-avec vous
n'étant-pas-gardé *contre ceux*
à-cause desquels
pas-même à-présent
il *ne* m'est-permis
de paître sans-danger,
quoique les chiens me gardant ? »

ϞΓ'. ΛΥΚΟΣ ΚΑΙ ΕΡΩΔΙΟΣ.

Λύκῳ ποτ' ὀστοῦν φάρυγος[1] ἐντὸς ἠρείσθη·
ἐρῳδιῷ δὲ μισθὸν ἄξιον δώσειν
ἔταξε[2], τὸν τράχηλον εἰ καθιμήσας
ἀνελκύσειε, καὶ πόνων ἄκος δοίη.
Ὁ δ' ἑλκύσας, τὸν μισθὸν εὐθέως ᾔτει. 5
Κἀκεῖνος αὐτῷ, κάρχαρόν τι[3] μειδήσας,
« Σοὶ μισθὸς ἀρκεῖ, » φησί, « ἀντ' ἰατρείων,
κεφαλὴν λυκείου στόματος ἐξελεῖν σῴην. »
[Κακοῖς βοηθῶν μισθὸν ἀγαθὸν οὐ λήψῃ,
ἀλλ' ἀρκέσει σοι μή τι τῶν κακῶν πάσχειν.] 10

93. LE LOUP ET LE HÉRON.

Un os s'arrêta un jour bien avant dans le gosier d'un loup; celui-ci promit une honnête récompense à un héron, s'il parvenait, en introduisant son cou, à retirer l'os et à le guérir de ses souffrances. Le héron retire l'os, et demande son salaire. L'autre, avec un sourire méchant : « Qu'il te suffise, lui dit-il, pour prix de ta cure, d'avoir retiré ta tête de la gueule du loup. »

N'attendez point de reconnaissance pour le bien que vous ferez aux méchants; contentez-vous de n'être pas maltraités.

ϞΔ'. ΛΕΩΝ ΝΟΣΗΣΑΣ.

Λέων νοσήσας ἐν φάραγγι πετραίῃ
ἔκειτο, νωθρὰ γυῖα γῆς ἐφαπλώσας·
φίλην δ' ἀλώπεκ' εἶχεν, ᾗ προσωμίλει.
Ταύτῃ ποτ' εἶπεν· « Εἰ[1] θέλεις με σὺ ζώειν; —
πεινῶ γὰρ ἐλάφου τῆς ὑπ' ἀγρίαις πεύκαις 5

94. LE LION MALADE.

Un lion malade gisait dans un antre formé par un rocher, et reposait sur la terre ses membres défaillants; il avait pour ami un renard, qui vivait avec lui dans une intime familiarité. Il lui dit un jour : « Veux-tu me sauver la vie? J'ai grand'faim de la biche qui habite

ϟΓ'. ΛΥΚΟΣ ΚΑΙ ΕΡΩΔΙΟΣ. — 93. LE LOUP ET LE HÉRON.

Λύκῳ ἡρείσθη ποτὲ	A un loup s'enfonça un-jour
ὀστοῦν ἐντὸς φάρυγος·	un os à l'intérieur du gosier :
ἔταξε δὲ ἐρῳδιῷ	et il fixa à un héron
μισθὸν ἄξιον	un prix convenable
δώσειν,	qu'il donnerait,
εἰ καθιμήσας	si ayant descendu
τὸν τράχηλον	le cou dans *son gosier*,
ἀνελκύσειε, καὶ δοίη	il *en* extrayait *l'os*, et lui procurait
ἄκος πόνων.	la guérison de *ses* douleurs.
Ὁ δὲ ἑλκύσας,	Celui-ci *l'*ayant extrait,
ᾔτει εὐθέως τὸν μισθόν.	demandait aussitôt le salaire.
Καὶ ἐκεῖνος αὐτῷ φησι,	Et l'autre lui dit,
μειδήσας κάρχαρόν τι·	en ricanant d'une manière-méchante:
« Ἀρκεῖ σοι μισθὸς	« Il te suffit *pour* prix
ἀντ' ἰατρείων,	en-place d'honoraires-de-médecin,
ἐξελεῖν	d'avoir retiré
ἐκ στόματος λυκείου	de la gueule du-loup
κεφαλὴν σώην. »	*ta* tête saine-et-sauve. »
[Βοηθῶν κακοῖς	[En portant-secours à des méchants
οὐ λήψῃ	tu n'obtiendras pas
μισθὸν ἀγαθόν,	une récompense équitable ;
ἀλλὰ ἀρκέσει σοι	mais il te suffira
μὴ πάσχειν	de ne pas éprouver
τι τῶν κακῶν.]	quelqu'un des malheurs.]

ϟΔ'. ΛΕΩΝ ΝΟΣΗΣΑΣ. — 94. LE LION MALADE.

Λέων νοσήσας	Un lion malade
ἔκειτο ἐν φάραγγι πετραίῃ,	gisait dans une caverne de-rocher,
ἐφαπλώσας γῆς	ayant étendu sur la terre
γυῖα νωθρά·	*ses* membres défaillants :
εἶχε δὲ φίλην ἀλώπεκα,	et il avait *pour* ami le renard,
ᾗ προσωμίλει.	avec lequel il vivait-familièrement.
Ταύτῃ ποτὲ εἶπεν·	A celui-ci un-jour il dit :
« Εἰ θέλεις σὺ ζώειν με ; —	« Si tu veux que je vive ? —
πεινῶ γὰρ ἐλάφου	car j'ai-faim de la biche
τῆς οἰκούσης ὑπὸ πεύκαις ἀγρίαις	qui habite sous les pins sauvages

κεῖνον τὸν ὑλήεντα δρυμὸν οἰκούσης·
καὶ νῦν διώκειν ἔλαφον οὐκέτ' ἰσχύω.
Σὺ δ' ἂν θελήσῃς, χεῖρας εἰς ἐμὰς ἥξει,
λόγοισι θηρευθεῖσα σοῖς μελιγλώσσοις. »
Ἀπῆλθε κερδώ· τὴν δ' ὑπ' ἀγρίαις ὕλαις   10
σκιρτῶσαν εὗρε μαλθακῆς ὑπὲρ ποίης·
ἔσαινε δ' αὐτὴν² πρῶτον, εἶτα καὶ χαίρειν
προσεῖπε, χρηστῶν τ' ἄγγελος λόγων ἥκειν³.
« Ὁ λέων, » ἔφασκεν, « οἶδας, ἔστι μοι γείτων·
ἔχει δὲ φαύλως, κἠγγύς ἐστι τοῦ θνήσκειν.   15
Τίς οὖν μετ' αὐτὸν θηρίων τυραννήσει
διεσκοπεῖτο· σῦς μέν ἐστιν ἀγνώμων,
ἄρκτος δὲ νωθής, πάρδαλις δὲ θυμώδης,
τίγρις δ' ἀλαζὼν καὶ τὸ πᾶν ἐρημαίη.
Ἔλαφον τυραννεῖν ἀξιωτάτην κρίνει.   20
Γαύρη μὲν εἶδος, πολλὰ δ' εἰς ἔτη ζώει⁴·
κέρας δὲ φοβερὸν πᾶσιν ἑρπετοῖς⁵ φύει,
δένδροις ὅμοιον, κοὐχ ὁποῖα τῶν ταύρων.
Τί σοι λέγω τὰ πολλά; πλὴν⁶ ἐκυρώθης,
μέλλεις τ' ἀνάσσειν θηρίων ὀρειφοίτων.   25

sous ces pins sauvages, là-bas, dans cette épaisse forêt; mais je ne me sens plus la force de chasser. Si tu le veux, elle viendra tomber sous ma griffe, prise par tes mielleuses paroles. » Le renard partit; il trouva la biche qui bondissait dans la forêt sur le tendre gazon. D'abord, d'un air caressant, il remua la queue; puis il lui donna le bonjour et se dit porteur de bonnes nouvelles : « Le lion, tu le sais, est mon voisin; il est au plus mal, et ne tardera pas à mourir. Tout à l'heure il cherchait qui des animaux pourrait régner après lui : il dit que le sanglier est trop stupide, l'ours trop paresseux, le léopard trop irascible, le tigre trop insolent et trop ami de la solitude. La biche est la plus digne de l'empire : son port est majestueux, elle vit de longues années, et porte, pour la terreur de la gent animale, des cornes dont les rameaux, semblables à des arbres, surpassent de beaucoup celles des taureaux. Que te dirai-je? tu as été choisie pour

FABLES DE BABRIUS. 141

.εῖνον τὸν δρυμὸν τὸν ὑλήεντα·	là-bas cette forêt boisée (épaisse) ;
.αὶ νῦν οὐκέτι ἰσχύω	et maintenant je n'ai plus la force
ιώκειν ἔλαφον·	de poursuivre la biche :
ὺ δὲ ἂν θελήσῃς,	mais si toi tu le veux
ἥξει εἰς ἐμὰς χεῖρας,	elle viendra (tombera) dans mes [mains,
ηρευθεῖσα σοῖς λόγοις	attrapée par tes paroles
ιελιγλώσσοις. »	mielleuses. »
ζερδὼ ἀπῆλθε·	Le renard partit :
ἣν δὲ εὗρεν	et il la trouva
ἱπὸ ὕλαις ἀγρίαις	sous les bois sauvages
σκιρτῶσαν ὑπὲρ μαλθακῆς ποίης·	bondissant sur le tendre gazon :
τρῶτον δὲ	et d'abord
ιὐτὴν ἔσαινεν,	il la caressait-en-remuant-la-queue,
ἶτα καὶ προσεῖπε χαίρειν,	ensuite il lui adressa aussi le salut,
ἥκειν τε	et dit qu'il était venu
ἄγγελος χρηστῶν λόγων.	messager de bonnes nouvelles.
« Ὁ λέων, ἔφασκεν,	« Le lion, disait-il,
ἴδας,	tu le sais,
ἔστι μοι γείτων·	est à moi voisin ;
ἔχει δὲ φαύλως,	or, il-se-trouve (va) mal,
καὶ ἐγγύς ἐστι τοῦ θνῄσκειν.	et est près de mourir.
Διεσκοπεῖτο οὖν	Il examinait donc
τίς θηρίων	qui des animaux
τυραννήσει μετὰ αὐτόν.	régnera après lui.
Σῦς μέν ἐστιν ἀγνώμων,	Le sanglier est stupide,
ἄρκτος δὲ νωθής,	l'ours paresseux,
πάρδαλις δὲ θυμώδης,	le léopard irascible,
τίγρις δὲ ἀλαζὼν	le tigre fanfaron
καὶ τὸ πᾶν ἐρημαίη.	et en général vivant-solitaire.
Κρίνει ἔλαφον	Il juge la biche
ἀξιωτάτην τυραννεῖν.	la plus digne de régner.
Γαύρη μὲν εἶδος,	Elle est majestueuse quant à la taille,
ζώει δὲ εἰς πολλὰ ἔτη·	et vit jusqu'à de nombreuses années ;
φύει δὲ κέρας	et elle pousse des cornes
φοβερὸν πᾶσιν ἑρπετοῖς.	redoutables à tous les animaux,
ὅμοιον δένδροις,	semblables à des arbres,
καὶ οὐχ ὁποῖα τῶν ταύρων.	et non comme celles des taureaux.
Τί σοι λέγω τὰ πολλά ;	Que dois-je te dire toutes les choses,
πλὴν ἐκυρώθης,	si-ce-n'est-que tu as été choisie,
μέλλεις τε ἀνάσσειν	et tu vas régner

Τότ' οὖν γένοιτο τῆς ἀλώπεκος μνήμη,
δέσποινα, τῆς σοι τοῦτο πρῶτον εἰπούσης.
Ταῦτ' ἦλθον[7]. Ἀλλὰ χαῖρε, φιλτάτη. Σπεύδω
πρὸς τὸν λέοντα, μὴ πάλαι με ζητήσῃ·
χρῆται γὰρ ἡμῖν[8] εἰς ἅπαντα συμβούλοις· 30
δοκῶ δὲ καὶ σέ[9], τέκνον, εἴ τι τῆς γραίης
κεφαλῆς ἀκούεις. Ἔπρεπέ σοι παρεδρεύειν
ἐλθοῦσαν[10] αὐτῷ, καὶ πονοῦντα[11] θαρσύνειν.
Τὰ μικρὰ πείθει τοὺς ἐν ἐσχάτοις ὥραις·
ψυχαὶ[12] δ' ἐν ὀφθαλμοῖσι τῶν τελευτώντων. » 35
Ὣς εἶπε κερδώ. Τῆς δ' ὁ νοῦς ἐχαυνώθη
λόγοισι ποιητοῖσιν[13]· ἦλθε δ' εἰς κοίλην
σπήλυγγα θηρός, καὶ τὸ μέλλον οὐκ ᾔδει.
Λέων δ' ἀπ' εὐνῆς ἀσκόπως ἐφορμήσας
ὄνυξιν οὔατ' ἐσπάραξεν ἀκραίοις, 40

commander à tous les hôtes errants de ces montagnes. Alors, maîtresse, souviens-toi du renard qui, le premier, t'a annoncé cette nouvelle. Je suis venu tout exprès; mais, adieu, ma bonne amie. Je cours près du lion, de peur qu'il ne s'inquiète de mon absence, car il prend en tout nos conseils. Je pense, mon enfant, que tu te hâteras aussi. Si tu en crois cette vieille tête, tu ferais bien de venir t'asseoir auprès de lui, pour rassurer le malade. Les petites attentions touchent toujours aux derniers moments, et l'âme des mourants est toute dans leurs yeux. » Le renard dit. A ces paroles artificieuses, la biche se sentit gonflée d'orgueil. Elle se rendit dans la sombre retraite du lion; elle ne prévoyait pas ce qui l'attendait. Le lion, emporté par une ardeur imprudente, s'élança de son lit, et du bout de

ηρίων	sur les animaux
ρειφοίτων.	errants-dans-les-montagnes.
ὅτε οὖν γένοιτο μνήμη,	Alors qu'il *te* soit souvenir,
ἔσποινα,	maîtresse,
ἧς ἀλώπεκος τῆς σοι εἰπούσης	du renard qui t'a annoncé
οὗτο πρῶτον.	cela le-premier.
Ἦλθον ταῦτα.	Je suis venu *pour* cela.
Ἀλλά, φιλτάτη, χαῖρε.	Mais, *ma* très-chère, adieu.
πεύδω πρὸς τὸν λέοντα,	Je cours vers le lion,
ἤ με ζητήσῃ	de-crainte qu'il ne me cherche
ἄλαι·	depuis-long-temps;
ρῆται γὰρ ἡμῖν	car il se sert de nous
υμβούλοις	*comme* conseillers
ἰς ἅπαντα·	pour toutes-choses;
οκῶ δέ, τέκνον,	et je pense, *mon* enfant,
αὶ σέ,	que toi aussi *tu te hâteras*,
ἰ ἀκούεις τι	si tu écoutes un peu
ῆς γραίης κεφαλῆς.	cette vieille tête.
Ἔπρεπέ σοι	Il était convenable à toi
λθοῦσαν	qu'étant accourue
ταρεδρεύειν αὐτῷ,	tu fusses assise-près de lui,
αὶ θαρσύνειν	et que tu *le* reconfortasses
τονοῦντα.	*lui* défaillant.
Τὰ μικρὰ	Les petites-choses (attentions,
τείθει	séduisent [ments,
οὺς ἐν ἐσχάταις ὥραις·	ceux *qui sont* dans les derniers mo-
ψυχαὶ δὲ ἐν ὀφθαλμοῖσι	et l'âme est dans les yeux
ῶν τελευτώντων. »	des mourants. »
Ὡς εἶπε κερδώ.	Ainsi parla le renard.
Τῆς δὲ ὁ νοῦς ἐχαυνώθη	Et de celle-ci le cœur fut enflé
λόγοις ποιητοῖσιν·	par *ces* paroles artificieuses;
ἦλθε δὲ	et elle vint
εἰς σπήλυγγα κοίλην θηρός,	dans l'antre profond de la bête,
καὶ οὐκ ᾔδει	et ne savait pas
τὸ μέλλον.	ce qui-allait-arriver.
Λέων δέ,	Et le lion,
διωχθεὶς σπουδῇ,	emporté par *son* ardeur,
ἐφορμήσας ἀσκόπως	s'étant élancé imprudemment
ἀπὸ εὐνῆς,	de *son* lit,
ἐσπάραξεν ὄνυξιν ἀκραίοις	*lui* déchira des griffes extrêmes

σπουδῇ διωχθείς¹⁴· τὴν δὲ φύζα δειλαίην
θύρης κατιθὺς ἦγεν εἰς μέσας ὕλας.
Κερδὼ δὲ χεῖρας ἐπεκρότησεν¹⁵ ἀλλήλαις,
ἐπεὶ πόνος μάταιος ἐξανηλώθη.
Κἀκεῖνος ἐστέναζε τὸ στόμα βρύχων· 45
ὁμοῦ γὰρ αὐτὸν λιμὸς εἶχε καὶ λύπη.
Πάλιν δὲ κερδοῦν ἱκέτευε φωνήσας,
ἄλλον τιν' εὑρεῖν δεύτερον δόλον θήρης.
Ἡ δ' εἶπε κινήσασα¹⁶ βυσσόθεν γνώμην·
« Χαλεπὸν κελεύεις αὖτις¹⁷, ἀλλ' ὑπουργήσω. » 50
Καὶ δὴ κατ' ἴχνος, ὡς σοφὴ κύων, ᾔει,
πλέκουσα τέχνας καὶ πανουργίας πάσας.
Ἀεὶ δ' ἕκαστον ποιμένων ἐπηρώτα,
μή πού τις ἔλαφος ᾑματωμένη φεύγει.
Τὴν δ' ὥς τις εἶδε, δεικνύων ἂν ὡδήγει¹⁸, 55
ἕως ποθ' εὗρεν ἐν κατασκίῳ χώρῳ
δρόμων ἀναψύχουσαν. Ἡ δ' ἀναιδείης
ὀφρὺν ἔχουσα καὶ μέτωπον εἱστήκει.

ses ongles lui déchira les oreilles : la malheureuse s'enfuit droit au milieu des bois. Le renard frappa des mains de dépit, en voyant tant de frais en pure perte. L'autre fit entendre un sourd gémissement et grinça des dents, tourmenté à la fois par la faim et par la douleur. Il se mit à supplier encore le renard, le conjurant d'imaginer quelque nouveau piége. Celui-ci, après s'être creusé la tête : « Ce que tu me demandes pour la seconde fois est difficile, mais je veux t'obliger. » Il suivit donc la piste de la biche, avec l'intelligence d'un chien, tramant en chemin des fourberies et des stratagèmes de toute espèce ; à chaque berger qu'il rencontrait, il demandait s'il n'avait pas vu fuir une biche toute sanglante ; ceux qui l'avaient aperçue le mettaient sur la voie ; il la trouva enfin dans un fourré épais, qui reprenait haleine, épuisée de sa course. Il s'arrêta devant elle ; son œil et son front respiraient l'impudence. La biche

ὖατα·	les oreilles :
ῥύζα δὲ ἦγε τὴν δειλαίην	et la fuite conduisait la *bête* craintive
ὕρης κατιθὺς εἰς μέσας ὕλας.	de la porte droit au milieu des bois.
Κερδὼ δὲ ἐπεκρότησε χεῖρας	Mais le renard frappa *de dépit ses*
ἀλλήλαις,	l'une-contre-l'autre, [pattes]
ἐπεὶ πόνος	lorsque sa peine
ἐξανηλώθη μάταιος.	fut dépensée en-pure-perte.
Καὶ ἐκεῖνος ἐστέναζε	Et l'autre gémit-sourdement
βρύχων τὸ στόμα·	en grinçant la bouche (les dents)
λιμὸς γὰρ αὐτὸν εἶχε.	car la faim le possédait
καὶ λύπη ὁμοῦ.	et la douleur tout-à-la-fois.
Καὶ πάλιν ἱκέτευε	Et de-nouveau il suppliait
κερδοῦν, φωνήσας	le renard, en disant
εὑρεῖν τινα ἄλλον	de trouver quelqu'autre
δεύτερον δόλον θήρης.	second piége d'attrape.
Ἡ δὲ εἶπε,	Et celui-ci dit
κινήσας γνώμην	après avoir remué *son* esprit
βυσσόθεν·	du-fond (jusqu'au fond) :
« Κελεύεις χαλεπὸν	« Tu ordonnes une-chose-difficile
αὖτις,	pour-la-seconde-fois,
ἀλλὰ ὑπουργήσω. »	mais je *te* rendrai-service. »
Καὶ δὴ ᾔει	Et alors il marchait
κατὰ ἴχνος,	sur la trace *de la biche*,
ὡς κύων σοφή,	comme un chien habile,
πλέκουσα τέχνας	ourdissant des trames
καὶ πάσας πανουργίας·	et toute-espèce-de-fourberies :
ἐπηρώτα δὲ ἀεὶ	et il demandait sans-cesse
ἕκαστον ποιμένων,	à chacun des bergers,
μή πού τις ἔλαφος	si quelque part une biche
ἡματωμένη φεύγει·	ensanglantée ne fuyait pas ;
τὴν δὲ ὥς τις	et quand quelqu'un
εἶδεν,	*l'*avait vue,
ὡδήγει ἂν	il *le* mettait-sur-la-voie,
δεικνύων,	lui montrant *le chemin*,
ἕως ποτὲ εὗρεν	jusqu'à ce qu'enfin il *la* trouva
ἐν χώρῳ κατασκίῳ	dans un lieu ombragé,
ἀναψύχουσαν δρόμων.	se remettant de *ses* courses.
Ἡ δέ, ἔχουσα ὀφρὺν καὶ μέτωπον	Et lui, ayant le sourcil et le front
ἀναιδείης, εἱστήκει.	de l'impudence, se tenait *devant elle.*
Φρὶξ δὲ ἐπέσχε	Et un frisson s'empara

BABRIUS. 7

Ἐλάφου δὲ φρὶξ ἐπέσχε νῶτα καὶ κνήμας,
χολῇ δ' ἐπέζει [19] καρδίην, ἔφη δ' οὕτω·   60
« Σύ νυν διώκεις πανταχοῦ με, καὶ φεύγω.
Ἀλλ', ὦ στύγημα, νῦν μὲν οὐχὶ χαιρήσεις,
ἤν μοι προσέλθῃς καί τι γρύξαι τολμήσῃς.
Ἄλλοις ἀλωπέκιζε [20] τοῖς ἀπειρήτοις,
ἄλλους δὲ βασιλεῖς ὑπερέθιζε [21] καὶ ποίει.   65
Τῆς δ' οὐκ ἐτρέφθη θυμός, ἀλλ' ὑποβλήδην.
« Οὕτως ἀγεννής, » φησί, « καὶ φόβου πλήρης
πέφυκας; οὕτω τοὺς φίλους ὑποπτεύεις;
Ὁ μὲν λέων σοι συμφέροντα βουλεύων,
μέλλων τ' ἐγείρειν [22] τῆς πάροιθε νωθείης,   70
ἔψαυσεν ὠτός, ὡς πατὴρ ἀποθνήσκων·
ἔμελλε γάρ σοι πᾶσαν ἐντολὴν δώσειν,
ἀρχὴν τοσαύτην πῶς λαβοῦσα τηρήσεις.
Σὺ δ' οὐχ ὑπέστης κνίσμα χειρὸς ἀρρώστου,
βίῃ δ' ἀποσπασθεῖσα μᾶλλον ἐτρώθης.   75
Καὶ νῦν ἐκεῖνος πλεῖον ἢ σὺ θυμοῦται,
λίην ἄπιστον πειράσας σε καὶ κούφην,
βασιλῆ [23] δέ φησι τὸν λύκον καταστήσειν.
Οἴμοι πονηροῦ δεσπότου· τί ποιήσω;

sentit un frisson agiter ses oreilles et tous ses membres, et le cœur bouillant de colère, elle parla ainsi : « Tu me poursuis donc partout, et je te fuis. Perfide, tu n'auras pas sujet de te réjouir si tu approches de moi, et si tu oses souffler un mot. Essaye tes ruses contre ceux qui ont moins d'expérience; chatouille d'autres ambitions, et choisis d'autres rois. » Le renard, sans s'émouvoir, lui répondit : « As-tu donc si peu de courage? es-tu si remplie de craintes, et si soupçonneuse envers tes amis? Le lion qui te voulait du bien, et qui désirait réveiller ta paresse, te prenait l'oreille, comme fait un père mourant; il se préparait à te donner toutes ses instructions, à t'enseigner comment tu pourrais garder ce grand pouvoir qu'il allait te remettre. Tu n'as pu endurer les caresses d'une main débile; tu t'es violemment échappée, et tu t'es fait bien plus de mal qu'il n'aurait voulu. A cette heure il est plus irrité que toi, de t'avoir trouvée si défiante et si étourdie; il dit qu'il va nous donner le loup pour roi. Hélas! quel méchant maître! Que

FABLES DE BABRIUS. 147

ὦτα καὶ κνήμας ἐλάφου,	du dos et des jambes de la biche,
͡ολῇ δὲ ἐπέζει	et de colère elle bouillonnait
καρδίην, ἔφη δὲ οὕτω·	*dans son cœur*, et elle parla ainsi :
« Σὺ διώκεις νύν με πανταχοῦ,	« Tu me poursuis donc partout,
καὶ φεύγω.	et je fuis!
Ἀλλά, ὦ στύγημα,	Mais, ô être-odieux,
νῦν μὲν οὐχὶ χαιρήσεις,	maintenant tu ne te-réjouiras pas,
ἢν προσέλθῃς μοι	si tu t'approches de moi,
καὶ τολμήσῃς γρύξαι τι.	et si tu oses souffler mot.
Ἀλωπέκιζε ἄλλοις	Ruse contre d'autres, [rience,
τοῖς ἀπειρήτοις·	contre ceux qui-n'ont-pas-d'expé-
ὑπερέθιζε δὲ ἄλλους βασιλεῖς	chatouille d'autres *par l'appât*
καὶ ποίει. »	et fais *d'autres, rois*. [*d'être* rois.
Τῆς δὲ θυμὸς	Mais le cœur de lui
οὐκ ἐτρέφθη,	ne fut point détourné ;
ἀλλὰ φησὶν ὑποβλήδην·	mais il dit en-répliquant :
« Πέφυκας οὕτως ἀγεννὴς	« Es-tu née si lâche,
καὶ πλήρης φόβου;	et *si* pleine de crainte?
ὑποπτεύεις οὕτω τοὺς φίλους;	suspectes-tu ainsi tes amis?
Ὁ μὲν λέων βουλεύων	Le lion méditant
συμφέροντά σοι,	des choses-avantageuses pour toi,
μέλλων τε ἐγείρειν	et voulant *te* réveiller
τῆς νωθείης τῆς πάροιθεν,	de ta lourdeur d'autrefois,
ἔψαυσεν ὠτός,	*te* toucha l'oreille,
ὡς πατὴρ ἀποθνήσκων·	comme un père mourant :
ἔμελλε γάρ σοι δώσειν	car il allait te donner
πᾶσαν ἐντολήν,	toute-sorte-d'instruction,
πῶς λαβοῦσα	comment après avoir reçu [rais.
τοσαύτην ἀρχὴν τηρήσεις.	un si grand empire, tu *le* conserve-
Σὺ δὲ οὐχ ὑπέστης	Et toi tu n'as pas supporté
κνίσμα χειρὸς ἀρρώστου,	le pincement d'une main débile,
ἀποσπασθεῖσα δὲ βίῃ	mais, t'étant arrachée avec violence,
ἐτρώθης μᾶλλον.	tu as été blessée davantage.
Καὶ νῦν ἐκεῖνος	Et maintenant lui
θυμοῦται πλεῖον ἢ σύ,	est-en-colère plus que toi,
πειράσας σε	t'ayant éprouvée (reconnue)
λίην ἄπιστον καὶ κούφην·	par-trop défiante et frivole;
φησὶ δὲ καταστήσειν	et il dit qu'il établira
βασιλῆ τὸν λύκον.	*pour* roi le loup.
Οἴμοι πονηροῦ δεσπότου·	Hélas le méchant maître!

ἅπασιν ἡμῖν αἰτίη κακῶν γίνῃ. 80
Ἀλλ' ἐλθέ, καὶ τὸ λοιπὸν ἴσθι γενναίη [24],
μηδ' ἐπτόησο, πρόβατον οἷον ἐκ ποίμνης.
Ὄμνυμι γάρ σοι φύλλα πάντα καὶ κρήνας [25],
οὕτω γένοιτο σοὶ μόνῃ με δουλεύειν,
ὡς οὐδὲν ἐχθρὸν οἶδεν, ἀλλ' ὑπ' εὐνοίης 85
τίθησι πάντων κυρίην σε τῶν ζώων. »
Τοιαῦτα κωτίλλουσα τὴν ἀχαιίνην
ἔπεισεν ἐλθεῖν δὶς τὸν αὐτὸν εἰς ᾄδην.
Ἐπεὶ δὲ λόχμης εἰς μυχὸν κατεκλείσθη,
λέων μὲν αὐτὸς εἶχε δαῖτα παντοίην, 90
σάρκας λαφύσσων [26], μυελὸν ὀστέων πίνων,
καὶ σπλάγχνα λάπτων· ἡ δ' ἀγωγὸς [27] εἱστήκει
πεινῶσα θήρης· καρδίην δὲ νεβρείην
δάπτει πεσοῦσαν, ἁρπάσασα λαθραίως·
καὶ τοῦτο κέρδος εἶχεν ὧν ἐκεκμήκει. 95
Λέων δ' ἕκαστον ἐγκάτων ἀριθμήσας,
μόνην ἀπ' ἄλλων [28] καρδίην ἐπεζήτει,
καὶ πᾶσαν εὐνήν, πάντα δ' οἶκον ἠρεύνα.

deviendrai-je ? Tu seras la cause de tous nos malheurs. Mais viens, et à l'avenir montre plus de courage, ne tremble pas comme une timide brebis. Car, je le jure par tous ces arbres et toutes ces fontaines, et puissé-je être aussi certain de n'avoir que toi pour maîtresse ! le lion ne te veut pas de mal, il est même si bienveillant, qu'il te destine à être la reine des animaux. » Ses cajoleries persuadèrent à la biche de revenir encore une fois dans cet enfer. Dès qu'elle fut enfermée dans l'antre, le lion en fit un succulent festin ; il engloutissait les chairs, suçait la moelle des os, se régalait des entrailles. Le pourvoyeur était là, dévorant des yeux la proie ; il déroba le cœur de la biche, qui avait échappé au lion, et s'en reput avidement. Ce fut le salaire de ses peines. Cependant le lion comptait, et cherchait le cœur qui lui manquait seul ; il

.ί ποιήσω;	que ferai-je?
ίνη ήμῖν ἄπασιν αἰτίη	Tu deviens pour nous tous cause
ιαχῶν.	des maux *qui vont arriver.*
Ἀλλὰ ἐλθέ,	Mais viens,
ιαὶ τὸ λοιπὸν ἴσθι γενναίη,	et à-l'avenir sois courageuse,
ιηδ' ἐπτόησο,	et ne sois-*pas*-tremblante
ἶον πρόβατον ἐκ ποίμνης.	comme une brebis d'un troupeau.
Ὄμνυμι γάρ σοι	Car je te jure
πάντα φύλλα	*par* tous les feuillages
καὶ κρήνας,	et *toutes* les fontaines,
γένοιτο	puisse-t-il-advenir [sûrement.
δουλεύειν με σοὶ μόνῃ οὕτως,	que je serve-en-esclave toi seule aussi
ὃς οἶδεν οὐδὲν ἐχθρόν,	que *le lion* ne médite rien d'hostile.
ἀλλὰ σὲ τίθησιν	mais t'établit
ὑπὸ εὐνοίης	par *pure* bienveillance
κυρίην πάντων τῶν ζώων. »	maîtresse de tous les animaux. »
Τοιαῦτα κωτίλλουσα τὴν ἀγαυί-	Ainsi cajolant la biche,
ἔπεισεν [νην,	il *lui* persuada
ἐλθεῖν δὶς	de venir une-seconde-fois
εἰς τὸν αὐτὸν ᾅδην.	dans le même enfer.
Ἐπεὶ δὲ κατεκλείσθη	Et après qu'elle fut enfermée
εἰς μυχὸν λόχμης,	dans l'antre du bois-fourré,
λέων μὲν αὐτὸς εἶχε	le lion lui-même tenait (faisait)
δαῖτα παντοίην,	un repas varié,
λαφύσσων σάρκας,	engloutissant les chairs,
πίνων μυελὸν ὀστέων,	humant la moelle des os,
καὶ λάπτων σπλάγχνα·	et lapant les entrailles;
ἡ δὲ ἀγωγὸς	mais (tandis que) le pourvoyeur
εἱστήκει	se-tenait *là*
πεινῶσα θήρης·	ayant-faim de la proie:
δάπτει δὲ καρδίην νεβρείην	et il dévore le cœur de-biche
πεσοῦσαν,	qui était tombé,
ἁρπάσασα λαθραίως.	*l'*ayant dérobé en-secret.
Καὶ εἶχε τοῦτο κέρδος	Et il eut ce gain (salaire)
ὧν ἐκεκμήκει.	pour ce qu'il avait-eu-de-peine.
Λέων δὲ ἀριθμήσας	Mais le lion ayant compté
ἕκαστον ἐγκάτων,	chacun des intestins,
ἐπεζήτει καρδίην	cherchait le cœur *qui lui manquait*
μόνην ἀπὸ ἄλλων,	seul de tous les autres,
καὶ ἠρεύνα πᾶσαν εὐνήν,	et il fouillait toute *sa* couche.

Κερδὼ δ' ἀπαιολῶσα τῆς ἀληθείης,
« Οὐκ εἶχε πάντως, » φησί· « μὴ μάτην ζήτει. 100
Ποίην δ' ἔμελλε καρδίην ἔχειν, ἥτις
ἐκ δευτέρου λέοντος ἦλθεν εἰς οἴκους; »

fouillait toute sa couche et toute sa maison. Le renard, lui déguisant la vérité sous une adroite réponse, lui dit : « Elle n'en n'avait point; ne cherche pas en vain. Et quel cœur pouvait-elle avoir, elle qui est venue deux fois dans l'antre du lion ? »

ϟΕ'. ΛΥΚΟΣ ΚΑΙ ΑΡΝΕΙΟΣ.

Λύκος παρῄει θριγκόν, ἔνθεν ἐκκύψας
ἀρνειὸς αὐτὸν ἔλεγε πολλὰ βλασφήμως.
Κἀκεῖνος εἶπε τὰς σιαγόνας πρίων¹·
« Ὁ τόπος μ' ἐλοιδόρησε· μὴ σὺ καυχήσῃ. »
[Ὁ μῦθος ὀρθῶς πᾶσι τοῦτο μηνύει· 5
Διὰ καιρὸν ἰσχύων τι μὴ σὺ γαυρούσθω.]

95. LE LOUP ET L'AGNEAU.

Un loup passait près d'un parc; un agneau, sortant sa tête, lui dit de grosses injures. Le loup, grinçant des dents, répondit : « Sans cette clôture oserais-tu m'injurier ? Ne sois pas si fier. »

La fable dit clairement qu'il ne faut pas s'enorgueillir de la force qu'on tient des circonstances.

ϟϚ'. ΛΕΩΝ ΚΑΙ ΤΑΥΡΟΣ.

Λέων ποτ' ἐπεβούλευεν ἀγρίῳ ταύρῳ·
καὶ προσποιηθεὶς Μητρὶ τῶν θεῶν θύειν,
τὸν ταῦρον ἐλθεῖν ἐπὶ τὸ δεῖπνον ἠρώτα.
Κἀκεῖνος ἥξειν εἶπεν, οὐχ ὑποπτεύσας.

96. LE LION ET LE TAUREAU.

Un lion voulut un jour tendre un piége à un taureau sauvage; il feignit qu'il allait offrir un sacrifice à la Mère des dieux, et invita le taureau au festin. Celui-ci, sans défiance, promit de venir. Il y va;

τάντα δὲ οἶκον.	et toute *sa* maison.
Κερδὼ δὲ	Mais le renard
ἐπαιολῶσα	le détournant-par-une-ruse
τῆς ἀληθείης, φησίν·	de la vérité, *lui* dit :
« Οὐκ εἶχε πάντως·	« Elle n'*en* avait absolument pas ;
μὴ ζήτει μάτην.	ne cherche pas en-vain.
Ποίην δὲ καρδίην ἔμελλεν ἔχειν,	Et quel cœur devait-elle avoir,
ἥτις ἦλθεν	elle-qui est-venue
ἐκ δευτέρου	pour la-seconde-fois
εἰς οἶκον λέοντος; »	dans l'habitation du lion ? »

ϞΕ'. ΛΥΚΟΣ ΚΑΙ ΑΡΝΕΙΟΣ.   95. LE LOUP ET L'AGNEAU.

Λύκος παρῄει θριγκόν,	Un loup passait-près-d'un enclos,
ἔνθεν ἐκκύψας	d'où ayant sorti-la-tête,
ἀρνειὸς ἔλεγεν αὐτὸν	un agneau dit *contre* lui
πολλὰ βλασφήμως.	force-choses injurieusement.
Καὶ ἐκεῖνος εἶπε,	Et il lui dit,
πρίων τὰς σιαγόνας·	en serrant les mâchoires
« Ὁ τόπος με ἐλοιδόρησε·	« *C'est* le lieu *qui* m'a injurié ;
σὺ μὴ καυχήσῃ. »	toi ne sois-pas-fier. »
[Ὁ μῦθος μηνύει ὀρθῶς	[La fable révèle convenablement
πᾶσι τοῦτο·	à tous cela, *savoir :*
Μὴ σὺ γαυρούσθω	Ne sois-pas-orgueilleux
ἰσχύων τι	étant puissant en-quelque-chose
διὰ καιρόν.]	par-la-faveur des circonstances.]

ϞϚ'. ΛΕΩΝ ΚΑΙ ΤΑΥΡΟΣ.   96. LE LION ET LE TAUREAU.

Λέων ποτὲ	Un lion un jour
ἐπεβούλευε	dressait-des-embûches
ταύρῳ ἀγρίῳ·	à un taureau sauvage ;
καὶ προσποιηθεὶς	et ayant feint
θύειν	de faire-un-sacrifice
Μητρὶ τῶν θεῶν,	à la Mère des dieux,
ἠρώτα τὸν ταῦρον	il priait le taureau
ἐλθεῖν ἐπὶ τὸ δεῖπνον.	de venir au festin.
Καὶ ἐκεῖνος εἶπεν ἥξειν,	Et celui-ci dit qu'il viendrait

Ἐλθὼν δέ, καὶ στὰς ἐπὶ θύρας λεοντείους, 5
ὡς εἶδε θερμοῦ¹ πολλὰ χαλκία πλήρη,
σφαγίδας, μαχαίρας βουδόρους νεοσμήκτους,
πρὸς τῇ θύρῃ δὲ μηδέν, ἀλλὰ² δεσμώτην
ἀλεκτορίσκον, ᾤχετ' εἰς ὄρος φεύγων.
Ἐμέμφεθ' ὁ λέων ὕστερον συναντήσας. 10
Ὁ δ', « ³Ἦλθον, » εἶπε, « καὶ τὸ σύμβολον δώσω·
οὐκ ἦν ὅμοιον³ θῦμα τῷ μαγειρείῳ. »

mais s'étant arrêté à la porte du lion, il aperçut plusieurs chaudières pleines d'eau chaude, des couteaux, des coutelas et des instruments à écorcher les bœufs, tout frais émoulus; près de la porte, il ne vit rien qu'un coq garrotté et s'enfuit au plus vite dans sa montagne. Le lion, le rencontrant quelque temps après, lui en faisait des reproches; mais le taureau : « Je suis venu, dit-il, et je t'en donnerai la preuve; il n'y avait pas de victime qui répondît à de si grands préparatifs. »

ϟΖ'. ΛΕΩΝ ΜΝΗΣΤΗΡ.

Λέων ἁλοὺς ἔρωτι παιδὸς ὡραίης,
παρὰ πατρὸς ἐμνήστευε. Τῷ δ' ὁ πρεσβύτης
οὐδέν τι δύσνουν, οὐδ' ὕπουλον¹ ἐμφήνας,
« Δίδωμι γῆμαι, » φησί, « καὶ διδοὺς χαίρω.
Τίς οὐ δυνάστῃ καὶ λέοντι κηδεύσει; 5
Φρένες δὲ δειλαὶ παρθένων τε καὶ παίδων·
σὺ δ' ἡλίκους μὲν ὄνυχας, ἡλίκους δ' ἡμῖν

97. LE LION AMOUREUX.

Un lion qui s'était amouraché d'une jeune fille en âge d'être pourvue, la demanda en mariage à son père. Le bonhomme, sans laisser paraître ni mauvais vouloir ni arrière-pensée, lui dit : « Je te la donne avec grande joie. Qui ne serait fier d'avoir pour gendre un roi, un lion? mais les filles, comme les enfants, sont délicates; quelles grif-

ούχ ύποπτεύσας.	n'ayant point conçu-de-soupçons.
Ἐλθὼν δὲ καὶ στὰς	Or, étant venu, et se tenant
ἐπὶ θύρας λεοντείους,	près des portes du-lion,
ὡς εἶδε	comme il vit
πολλὰ χαλκία	de nombreuses chaudières-d'airain
πλήρη θερμοῦ,	pleines d'eau chaude,
σφαγίδας, μαχαίρας	des couteaux-de-sacrifices, des cou-
βουδόρους	pour-écorcher-les-bœufs,
νεοσμήκτους,	récemment-polis,
μηδὲν δὲ πρὸς τῇ θύρῃ,	et rien près de la porte,
ἀλλὰ ἀλεκτορίσκον δεσμώτην,	mais (si-ce-n'est) un jeune-coq garot
ᾔρχετο φεύγων	il s'en-alla fuyant
ἰς ὄρος.	dans la montagne.
Ὁ λέων συναντήσας ὕστερον	Le lion l'ayant rencontré plus-tard
ἐμέμφετο.	lui fit-des-reproches.
Ὁ δὲ εἶπεν·	Mais lui, il dit :
«Ἦλθον, καὶ δώσω	« J'étais venu, et je t'en donnerai
τὸ σύμβολον·	la marque (la preuve) :
οὐκ ἦν θῦμα	il n'y avait pas de victime
ὅμοιον μαγειρείῳ.»	répondant à la cuisine. »

ϟΖ'. ΛΕΩΝ ΜΝΗΣΤΗΡ.   97. LE LION PRÉTENDANT.

Λέων ἁλοὺς ἔρωτι	Un lion pris d'amour
παιδὸς ὡραίης,	d'une jeune-fille nubile,
ἐμνήστευε	la demandait-en-mariage
παρὰ πατρός.	de (à) son père.
Τῷ δὲ ὁ πρεσβύτης φησίν,	Et le vieillard lui dit,
ἐμφήνας	n'ayant montré
οὐδέν τι δύσνουν,	rien de malveillant,
οὐδὲ ὕπουλον·	ni de soupçonneux :
«Δίδωμι γῆμαι,	« Je te la donne à épouser,
καὶ διδοὺς χαίρω.	et en te la donnant, je m'en réjouis
Τίς οὐ κηδεύσει	Qui ne s'alliera (s'allierait)
δυνάστῃ καὶ λέοντι;	à un roi et au lion ?
Φρένες δὲ παρθένων τε	Mais l'esprit et des vierges
καὶ παίδων δειλαί·	et des enfants est craintif :
σὺ δὲ ἡλίκους μὲν ὄνυχας,	et toi quelles griffes
ἡλίκους δὲ ὀδόντας	et quelles dents

7.

φέρεις ὀδόντας ; τίς κόρη σε τολμήσει
ἀφόβως περιβαλεῖν ; τίς δ᾽ ἰδοῦσα μὴ κλαύσει² ;
Πρὸς ταῦτα δὴ σκόπησον εἰ γάμου χρῄζεις,   10
μηδ᾽ ἄγριος θήρ, ἀλλὰ νυμφίος, γίνου. »
Ὁ δὲ πτερωθείς³, τῇ δόσει τε πιστεύσας,
ἐξεῖλε τοὺς ὀδόντας, εἶθ᾽ ὑπὸ σμίλης
ἀπωνυχίσθη· τῷ τε πενθερῷ δείξας,
τὴν παῖδ᾽ ἀπῄτει⁴. Τὸν δ᾽ ἕκαστος ἤλοία,   15
ῥοπάλῳ τις, ἢ λίθῳ τις ἐκ χερὸς⁵ παίων.
Ἔκειτο δ᾽ ἀργός, ὥσπερ ὗς ἀποθνήσκων,
γέροντος ἀνδρὸς ποικίλου τε τὴν γνώμην
σοφίῃ διδαχθείς, ὡς ἄμικτον⁶ ἀνθρώπους
ἐρᾶν λεόντων, ἢ λέοντας ἀνθρώπων.   20
[Αὐτός τις αὑτὸν λανθάνει κακῶς δράσας,
ὧν⁷ οὐ πέφυκε μεταλαβεῖν ὅταν σπεύδῃ.]

fes, quelles dents tu nous apportes! quelle fille t'oserait caresser sans crainte ou regarder sans pleurer? Arrange-toi là-dessus, si tu tiens à ce mariage, et au lieu de cette mine farouche, montre-nous un fiancé. » Le lion, ravi de joie, et croyant la fille accordée, se fit arracher les dents et rogner les ongles; puis il vint se faire voir au beau-père, en réclamant sa fille. Mais chacun alors de tomber sur lui à grand renfort de bâtons et de pierres. Il demeura sans mouvement, comme un sanglier abattu; le prudent et rusé vieillard lui apprit qu'il n'y a pas d'amour possible de l'homme au lion, ni du lion à l'homme.

On s'aveugle sur le mal qu'on se fait, quand on recherche des jouissances pour lesquelles on n'est pas né.

ϟΗ′. ΛΥΚΟΣ ΚΑΙ ΚΥΩΝ.

Λύκῳ συνήντα πιμελὴς κύων λίην.
Ὁ δ᾽ αὐτὸν ἐξήταζε, ποῦ τραφεὶς οὕτω

98. LE LOUP ET LE CHIEN.

Un chien gras et luisant fit la rencontre d'un loup. Le loup lui demanda où il s'était nourri pour devenir si gras et d'un si bel embon-

ἡμῖν φέρεις;	nous apportes-tu ?
τίς κόρη τολμήσει	quelle fille osera
περιβαλεῖν σε ἀφόβως;	t'embrasser sans-crainte ?
τίς δὲ ἰδοῦσα μὴ κλαύσει;	quelle, t'ayant vu, ne pleurera pas ?
Πρὸς ταῦτα σκόπησον δὴ	Sur cela avise donc,
εἰ χρῄζεις γάμου,	si tu désires ce mariage,
μηδὲ γίνου θὴρ ἄγριος,	et ne sois pas une bête sauvage,
ἀλλὰ νυμφίος. »	mais un fiancé. »
Ὁ δὲ πτερωθείς,	Et lui, transporté par l'espérance,
πιστεύσας τε τῇ δόσει,	et ayant-foi-en l'offre,
ἐξεῖλε τοὺς ὀδόντας,	s'arracha les dents,
εἶτα ἀπωνυχίσθη	ensuite il se coupa-les-griffes
ὑπὸ σμίλης·	à-l'aide d'un scalpel ;
δείξας τε	et ayant montré cela
τῷ πενθερῷ,	au futur beau-père,
ἀπῄτει τὴν παῖδα.	il réclamait la jeune-fille.
Τὸν δὲ ἕκαστος ἤλοία,	Mais chacun le rouait-de-coups,
τὶς ῥοπάλῳ,	l'un avec un gros-bâton,
ἤ τις παίων	ou bien un autre le frappant
λίθῳ ἐκ χερός.	d'une pierre lancée de la main.
Ἔκειτο δὲ ἀργός,	Et il gisait sans-mouvement,
ὥσπερ ὗς ἀποθνήσκων,	comme un sanglier mourant,
διδαχθεὶς σοφίῃ	instruit par la prudence
ἀνδρὸς γέροντος	de l'homme vieillard
ποικίλου τε τὴν γνώμην,	et rusé dans son esprit,
ὡς ἄμικτον,	qu'il est incompatible,
ἀνθρώπους ἐρᾶν	que des hommes soient-amoureux
λεόντων, ἢ λέοντας ἀνθρώπων.	de lions, ou des lions d'hommes.
[Λανθάνει τις	[Quelqu'un ne s'aperçoit pas
δράσας κακῶς	faisant (qu'il fait) du-mal
αὐτὸς αὑτόν,	lui-même à lui-même,
ὅταν σπεύδῃ μεταλαβεῖν	lorsqu'il s'efforce de jouir
ὧν οὐ πέφυκε.¹	de ce dont il n'est pas né pour jouir.

ϟΗ΄. ΛΥΚΟΣ ΚΑΙ ΚΥΩΝ.

98. LE LOUP ET LE CHIEN.

Κύων λίην πιμελὴς	Un chien très gras
συνήντα λύκῳ.	rencontra un loup.
Ὁ δὲ αὐτὸν ἐξήταζε,	Et celui-ci l'interrogeait,
ποῦ τραφεὶς ἐγένετο	où nourri il était devenu

μέγας κύων ἐγένετο καὶ λίπους πλήρης.
« Ἄνθρωπος, » εἶπε, « δαψιλής με σιτεύει. »
« Ὁ δέ σοι τράχηλος, » εἶπε, « πῶς ἐλευκώθη; »   5
« Κλοιῷ τέτριπται σάρκα τῷ σιδηρείῳ,
ὃν ὁ τροφεύς μοι περιτέθεικε χαλκεύσας[1]. »
Λύκος δ' ἐπ' αὐτῷ καγχάσας, « Ἐγὼ τοίνυν
χαίρειν κελεύω, » φησί, « τῇ τροφῇ ταύτῃ,
δι' ἣν σίδηρος τὸν ἐμὸν αὐχένα τρίψει. »

point. « Un riche s'est chargé de mon vivre, répondit le chien. — Mais, dit le loup, comment ton cou s'est-il blanchi? — Le collier de fer dont celui qui me nourrit m'attache, a écorché ma peau. — Grand merci, repartit le loup d'un ton moqueur, grand merci de cette bonne chère, s'il faut qu'un collier de fer me pèle le cou. »

ϞΘ'. ΛΕΩΝ ΚΑΙ ΑΕΤΟΣ.

Λέοντι προσπτὰς[1] αἰετῶν τις ἐζήτει
κοινωνὸς εἶναι. Χὼ λέων, « Τί κωλύει; »
πρὸς αὐτὸν εἶπεν. « Ἀλλ' ἐνέχυρον ἐνδώσεις
τὠκύπτερόν σου μὴ μεθεῖναι τὴν πίστιν·
πῶς γὰρ φίλῳ σοὶ μὴ μένοντι πιστεύσω; »   5

99. LE LION ET L'AIGLE.

Un aigle vint se poser près d'un lion et lui demanda son amitié. « Qui s'y oppose dit le lion? Seulement, pour gage de ta foi, donne-moi tes ailes. Car, comment pourrais-je compter sur un ami qui ne reste pas près de moi? »

Ρ'. ΛΥΚΟΣ ΚΑΙ ΑΛΩΠΗΞ.

Λύκος τις ἁδρὸς ἐν λύκοις ἐγεννήθη,
λέοντα δ' αὐτὸν ἐπεκάλουν. Ὁ δ' ἀγνώμων

100. LE LOUP ET LE RENARD.

Il naquit chez les loups un loup d'une force extraordinaire; les siens l'appelaient lion. Sa gloire lui fit tourner la tête; il se sépara de

οὕτω μέγας κύων | un si grand chien
καὶ πλήρης λίπους. | et *si* plein de graisse.
« Ἄνθρωπος δαψιλής, εἶπε, | « Un homme riche, dit-il,
σιτεύει με. » | me nourrit. »
« Ὁ δὲ τράχηλός σοι, εἶπε, | « Et le cou à toi, dit-il (le loup),
πῶς ἐλευκώθη; » | comment a-t-il été blanchi? »
« Τέτριπται σάρκα | « Il a été frotté *à* la chair
κλοιῷ τῷ σιδηρείῳ, | par le collier de-fer,
ὃν ὁ τροφεύς μοι περιτέθεικε | que le nourricier m'a mis-autour,
χαλκεύσας. » | *l'*ayant fait forger. »
Λύκος δὲ καγχάσας | Et le loup éclatant-en-rires
ἐπ' αὐτῷ, φησιν· | sur lui, dit :
« Ἐγὼ τοίνυν κελεύω χαίρειν | « Moi donc je dis bon-soir
ταύτῃ τῇ τροφῇ, | à cette nourriture,
δι' ἣν σίδηρος | pour laquelle le fer
τρίψει τὸν ἐμὸν αὐχένα. » | frottera (frotterait) ma nuque. »

ϟΘ'. ΛΕΩΝ ΚΑΙ ΑΕΤΟΣ.   99. LE LION ET L'AIGLE.

Αἰετῶν τις | Quelqu'un d'entre les aigles,
προσπτὰς λέοντι, | ayant volé-près d'un lion,
ἐζήτει εἶναι κοινωνός. | demandait à être *son* camarade.
Καὶ ὁ λέων εἶπε πρὸς αὐτόν· | Et le lion dit à lui :
« Τί κωλύει; | « Quoi empêche?
Ἀλλὰ ἐνδώσεις | Mais *auparavant* tu me livreras
τὸ ὠκύπτερόν σου | la plume-de-l'aile de toi
ἐνέχυρον | *comme* gage
μὴ μεθεῖναι | de ne pas abandonner
τὴν πίστιν· | la foi *promise* :
πῶς γὰρ πιστεύσω | car comment me fierai-je   *pas* ? »
σοὶ φίλῳ μὴ μένοντι; » | en toi *comme* ami, si tu ne restes

Ρ'. ΛΥΚΟΣ ΚΑΙ ΑΛΩΠΗΞ.   100. LE LOUP ET LE RENARD.

Λύκος τις ἁδρὸς | Un loup fort
ἐγεννήθη ἐν λύκοις, | fut né parmi les loups,
αὐτὸν δὲ ἐπεκάλουν λέοντα. | et ils l'appelaient lion.
Ὁ δὲ ἀγνώμων οὐκ ἤνεγκε | Or l'insensé ne supporta pas

τὴν δόξαν οὐκ ἤνεγκε, τῶν δὲ συμφύλων
ἀποστατήσας, τοῖς λέουσιν ὡμίλει.
Κερδὼ δ' ἐπισκώπτουσα, « Μὴ 'φρονηθείην¹, » 5
ἔφη, « τοσοῦτον, ὡς σὺ νῦν ἐτυφώθης.
Σὺ γὰρ ὡς ἀληθῶς² ἐν λύκοις λέων φαίνῃ,
ἐν δ' αὖ λεόντων συγκρίσει λύκος γίνῃ. »

ses pareils, et hanta les lions. Un renard se moqua de lui, et lui dit : « Puissé-je ne jamais devenir aussi insensé que tu es orgueilleux! Tu étais un vrai lion parmi les loups, mais tu n'es qu'un loup à côté des lions. »

ΡΑ'. ΛΕΩΝ ΒΑΣΙΛΕΥΩΝ ΔΙΚΑΙΩΣ.

Λέων τις ἐβασίλευεν, οὐχὶ θυμώδης,
οὐδ' ὠμός, οὐδὲ πάντα¹ τῇ βίῃ χαίρων,
πρᾶος δὲ καὶ δίκαιος ὥς τις ἀνθρώπων.
Ἐπὶ τῆς δ' ἐκείνου, φασὶ δή, δυναστείης
τῶν ἀγρίων ἀγυρμὸς ἐγεγόνει ζῴων, 5
δίκας τε δοῦναι καὶ λαβεῖν παρ' ἀλλήλων
τὰ ζῷα πάντα. Χὥς ὑπέσχον εὐθύνας²
λύκος μὲν ἀρνί, πάρδαλις δέ γ' αἰγάγρῳ,
ἐλάφῳ δὲ τίγρις, πάντα δ' ἦγεν εἰρήνην,
ὁ πτὼξ λαγωὸς εἶπεν· « Ἀλλ' ἐγὼ ταύτην 10

101. LE LION RÉGNANT AVEC JUSTICE.

Un lion régnait; il n'était ni colère, ni cruel, et ne se complaisait nullement dans la violence, mais il était doux et juste comme le serait un homme. On raconte que sous son règne se tint une assemblée des animaux; il y fut décidé que tous se soumettraient mutuellement à la justice. Après que le loup eut donné satisfaction à l'agneau, le léopard au chamois, le tigre aux cerfs, et que la paix fut faite entre tous, le

τὴν δόξαν,	sa gloire,
ἀποστατήσας δὲ	mais s'étant séparé
τῶν συμφύλων,	de ses compagnons,
ὡμίλει τοῖς λέουσι.	il avait-commerce avec les lions.
Κερδὼ δὲ ἐπισκώπτουσα	Et un renard *le* raillant,
ἔφη·	*lui* dit :
« Μὴ ἐκφρονηθείην	« Que *jamais* je ne perde-mon-sens
τοσοῦτον, ὡς σὺ νῦν	autant, comme toi maintenant
ἐτυφώθης.	tu es-enflé-d'orgueil !
Σὺ γὰρ φαίνῃ	Toi, en effet, tu parais
ὡς ἀληθῶς	aussi vrai *que se peut*,
λέων ἐν λύκοις,	un lion parmi les loups,
ἐν δὲ αὖ συγκρίσει·	mais d'un-autre-côté en parallèle
λεόντων γίνῃ λύκος. »	des lions tu deviens loup. »

ΡΑ΄. ΛΕΩΝ ΒΑΣΙΛΕΥΩΝ ΔΙΚΑΙΩΣ.

101. LE LION GOUVERNANT AVEC-JUSTICE.

Λέων τις ἐβασίλευεν,	Certain lion régnait,
οὐχὶ θυμώδης, οὐδὲ ὠμός,	*n'étant* point irascible, ni cruel,
οὐδὲ πάντα χαίρων	ni absolument se-complaisant
τῇ βίῃ,	dans la violence ;
πρᾷος δὲ καὶ δίκαιος	mais doux et juste,
ὥς τις ἀνθρώπων.	comme un des hommes.
Ἐπὶ τῆς δὲ δυναστείης ἐκείνου,	Et sous le règne de celui-ci,
φασὶ δή,	raconte-t-on,
ἐγεγόνει ἀγυρμὸς	avait-eu-lieu une assemblée
ζώων τῶν ἀγρίων,	des animaux sauvages, *convenant*
πάντα τὰ ζῶα	que tous les animaux
δοῦναι καὶ λαβεῖν δίκας	payeraient et recevraient justice
παρὰ ἀλλήλων.	les uns-des-autres.
Καὶ ὡς ὑπέσχον εὐθύνας	Et lorsque payèrent satisfaction
λύκος μὲν ἀρνί,	le loup à l'agneau,
πάρδαλις δέ γε αἰγάγρῳ,	et le léopard au chamois,
τίγρις δὲ ἐλάφῳ,	et le tigre au cerf,
πάντα δὲ ἦγεν εἰρήνην,	et *que* tous avaient la paix,
λαγωὸς ὁ πτὼξ εἶπεν·	le lièvre timide dit :
« Ἀλλ' ἐγὼ ἀεί ποτε	« Mais moi toujours

τὴν ἡμέρην ἀεί ποτ' ηὐχόμην, ἥτις
καὶ τοῖς βιαίοις φοβερὰ τἀσθενῆ θήσει. »

lièvre timide dit : « J'ai toujours appelé de mes vœux ce jour, où la faiblesse même se ferait redouter des forts. »

PB'. ΛΕΩΝ ΝΟΣΩΝ ΚΑΙ ΤΑ ΘΗΡΙΑ.

Λέων ἐπ' ἄγρην οὐκέτι σθένων βαίνειν
(πολλῷ γὰρ ἤδη τῷ χρόνῳ γεγηράκει),
κοίλης ἔσω σπήλυγγος, ὡς νόσῳ κάμνων,
ἔκειτο, δολίως, οὐκ ἀληθὲς ἀσθμαίνων,
φωνὴν βαρεῖαν προσποιητὰ[1] λεπτύνων.   5
Θηρῶν δ' ἐπ' αὐλὰς ἦλθεν ἄγγελος φήμη[2],
καὶ πάντες ἤλγουν ὡς λέοντος ἀρρώστου·
ἐπισκοπήσων δ' εἷς ἕκαστος[3] εἰσῄει.
Τούτους ἐφεξῆς λαμβάνων ἀμογθήτως,
κατήσθιεν· γῆρας δὲ λιπαρὸν[4] ηὑρήκει.   10
Σοφὴ δ' ἀλώπηξ ὑπενόησε, καὶ πόρρω
σταθεῖσα, « Βασιλεῦ, πῶς ἔχεις; » ἐπηρώτα.
Κἀκεῖνος εἶπε· « Χαῖρε, φιλτάτη ζῴων.
« Τί δ' οὐ προσέρχῃ, μακρόθεν δέ με σκέπτῃ;

102. LE LION MALADE ET LES ANIMAUX.

Un lion qui n'avait plus la force d'aller à la chasse, car il était déjà bien vieux, était étendu au fond de son antre; il se faisait passer pour malade, feignant, quoiqu'il n'en fût rien, d'avoir une respiration pénible, et s'étudiant à adoucir sa grosse voix. La renommée s'en répandit dans les repaires des bêtes sauvages; tous s'affligeaient et le croyaient malade, et chacun venait lui faire visite. Le lion n'avait pas de peine à les saisir, et les mangeait l'un après l'autre; sa vieillesse se passait ainsi dans l'abondance. Mais un renard mieux avisé soupçonna la chose, et se tenant à distance : « Sire, lui dit-il, comment vous portez-vous? » Le lion répondit : « Bonjour, ô le plus cher des animaux. Pourquoi ne t'approches-tu pas et me considères-tu de si loin?

ηὐχόμην	j'ai-appelé-de-mes-vœux
ταύτην τὴν ἡμέρην, ἥτις	ce jour, qui
ἥσει καὶ τὰ ἀσθενῆ	rendrait même les faibles
φοβερὰ τοῖς βιαίοις. »	redoutables aux violents. »

ΡΒ'. ΛΕΩΝ ΝΟΣΩΝ ΚΑΙ ΤΑ ΘΗΡΙΑ.

102. LE LION ÉTANT-MALADE ET LES ANIMAUX.

Λέων οὐκέτι σθένων	Un lion n'ayant plus la force
βαίνειν ἐπὶ ἄγρην	d'aller à la chasse
γεγηράκει γὰρ	(car il était-vieilli
ἤδη πολλῷ τῷ χρόνῳ),	déjà par ses longues années),
κεῖτο ἔσω	gisait à-l'intérieur
σπήλυγγος κοίλης,	d'un antre profond,
ὡς κάμνων νόσῳ,	comme souffrant de maladie,
ἰσθμαίνων δολίως,	respirant-péniblement par-ruse,
οὐκ ἀληθές,	non en-réalité,
λεπτύνων προσποιητὰ	amincissant d'une-manière-feinte
φωνὴν βαρεῖαν.	sa voix forte.
Φήμη δὲ ἄγγελος	Et la renommée messagère
ἦλθεν ἐπ' αὐλὰς	en vint aux repaires
θηρῶν,	des animaux-sauvages,
καὶ πάντες ἤλγουν	et tous étaient-dans-la-douleur [de;
λέοντος ὡς ἀρρώστου·	*au-sujet* du lion comme *étant* mala-
εἷς δὲ ἕκαστος εἰσῄει	et un chacun entrait
ἐπισκοπήσων.	voulant-*le*-visiter.
Λαμβάνων ἀμοχθήτως τούτους	Saisissant sans-peine ceux-ci
ἐφεξῆς, κατήσθιεν·	l'un-après-l'autre, il *les* mangeait :
ηὑρήκει δὲ γῆρας	et *ainsi* il avait trouvé une vieillesse
λιπαρόν.	bien-nourrie.
Σοφὴ δὲ ἀλώπηξ	Mais le rusé renard
ὑπενόησε,	soupçonna *la chose*,
καὶ σταθεῖσα πόρρω,	et s'étant placé à-distance,
ἐπηρώτα·	il demandait :
« Βασιλεῦ, πῶς ἔχεις; »	« Sire, comment vous-portez-vous ? »
Καὶ ἐκεῖνος εἶπε·	Et l'autre dit :
« Χαῖρε, φιλτάτη ζώων.	« Salut, le plus cher des animaux.
Τί δὲ οὐ προσέρχῃ,	Mais pourquoi ne t'-approches-tu pas,
σκέπτῃ δέ με μακρόθεν;	mais me contemples-tu de-loin ?

Δεῦρο, γλυκεῖα, καί με ποικίλοις μύθοις   15
παρηγόρησον ἐγγὺς ὄντα τῆς μοίρης. »
« Σώζοιο, » φησίν· « εἰ δ' ἄπειμι, συγγνώση·
πολλῶν γὰρ ἴχνη θηρίων με κωλύει,
ὧν ἐξιόντων οὐκ ἔχεις ὅ μοι δείξεις⁵. »
[Μακάριος ὅστις οὐ προλαμβάνει⁶ πταίσας,   20
ἀλλ' αὐτὸς ἄλλων συμφοραῖς ἐπαιδεύθη.]

Viens çà, mon ami, et égaye par tes joyeux récits mes derniers moments. — Que les dieux vous prêtent vie! repartit le renard; mais pardonnez si je reste où je suis : les traces de tant d'animaux me retiennent, car vous ne sauriez m'en montrer qui marquent le retour. »

Heureux qui sait prévenir sa chute, en s'instruisant aux infortunes d'autrui.

ΡΓ΄. ΚΥΩΝ ΚΩΔΩΝΟΦΟΡΩΝ.

Λάθρῃ κύων ἔδακνε. Τῷ δὲ χαλκεύσας¹
ὁ δεσπότης κώδωνα καὶ προσαρτήσας,
πρόδηλον εἶναι μακρόθεν πεποιήκει.
Ὁ κύων δὲ τὸν κώδωνα δι' ἀγορῆς σείων
ἠλαζονεύετ'. Ἀλλὰ δὴ κύων γραίη   5
πρὸς αὐτὸν εἶπεν· « Ὦ τάλαν, τί σεμνύνῃ;
οὐ κόσμον ἀρετῆς τοῦτον, ἢ 'πιεικείης,
σαυτοῦ δ' ἔλεγχον τῆς πονηρίης κρούεις. »

103. LE CHIEN QUI PORTE DES GRELOTS.

Un chien mordait en sournois. Son maître lui fit faire un grelot et le lui attacha, afin qu'on l'entendît de loin. Le chien s'en allait sur la place, faisant fièrement sonner son grelot. Une vieille chienne lui dit : « Misérable, qui te rend si vain? Ce grelot que tu agites n'est pas la récompense de ta bravoure ou de ta douceur, mais la marque de ta méchanceté. »

ιεῦρο, γλυκεῖα,
αἲ μύθοις ποικίλοις
ἀρηγόρησόν με
ντα ἐγγὺς τῆς μοίρης. »
 Σῴζοιο, φησί·
υγγνώσῃ δέ,
ἲ ἄπειμι·
χνη γὰρ
ηρίων πολλῶν,
ὃν ἐξιόντων οὐκ ἔχεις
ὶ δείξεις μοι,
:ωλύει με. »
 [Μακάριος ὅστις
ιὖ προλαμβάνει
ττταίσας,
ἀλλὰ ἐπαιδεύθη
ὐτὸς
τυμφοραῖς ἄλλων.]

Ici, doux *ami*,
et par *tes* récits amusants
égaye moi,
qui-suis proche de mon destin. »
« Sois sauvé ! *lui* dit-il ;
mais tu *m*'excuseras,
si je reste-à-distance :
car les traces
d'animaux nombreux,
desquels sortant tu n'a pas *une*
que tu me montrerais,
m'empêchent *d'approcher*. »
 [Heureux quiconque
ne prend-les-devants (ne commence
faisant-une-chute (par une chute),
mais *qui* fut instruit (s'instruit)
lui-même
aux malheurs d'autres *personnes*.]

ΡΓ´. ΚΥΩΝ ΚΩΔΩΝΟΦΟΡΩΝ.

103. LE CHIEN PORTANT-DES-GRELOTS.

Κύων ἔδακνε λάθρῃ.
Τῷ δὲ ὁ δεσπότης χαλκεύσας
καὶ προσαρτήσας κώδωνα,
πεποιήκει
εἶναι πρόδηλον μακρόθεν.
Ὁ κύων δὲ σείων
τὸν κώδωνα δι' ἀγορᾶς
ἠλαζονεύετο.
Ἀλλὰ δὴ γραίη κύων
εἶπε πρὸς αὐτόν·
« Ὦ τάλαν, τί σεμνύνῃ;
κρούεις τοῦτον
οὐ κόσμον ἀρετῆς,
ἢ ἐπιεικείης,
ἔλεγχον δὲ
τῆς πονηρίας τῆς σαυτοῦ. »

Un chien mordait à-la-dérobée.
Et son maître lui ayant fabriqué
et attaché un grelot,
avait fait *ainsi*
qu'il fût connu de-loin.
Et le chien secouant
le grelot sur la place-publique,
faisait-le-fier.
Mais un vieux chien
dit à lui :
« O malheureux, de-quoi es tu-fier ?
tu agites celui-ci
non *comme* ornement de *ta* bravoure,
ou de *ta* douceur,
mais *comme* preuve
de la méchanceté de toi-même. »

ΡΔ'. ΛΥΚΟΣ ΚΑΙ ΛΕΩΝ.

Λύκος ποτ' ἄρας πρόβατον ἐκ μέσης ποίμνης,
ἐκόμιζεν οἴκαδ'. Ὢ λέων συναντήσας
ἀπέσπασ' αὐτοῦ. Καὶ λύκος, σταθεὶς πόρρω,
« Ἀδίκως μ' ἀφείλω[1] τῶν ἐμῶν, » ἐκεκράγει.
Λέων δὲ τερφθείς, εἶπε τὸν λύκον σκώπτων· 5
« Σοὶ γὰρ δικαίως ὑπὸ φίλων ἐδωρήθη; »

104. LE LOUP ET LE LION.

Un loup avait enlevé une brebis du milieu d'un troupeau, et il l'emportait dans sa retraite. Un lion dont il fit rencontre la lui arracha. Le loup, se mettant à distance, cria au lion : « Tu m'as injustement dépouillé de mon bien. » Ce mot réjouit le lion, qui lui dit en le raillant : « Il est vrai ; c'est sans doute un présent bien gagné que tu as reçu de tes amis ? »

ΡΕ'. ΛΕΩΝ ΠΡΑΟΣ.

Λέων ποτ' ἀνδρῶν βίον ἄριστον ἐζήλου.
Καὶ δὴ κατ' εὐρὺν φωλεὸν διατρίβων,
ὅσων ἀρίστην ὀριτρόφων φυὴν[1] ἔγνω,
φιλοφρονεῖσθαι γνησίως ἐπειρᾶτο.
Πολὺς δ' ὑπὸ σπήλυγγι θαμινὰ παντοίων 5
θηρῶν ὅμιλος ἡμέρως συνηυλίσθη·
ὁ δ' εἱστία τε κἀφίλει νόμῳ ξείνων,

105. LE LION DÉBONNAIRE.

Le lion un jour voulut prendre les manières honnêtes des hommes. Habitant une profonde caverne, il cherchait à recevoir de son mieux les animaux de la montagne dont il connaissait le bon naturel. Souvent un grand nombre d'animaux de toute espèce se rendaient dans sa caverne, et y vivaient en bonne amitié ; il les accueillait et les traitait en hôte scrupuleux ; la chère était abondante et agréable. Il avait

ΡΔ'. ΛΥΚΟΣ ΚΑΙ ΛΕΩΝ. 104. LE LOUP ET LE LION.

Λύκος ποτὲ	Un loup un-jour
ἄρας πρόβατον	ayant enlevé une brebis
ἐκ μέσης ποίμνης,	du-milieu-d'un troupeau,
ἐκόμιζεν οἴκαδε.	la portait chez-lui.
Ὧ λέων	Avec lequel loup un lion
συναντήσας	ayant-fait-rencontre,
ἀπέσπασεν αὐτοῦ.	il l'arracha à lui.
Καὶ λύκος,	Et le loup,
σταθεὶς πόρρω,	s'étant placé à-distance,
κεκράγει· « Ἀφείλω με	lui criait : « Tu m'as dépouillé
ἀδίκως τῶν ἐμῶν. »	injustement de mon-bien. »
Λέων δὲ τερφθείς,	Et le lion charmé de cela,
εἶπε σκώπτων τὸν λύκον·	dit en raillant le loup :
Σοὶ γὰρ	« A toi, en effet,
ἐδωρήθη	n'a-t-il pas été-donné-en-cadeau
δικαίως	selon-la-justice
ὑπὸ φίλων; »	par des amis ? »

ΡΕ'. ΛΕΩΝ ΠΡᾶΟΣ. 105. LE LION DÉBONNAIRE.

Λέων ποτὲ ἐζήλου	Un lion un-jour voulut-imiter
βίον ἄριστον ἀνδρῶν.	la vie la plus honnête des hommes.
Καὶ δὴ διατρίβων	Ainsi donc, demeurant
κατὰ εὐρὺν φωλεόν,	dans une vaste caverne,
ἐπειρᾶτο γνησίως	il cherchait sincèrement
φιλοφρονεῖσθαι	à accueillir-aimablement
ὀριτρόφων	des animaux nourris-à-la-montagne
ὅσων ἔγνω	tous ceux dont il connaissait
φυὴν ἀρίστην.	le naturel être très-bon.
Θαμινὰ δὲ πολὺς ὅμιλος	Et souvent une nombreuse troupe
θηρῶν παντοίων	d'animaux de-toute-espèce
συνηυλίσθη ἡμέρως	habitait-ensemble paisiblement
ὑπὸ σπήλυγγι·	sous sa caverne :
ὁ δὲ εἱστία τε	et lui, il les traitait
καὶ ἐφίλει	et les accueillait-avec-amitié
θεσμῷ ξείνων,	selon la loi des hôtes,
παρθεὶς ἅπασιν	servant à tous

λίην τιθεὶς ἅπασι δαῖτα θυμήρη.
Φίλην δὲ κερδὼ καὶ σύνοικον εἰλήφει,
μεθ' ἧς τὰ πολλὰ μειλίχως συνεζήτει². 10
Γέρων δέ τις πίθηκος ἦν ὁ δαιτρεύων,
κρεῶν τε συσσίτοισι διανέμων μοίρας·
ὅς, εἴ τις ἦλθεν οὐχὶ τῆς συνηθείης³,
ταὐτὸν παρετίθει δεσπότῃ τε κἀκείνῳ,
ὅπερ εἶχεν ὁ λέων νεοδρόμῳ λαβὼν θήρῃ· 15
κερδὼ δ' ἑώλων ἔφερεν οὐκ ἴσην μοίρην.
Καὶ δή ποτ' αὐτήν, προσποιητὰ σιγῶσαν,
λέων τίν' εἶχεν αἰτίην διηρώτα,
δείπνου τε χεῖρα καὶ βορῆς ἀποσχοῦσα·
« Κερδοῖ σοφή, λάλησον ὥσπερ εἰώθεις· 20
φαιδρῷ προσώπῳ δαιτός, ὦ φίλη, ψαῦσον. »
Ἡ δ' εἶπεν· « Ὦ φέριστε θηρίων γέννης,
πολλῇ μερίμνῃ καρδίην διαξαίνω⁴·
οὐ γὰρ τὰ νῦν παρόντα μοῦνον ἀλγύνει,
τὰ δ' ἔπειτα, » φησί, « προσκοπουμένῃ κλαίω. 25

choisi pour ami et pour commensal un renard qui devisait amicalement avec lui sur toute sorte de sujets. Un vieux singe avait la charge de découper les viandes et de faire la part de chaque convive. Lorsque venait quelque étranger, le singe servait également au maître et au nouveau venu les produits de la dernière chasse du lion; le renard, moins bien traité, vivait des reliefs de la veille. Enfin le lion, voyant un jour qu'il affectait de garder le silence et de ne pas toucher au dîner, lui en demanda la raison : « Sage renard, cause à ton ordinaire; prends une mine plus riante, et mange. » Le renard répondit : « Puissant roi des animaux, j'ai bien des tourments, bien des soucis : ce n'est pas seulement le présent qui me chagrine, mais l'avenir que

αἶτα λίην θυμήρη.	un repas très agréable.
Ἐλήφει δὲ κερδὼ	Et il avait pris le renard
φίλην καὶ σύνοικον,	pour ami et camarade-de-chambre,
μετὰ ἧς τὰ πολλὰ	avec lequel le plus souvent
συνεζήτει	il discourait
μειλίχως.	gracieusement.
Γέρων δέ τις πίθηκος	Et un vieux singe
ἦν ὁ δαιτρεύων,	était le découpant
διανέμων τε συσσίτοισι	et distribuant aux convives
μοίρας κρεῶν·	les parts des viandes :
ὅς, εἰ ἦλθέ τις	lequel singe, quand vint quelqu'un
οὐχὶ	qui n'était point
ἧς συνηθείης,	de la société-habituelle,
παρετίθει δεσπότῃ τε καὶ ἐκείνῳ	servait au maître et à celui-ci
τὸ αὐτόν, ὅπερ εἶχε λέων	la même-chose, qu'avait le lion
λαβὼν θήρῃ	l'ayant prise dans une chasse
νεοδρόμῳ·	de-course-récente :
κερδὼ δὲ	et tandis que, le renard
ἔφερεν ἑώλων	obtenait de mets-de-la-veille
μοίρην οὐκ ἴσην.	une part non égale.
Καὶ δή ποτε	Et enfin un-jour
λέων διηρώτα αὐτήν,	le lion demandait à lui,
σιγῶσαν	qui gardait-le-silence
προσποιητά,	avec-affectation,
τίνα αἰτίην εἶχεν,	quel motif il avait,
ὑποσχοῦσα	ayant tenu-éloignée
χεῖρα δείπνου τε καὶ βορῆς·	la patte des mets et du manger :
« Σοφὴ κερδοῖ,	« Sage renard, dit-il,
λάλησον, ὥσπερ εἰώθεις·	parle, comme tu-en-as-coutume :
ψαῦσον, ὦ φίλη, δαιτὸς	touche, ô mon cher, aux mets
προσώπῳ φαιδρῷ. »	avec un visage gai. »
Ἡ δὲ εἶπεν·	Et celui-ci dit :
« Ὦ φέριστε	« O le plus distingué
γένης θηρίων,	de la race des animaux,
διαξαίνω καρδίην	je me tourmente l'âme
πολλῇ μερίμνῃ·	par beaucoup-de souci :
οὐ γὰρ μοῦνον	car non seulement
τὰ νῦν παρόντα	les choses maintenant présentes
ἀλγύνει,	m'affligent,
προσκοπουμένῃ δὲ τὰ ἔπειτα	mais prévoyant les choses-à-venir

Καθ' ἡμέρην γὰρ εἴ τις ἄλλος, εἶτ' ἄλλος
ξένος πελάζοι, τοῦτο δ' εἰς ἔθος βαίνοι,
τάχ' οὐδ' ἑώλων γεύσομαι κρεῶν μούνη. »
Ὁ λέων δὲ τερφθείς, ὡς λέων τε μειδήσας
εἶπεν· « Πιθήκῳ ταῦτα, μὴ δ' ἐμοὶ μέμφου. »   30

j'entrevois me fait verser des pleurs. Si les hôtes se succèdent ainsi chaque jour, et que cela devienne une habitude, seul je n'aurai plus même ma part des restes de la veille. » Le lion charmé sourit, et lui dit en lion : « C'est au singe, et non pas à moi, qu'il faut t'en prendre. »

Pϛ'. ΛΕΩΝ ΚΑΙ ΜΥΣ.

Λέων ἀγρεύσας μῦν, ἔμελλε δειπνήσειν·
ὁ δ' οἰκότριψ κλὼψ[1] ἐγγὺς ὢν μόρου τλήμων,
τοιοῖσδε μύθοις ἱκέτευε τὸν θῆρα·
« Ἐλάφους πρέπει σοι καὶ κερασφόρους ταύρους
θηρῶντα[2] νηδὺν σαρκὶ τῇδε πιαίνειν·   5
μυὸς δὲ δεῖπνον οὐδ' ἄκρων ἐπιψαῦσαι
χειλῶν θέμις σῶν. Ἀλλά, λίσσομαι, φείδου.
Ἴσως χάριν σοι τῶνδε μικρὸς ὢν[3] θήσω. »
Γελάσας δ' ὁ θὴρ παρῆκε τὸν ἱκέτην ζῶντα.
Φιλαγρέταισι δ' ἐμπεσὼν νεανίσκοις,   10

106. LE LION ET LA SOURIS.

Un lion avait pris une souris et l'allait manger; mais notre voleur domestique, voyant approcher sa fin, suppliait en ces termes le puissant animal : « Pour remplir ton estomac, il te faut les cerfs et les taureaux aux belles cornes, à qui tu fais la chasse; mais dîner d'une souris! cela n'est pas digne de toucher le bout de tes lèvres. De grâce, épargne-moi. Peut-être, si petite que je suis, pourrai-je t'en prouver ma reconnaissance. » Le lion sourit, et laissa la vie à la suppliante. Bientôt, poursuivi par de jeunes chasseurs, il tomba dans leurs rets,

ἐλαίω. je verse-des-larmes.
Εἰ γὰρ κατὰ ἡμέρην En effet, si journellement
πελάζοι τις ἄλλος il s'approche un autre
εἶτα ἄλλος ξένος, puis un autre hôte,
τοῦτο δὲ βαίνοι εἰς ἔθος, et que cela passe en habitude,
τάχα γεύσομαι μούνη bientôt je ne goûterai seule
οὐδὲ κρεῶν ἑώλων. » pas-même des viandes de-la-veille. »
Ὁ δὲ λέων τερφθείς, Et le lion charmé de la réponse,
μειδήσας τε εἶπεν ὡς λέων· et ayant souri, il lui dit en lion :
« Μέμφου ταῦτα πιθήκῳ, « Reproche cela au singe,
μὴ δὲ ἐμοί. » et non pas à moi. »

ΡΣΤ. ΛΕΩΝ ΚΑΙ ΜΥΣ. 106. LE LION ET LA SOURIS.

Λέων ἀγρεύσας μῦν, Un lion ayant pris une souris,
μέλλε δειπνήσειν. était-sur-le-point de la manger.
Ὁ δὲ ὁ οἰκότριψ, Mais le larron domestique,
ὢν ἐγγὺς μόρου, ὁ τλήμων, étant proche du trépas, le malheureux,
ἐλίτευε τὸν θῆρα suppliait l'animal-sauvage
μύθοις τοιοῖσδε· par des propos de-telle-sorte :
Πρέπει σοι Il te convient
θηρῶντα ἐλάφους que, chassant des cerfs
καὶ ταύρους κερασφόρους et des taureaux encornés,
πιαίνειν νηδὺν tu engraisses ton ventre
ᾗδε σαρκί· de cette chair ;
δεῖπνον δὲ μυὸς mais, le repas d'une souris,
οὐδὲ θέμις il n'est pas-même permis
ψαῦσαι σῶν χειλῶν qu'il touche tes lèvres
ἄκρων. extrêmes.
Ἀλλά, λίσσομαι, Mais, je te supplie,
φεῖδου. épargne moi.
Ἴσως θήσω σοι, Peut-être que je te rendrai,
ὢν μικρός, quoique étant petite,
χάριν τῶνδε. un bienfait pour cela.
Ὁ θὴρ δὲ γελάσας Et l'animal, ayant souri,
ἀφῆκε τὸν ἱκέτην ζῶντα. relâcha le suppliant vivant.
Ἐμπεσὼν δὲ Or le lion ayant rencontré
νεανίσκοις φιλαγρέταισι, des jeunes-gens amateurs-de-chasse,
δικτυώθη, fut entouré-de-rets,

ἐδικτυώθη, κἀσφαλῶς ἐδεσμεύθη.
Ὁ μῦς δὲ λάθρῃ γηραμοῦ προπηδήσας,
στερρόν τ' ὀδοῦσι βραχυτάτοις βρόχον κείρας,
ἔλυσε τὸν λέοντα, τοῦ τὸ φῶς⁴ βλέψαι
ἐπάξιον δοὺς μισθὸν ἀντιζωγρήσας.   15

[Σαφὴς ὁ μῦθος εὐνοοῦσιν ἀνθρώποις,
σώζειν πένητας, μηδέ πως ἀπελπίζειν,
εἰ καὶ λέοντα μῦς ἔσωσ' ἀγρευθέντα.]

et y demeura emprisonné. La souris sortit de son trou en tapinois, coupa avec ses petites dents les solides mailles du filet, délivra le lion et le rendit à la lumière ; ce fut ainsi qu'elle s'acquitta en le sauvant à son tour. Cette fable enseigne aux gens sensés à protéger les petits, et à ne pas croire leurs bienfaits perdus, puisqu'une souris a su délivrer un lion captif.

ΠΡΟΟΙΜΙΟΝ.

Μῦθος μέν, ὦ παῖ βασιλέως Ἀλεξάνδρου,
Σύρων παλαιόν ἐστιν εὕρεμ' ἀνθρώπων,
οἳ πρίν ποτ' ἦσαν ἐπὶ Νίνου τε καὶ Βήλου.
Πρῶτος δέ, φασίν, εἶπε παισὶν Ἑλλήνων
Αἴσωπος ὁ σοφός· εἶπε καὶ Λιβυστίνος   5
λόγους Κιβύσσης¹. Ἀλλ' ἐγὼ νέῃ μούσῃ
δίδωμι, φαλάρῳ χρυσέῳ χαλινώσας
τὸν μυθίαμβον, ὥσπερ ἵππον ὁπλίτην.
Ὑπ' ἐμοῦ δὲ πρώτου τῆς θύρης ἀνοιχθείσης²,

La fable, ô fils de l'empereur Alexandre, est une invention des anciens Syriens qui vivaient sous Ninus et Bélus. Le sage Ésope, le premier, récita ses fables aux enfants des Grecs, et Cibyssès aux Libyens. Maintenant voici venir avec ma muse nouvelle le mythiambe, qu'elle gouverne de son frein d'or, comme un cheval chargé d'armes pesantes. A peine la porte fut-elle ouverte par moi, que d'autres entrèrent ;

καὶ ἐδεσμεύθη ἀσφαλῶς.
Ὁ μῦς δὲ
προπηδήσας λάθρῃ
χηραμοῦ,
χείρας τε
ὀδοῦσι βραχυτάτοις
στερρὸν βρόχον,
ἔλυσε τὸν λέοντα,
δοὺς μισθὸν
ἐπάξιον
τοῦ βλέψαι τὸ φῶς,
ἀντιζωγρήσας.
[Ὁ μῦθος σαφὴς
ἀνθρώποις εὐνοοῦσιν,
σώζειν πένητας,
μηδέ πως ἀπελπίζειν,
εἰ μῦς ἔσωσε
καὶ λέοντα ἀγρευθέντα.]

et fut garrotté solidement.
Mais la souris
s'étant élancée à-la-dérobée
hors de *son* trou,
et ayant coupé (rongé)
avec *ses* dents très-courtes
la solide maille-du-filet,
délivra le lion,
lui ayant *ainsi* payé le prix
équivalent
de ce qu'elle voyait la lumière,
en *l'*ayant sauvé-à-son-tour.
[La fable est claire (dit clairement)
pour les hommes bienveillants,
de sauver les pauvres,
et de désespérer nullement,
puisque une souris sauva
même un lion pris-captif.

ΠΡΟΟΙΜΙΟΝ.

Μῦθος μέν,
ὦ παῖ βασιλέως Ἀλεξάνδρου,
ἐστὶ παλαιὸν εὕρεμα
ἀνθρώπων Σύρων,
οἳ πρίν ποτε ἦσαν
ἐπὶ Νίνου τε καὶ Βήλου.
Ὁ σοφὸς δὲ Αἴσωπος
εἶπε, φασίν, πρῶτος λόγους
παισὶν Ἑλλήνων·
καὶ Κιβύσσης Λιβυστῖνος εἶπε
λόγους.
Ἀλλὰ ἐγὼ δίδωμι
νέῃ μούσῃ
τὸν μυθίαμβον,
χαλινώσας φαλάρῳ χρυσέῳ,
ὥσπερ ἵππον ὁπλίτην.
Τῆς δὲ θύρης ἀνοιχθείσης
ὑπὸ ἐμοῦ πρώτου,

AVANT-PROPOS.

La fable,
ô fils du roi Alexandre,
est une ancienne invention
d'hommes Syriens,
qui jadis une-fois vécurent
et sous Ninus et *sous* Bélus.
Et le sage Ésope
raconta, dit-on, le premier des fables
aux enfants des Grecs;
et Cibyssès le Libyen raconta
aussi des fables.
Mais moi je donne
avec une nouvelle muse
le mythiambe,
*l'*ayant bridé avec un frein d'or,
comme un coursier pesamment-armé.
Et la porte ayant été ouverte
par moi le premier,

εἰσῆλθον ἄλλοι, καὶ σοφωτέρης μούσης 10
γρίφοις ὁμοίας ἐκφέρουσι ποιήσεις,
μαθόντες οὐδὲν πλεῖον ἤ με γινώσκειν³.
Ἐγὼ δὲ λευκῇ⁴ μυθιάζομαι ῥήσει,
καὶ τῶν ἰάμβων τοὺς ὀδόντας οὐ θήγω,
ἀλλ' εὖ πυρώσας, εὖ δὲ κέντρα πρηΰνας, 15
ἐκ δευτέρου σοι⁵ τήνδε βίβλον ἀείδω.

leur muse plus savante enfanta des poëmes qui ressemblaient fort à des énigmes; c'est dans mes fables qu'ils avaient puisé toute leur science. Pour moi, j'écris mes contes dans un langage simple et clair, et je ne donne rien de mordant à mes iambes; mais tantôt je les anime de quelque chaleur, tantôt j'adoucis leurs traits. Tels sont les vers que je te présente aujourd'hui dans ce second volume.

ΡΖ'. ΜΥΣ ΑΡΟΥΡΑΙΟΣ ΚΑΙ ΜΥΣ ΑΣΤΙΚΟΣ.

Μυῶν ὁ μέν τις βίον ἔχων ἀρουραῖον,
ὁ δ' ἐν ταμείοις πλουσίοισι φωλεύων,
ἔθεντο κοινὸν τὸν βίον πρὸς ἀλλήλους.
Ὁ δ' οἰκόσιτος πρότερος ἦλθε δειπνήσων
ἐπὶ τῆς ἀρούρης ἄρτι χλωρὸν ἀνθούσης· 5
τρώγων δ' ἀραιὰς καὶ διαβρόχους σίτου
ῥίζας, μελαίνῃ συμπεφυρμένας βώλῳ,
« Μύρμηκος, » εἶπε, « ζῇς βίον ταλαιπώρου,
ἐν πυθμέσιν γῆς κρίμνα λεπτὰ βιβρώσκων·

107. LE RAT DE VILLE ET LE RAT DES CHAMPS.

eux rats, l'un campagnard, l'autre qui vivait dans de riches greniers, avaient fait société et se traitaient tour à tour. Le citadin alla le premier dîner à la campagne, qui alors se couvrait de jaunes épis; il n'eut à ronger que quelques maigres racines toutes couvertes d'une terre noire et humide : « Tu vis comme une misérable fourmi, dit-il à son compagnon; dans ton trou, tu n'as que quelques méchants brins

ἄλλοι εἰσῆλθον,	d'autres y entrèrent,
καὶ ἐκφέρουσι ποιήσεις	et produisent des poëmes
μούσης σοφωτέρης	d'une muse plus savante
ὁμοίας γρίφοις,	semblables à des énigmes,
μαθόντες οὐδὲν πλεῖον	eux qui n'ont appris rien de plus
ἤ με γινώσκειν.	qu'à me connaître.
Ἐγὼ δὲ μυθιάζομαι	Mais moi je compose-des-contes
ῥήσει λευκῇ,	dans un langage clair,
καὶ οὐ θήγω	et je n'aiguise pas
τοὺς ὀδόντας τῶν ἰάμβων,	les dents (les traits) de mes iambes,
ἀλλὰ πυρώσας	mais tantôt les enflammant
εὖ,	convenablement,
πρηΰνας δὲ	tantôt aussi adoucissant
εὖ κέντρα,	convenablement les aiguillons
ἀείδω σοι ἐκ δευτέρου	je te chante en second-lieu
τήνδε βίβλον.	ce volume.

ΡΖ′. ΜΥΣ ΑΡΟΥΡΑΙΟΣ ΚΑΙ ΜΥΣ ΑΣΤΙΚΟΣ.

107. LA SOURIS DES-CHAMPS ET LA SOURIS DE-LA-VILLE.

Μυῶν ὁ μέν τις	De deux souris l'une
ἔχων βίον ἀρουραῖον,	ayant la vie des-champs,
ὁ δὲ φωλεύων	l'autre ayant-son-trou
ἐν πλουσίοισι ταμείοις,	dans de riches greniers,
ἔθεντο τὸν βίον	avaient établi la vie
κοινὸν πρὸς ἀλλήλους.	commune entre elles.
Ὁ δὲ οἰκόσιτος	Celle qui se-nourrissait-dans-la-mai-
ἦλθε πρότερος δειπνήσων	alla la première devant-manger
ἐπὶ τῆς ἀρούρης ἄρτι ἀνθούσης	au champ précisément florissant
χλωρόν·	d'une-couleur-jaune :
τρώγων δὲ ῥίζας σίτου	et rongeant des racines de blé
ἀραιὰς καὶ διαβρόχους,	minces et imbibées-d'humidité,
συμπεφυρμένας βώλῳ μελαίνῃ,	mêlées de motte noire,
εἶπε·	elle dit :
« Ζῇς βίον	« Tu vis (tu mènes) la vie
μύρμηκος ταλαιπώρου,	d'une fourmi accablée-de-peines,
βιβρώσκων	grignotant
ἐν πυθμέσι γῆς	au fond de la terre
λεπτὰ κρίμνα·	de maigres brins-de-blé :

ἐμοὶ δ' ὑπάρχει πολλὰ καὶ περισσεύει· 10
τὸ κέρας κατοικῶ πρὸς σὲ¹ τῆς Ἀμαλθείης.
Εἴ μοι συνέλθοις, ὡς θέλεις, ἀσωτεύσῃ,
παρεὶς ὀρύσσειν ἀσφάλαξι² τὴν χώρην. »
Ἀπῆγε τὸν μῦν τὸν γεηπόνον, πείσας
εἰς οἶκον ἐλθεῖν ὑπό τε τοῖχον ἀνθρώπου. 15
Ἔδειξε δ' αὐτῷ, ποῦ μὲν ἀλφίτων πλήθη,
ποῦ δ' ὀσπρίων ἦν σωρός, ἢ πίθοι σύκων,
στάμνοι τε μέλιτος, σωρακοί τε φοινίκων.
Ὁ δ' ὡς ἐτέρφθη πᾶσι, καὶ παρωρμήθη,
καὶ τυρὸν ἦγεν ἐκ κανισκίου σύρων, 20
ἀνέῳξε τὴν θύρην τις· ὁ δ' ἀποπηδήσας,
στεινῆς ἔφευγε δειλὸς εἰς μυχὸν τρώγλης,
ἄσημα τρίζων, τόν τε πρόξενον³ ὀλίβων.
Μικρὸν δ' ἐπισχών, εἶτ' ἔσωθεν ἐκκύψας,
ψαύειν ἔμελλεν ἰσχάδος Καμειραίης⁴. 25

pour nourriture ; mais, moi, j'ai tout en abondance et à profusion. Au prix de toi, je vis dans la corne d'Amalthée. Si tu veux venir avec moi, tu feras bonne chère, tu en auras ton soûl ; laisse les taupes fouiller la terre. » Il emmena notre campagnard, et lui persuada de venir habiter avec lui le toit de l'homme. Puis il lui montra les sacs de blé, les tas de légumes, les tonnes de figues, les cruches de miel, les monceaux de dattes. L'autre tout aise se sentait de l'appétit ; il était en train de tirer un fromage d'un petit panier, quand quelqu'un ouvrit la porte : il se sauva au plus vite, et s'alla blottir de peur tout au fond d'un trou étroit, poussant de petits cris étouffés, et se serrant contre son hôte. Bientôt il mit le nez dehors, et entamait une figue de Camire : une autre personne vint pour chercher quelque autre chose

ἐμοὶ δὲ ὑπάρχει	mais à moi appartiennent
καὶ περισσεύει	et sont-au-superflu
πολλά·	beaucoup-de-choses :
κατοικῶ πρὸς σὲ	j'habite, en-comparaison-de toi,
τὸ κέρας Ἀμαλθείης.	la corne d'Amalthée.
Εἴ μοι συνέλθοις,	Si tu veux-venir-avec moi,
ἀσωτεύσῃ,	tu-feras-bonne-chère,
ὡς θέλεις,	comme (autant que) tu veux,
παρεὶς ἀσφάλαξιν	ayant abandonné aux taupes
ὀρύσσειν τὴν χώρην. »	à creuser la terre. »
Ἀπῆγε τὸν μῦν	Elle emmenait la souris
τὸν γεηπόνον,	celle qui-travaillait-aux-champs,
πείσας ἐλθεῖν	*lui* ayant persuadé de venir
εἰς οἶκον ὑπό τε τοῖχον	dans l'habitation et sous le toit
ἀνθρώπου.	de l'homme.
Ἔδειξε δὲ αὐτῷ,	Et elle lui montra
ποῦ μὲν ἦν πλήθη ἀλφίτων,	où étaient les masses de blé,
ποῦ δὲ σωρὸς ὀσπρίων,	où le tas des légumes,
ἢ πίθοι σύκων,	ou les tonneaux de figues,
στάμνοι τε μέλιτος,	et les cruches de miel,
σώρακοί τε φοινίκων.	et les monceaux de dattes.
Ὁ δὲ	Celle-ci (la citadine)
ὡς ἐτέρφθη	quand elle se fut réjouie
πᾶσι,	de tout *cela*,
καὶ παρωρμήθη,	et *qu*'elle se fut élancée,
καὶ ἦγε σύρων	et *qu*'elle tirait en traînant
τυρὸν ἐκ κανισκίου,	un fromage d'un petit panier,
ἀνέῳξέ τις τὴν θύρην·	quelqu'un ouvrit la porte :
ὁ δὲ ἀποπηδήσας	et elle, se-sauvant-à-toutes-jambes,
ἔφευγε δειλὸς	allait-se-réfugier tremblante
εἰς μυχὸν τρώγλης στεινῆς,	dans le fond d'un trou étroit,
τρίζων	poussant-de-petits-cris-aigus
ἄσημα,	confusément,
καὶ θλίβων τὸν πρόξενον.	et froissant l'hôte.
Ἐπισχὼν δὲ μικρόν,	Et ayant attendu un peu,
εἶτα ἐκκύψας	puis ayant sorti-le-nez
ἔσωθεν,	hors-de-l'intérieur,
ἔμελλε ψαύειν	elle allait toucher
ἰσχάδος Καμειραίης·	à une figue de-Camire :
ἕτερος δὲ	mais une autre-personne

ἕτερος δ' ἐπῆλθεν ἄλλο τι προαιρήσων·
οἱ δ' ἔνδον ἐκρύβοντο⁵. Μῦς δ' ἀρουρίτης,
« Τοιαῦτα δειπνῶν, » εἶπε, « χαῖρε καὶ πλούτει,
καὶ τοῖς περισσοῖς αὐτὸς ἐντρύφα δείπνοις,
ἔχων τὰ πολλὰ ταῦτα μεστὰ κινδύνων· 30
ἐγὼ δὲ λιτῆς οὐκ ἀφέξομαι βώλου,
ὑφ' ἣν τὰ κρίμνα μὴ φοβούμενος τρώγω. »

au magasin; et rats de se cacher. Alors le campagnard : « Garde pour toi tes mets et ta richesse, ces festins abondants dont tu fais tes délices, cette opulence pleine de dangers. Pour moi, je ne quitterai pas ma petite motte de terre, à l'abri de laquelle je mange tranquillement mes grains d'orge. »

ΡΗ'. ΚΑΡΚΙΝΟΣ ΚΑΙ ΜΗΤΗΡ.

Μὴ λοξὰ βαίνειν ἔλεγε καρκίνῳ μήτηρ,
ὑγρῇ τε πέτρῃ πλάγια¹ κῶλα μὴ σύρειν.
Ὁ δ' εἶπε· « Μῆτερ, ἡ διδάσκαλος, πρώτη
« ὀρθὴν² ἄπελθε, καὶ βλέπων σε, ποιήσω. »

108. L'ÉCREVISSE ET SA MÈRE.

« Ne peux-tu marcher droit, disait une mère écrevisse à sa fille, et ne pas te traîner ainsi de travers sur cette roche humide ? » L'autre lui dit : « Mère, toi qui conseilles si bien, commence par marcher droit toi-même : je ferai ce que je te verrai faire. »

ΡΘ'. ΚΥΩΝ ΚΑΙ ΔΕΣΠΟΤΗΣ.

Μέλλων ὁδεύειν τῆς κυνός τις ἑστώσης,
εἶπεν· « Τί χάσκεις ; πάνθ' ἕτοιμά σοι ποίει·

109. LE CHIEN ET SON MAITRE.

Un homme qui allait se mettre en voyage dit à son chien, qui était à ses pieds : « Qu'as-tu à bâiller ? prépare-toi, tu vas venir avec

ἐπῆλθε προαιρήσων | survint pour tirer-du *magasin*
ἄλλο τι· | quelqu'autre-chose :
αἱ δὲ ἐκρύβοντο ἔνδον. | et celles-ci se cachèrent en-dedans.
Μῦς δ' ἀρουρίτης | Mais la souris de-la-campagne
εἶπε· | dit :
« Χαῖρε δειπνῶν | « Complais-toi mangeant
τοιαῦτα, | de telles-choses,
καὶ πλούτει, | et reste-riche,
καὶ ἐντρύφα αὐτὸς | et fais-tes-délices toi-même *seule*
τοῖς περισσοῖς δείπνοις, | à (de) ces abondants repas,
ἔχων ταῦτα τὰ πολλὰ | gardant ces richesses
μεστὰ κινδύνων· | pleines de dangers.
ἐγὼ δὲ οὐκ ἀφέξομαι | *Pour* moi je ne me séparerai pas
λιτῆς βώλου, | de la petite motte-de-terre,
ὑπὸ ἣν τρώγω | sous laquelle je ronge
μὴ φοβούμενος | non craignante (sans crainte)
τὰ κρίμνα. » | les grains-de-blé. »

ΡΗ'. ΚΑΡΚΙΝΟΣ ΚΑΙ ΜΗΤΗΡ.
108. L'ÉCREVISSE ET SA MÈRE.

Μήτηρ ἔλεγε καρκίνῳ | Une mère disait à une écrevisse
μὴ βαίνειν λοξά, | de ne pas marcher de travers,
μηδὲ σύρειν | et de ne pas traîner
κῶλα πλάγια | *ses* membres obliquement
πέτρῃ ὑγρῇ. | sur le rocher humide.
Ὁ δὲ εἶπε· | Et celle-ci *lui* dit :
« Μῆτερ, ἡ διδάσκαλος, | « Mère, *toi* l'institutrice,
ἄπελθε πρώτη | pars la première
ὀρθήν, | *par le chemin* droit,
καὶ σὲ βλέπων, | et *moi* te regardant,
ποιήσω. » | je ferai *comme toi*. »

ΡΘ'. ΚΥΩΝ ΚΑΙ ΔΕΣΠΟΤΗΣ.
109. LE CHIEN ET SON MAÎTRE.

Μέλλων τις | Quelqu'un étant-sur-le-point
ὁδεύειν, | de faire-route,
τῆς κυνὸς ἑστώσης, | son chien se tenant-là,
εἶπε· « Τί χάσκεις; | il *lui* dit : « Qu'es-tu-là-béant ?

μετ' ἐμοῦ γὰρ ἥξεις. » Ἡ δὲ κέρκον οὐραίην[1]
ἄρασά φησι· « Πάντ' ἔχω· σὺ δὲ τρίβεις. »

moi. » Le chien répondit en levant la queue : « Je suis tout prêt ; c'est toi qui es en retard. »

ΡΓ'. ΟΝΟΣ ΑΛΑΣ ΦΕΡΩΝ.

Μικρέμπορός τις ὄνον ἔχων ἐβουλήθη,
τοὺς ἅλας ἀκούων παρὰ θάλασσαν εὐώνους,
τούτους πρίασθαι· φορτίσας τε γενναίως
τὸν ὄνον κατῆγε. Τῆς δ' ὁδοῦ προκοπτούσης[1],
ὤλισθεν ἄκων εἴς τι ῥεῖθρον ἐξαίφνης, 5
καὶ συντακέντων τῶν ἁλῶν ἐλαφρύνθη·
ῥάων δ' ἀνέστη καὶ παρῆν ἀμοχθήτως
εἰς τὴν μεσόγεων. Τοὺς ἅλας δὲ πωλήσας,
πάλιν γομώσων τὸν ὄνον ἦγε, καὶ πλείω
ἔτ' ἐπετίθει τὸν φόρτον. Ὡς δὲ μογθήσας 10
διέβαινε τὸν ῥοῦν, οὗπερ ἦν πεσὼν πρώην,
ἑκὼν κατέπεσε· καὶ πάλιν ὅλους τήξας,
γαῦρος ἀνέστη κοῦφος ὥς τι κερδήσας.
Ὁ δ' ἔμπορος τέχνην ἐπινοεῖ, καὶ πλείους

110. L'ANE CHARGÉ DE SEL.

Un petit marchand avait entendu dire que près de la mer le sel était à vil prix ; il résolut d'en acheter. Il en chargea fortement son âne, et le ramena. Ils étaient près d'arriver quand tout à coup la bête tomba dans une rivière ; le sel se fondit, et l'âne soulagé d'autant se releva sans peine et regagna aisément le bord. Le sel vendu, le marchand emmena encore son âne et lui donna une plus forte charge. Celui-ci, pliant sous le faix, traversait le courant où il était tombé, et s'y laissa choir à dessein ; le sel fondit encore, puis l'âne se remit sur ses pieds tout fier et tout léger, croyant avoir beaucoup gagné à

ποίει σοι ἕτοιμα πάντα·　　　fais toi prêtes toutes-les-choses :
ἥξεις γὰρ μετ' ἐμοῦ. »　　　car tu iras avec moi. »
Ἡ δὲ ἄρασα κέρκον οὐραίην　Et lui, ayant levé la queue,
φησίν· « Ἔχω πάντα·　　　dit : « J'ai tout *prêt :*
σὺ δὲ τρίβεις. »　　　　　mais toi tu tardes. »

ΡΙ'. ΟΝΟΣ ΦΕΡΩΝ ΑΛΑΣ.　110. L'ANE PORTANT DU SEL.

Μικρέμπορός τις　　　　　Certain petit-marchand
ἔχων ὄνον,　　　　　　　ayant une âne,
ἀκούων τοὺς ἅλας　　　　entendant le sel
εὐώνους παρὰ θάλασσαν,　*être* à-bas-prix près de la mer,
ἐβουλήθη πρίασθαι τούτους·　voulait acheter celui-ci ;
φορτίσας τε γενναίως　　　et ayant chargé fortement
τὸν ὄνον κατῆγε.　　　　l'âne, il *le* reconduisait.
Τῆς δὲ ὁδοῦ προκοπτούσης,　Et le chemin s'avançant,
ἄκων　　　　　　　　　*l'â*ne sans-le-vouloir
ὤλισθεν ἐξαίφνης　　　　glissa (tomba) tout-à-coup
εἴς τι ῥεῖθρον,　　　　　dans une rivière,
καὶ τῶν ἁλῶν συντακέντων,　et le sel s'étant fondu,
ἐλαφρύνθη·　　　　　　il fut allégé,
ἀνέστη δὲ ῥάων,　　　　et il se releva plus aisé,
καὶ παρῆν ἀμοχθήτως　　et arriva sans-peine
εἰς τὴν μεσόγεων.　　　sur la terre.
Πωλήσας δὲ τοὺς ἅλας,　　Et *le marchand* ayant vendu le sel,
ἦγε πάλιν τὸν ὄνον　　　conduisait de-nouveau l'âne
γομώσων,　　　　　　pour le charger,
καὶ ἐπετίθει　　　　　　et il *lui* imposait
τὸν φόρτον ἔτι πλείω.　　la charge encore plus-forte.
Ὡς δὲ　　　　　　　Et lorsque *l'â*ne
μοχθήσας　　　　　　fatigué-par-la-peine,
διέβαινε τὸν ῥοῦν　　　traversait le courant
οὕπερ ἦν πεσὼν πρώην,　où il était tombé récemment,
κατέπεσεν ἑκών·　　　　il tomba à-dessein :
καὶ τήξας　　　　　　et ayant fait-fondre
πάλιν ὅλους,　　　　　de-nouveau tout *le sel*,
ἀνέστη γαύρως κοῦφος,　il se-releva avec-fierté léger,
ὡς κερδήσας τι.　　　　comme *y* ayant gagné quelque-chose.
Ὁ δὲ ἔμπορος ἐπινοεῖ　　Et le marchand comprend

σπόγγους κατῆγεν ὕστερον πολυτρήτους 15
ἐκ τῆς θαλάσσης, τούς θ' ἅλας μεμισήκει.
Ὁ δ' ὄνος πανούργως, ὡς προσῆλθε τῷ ῥείθρῳ,
ἑκὼν κατέπεσεν· ἀθρόως δὲ τῶν σπόγγων
διαβραχέντων, πᾶς ὁ φόρτος ὠγκώθη,
βάρος δὲ διπλοῦν ἦλθε βαστάσας νώτοις. 20
Πολλάκις ἐν οἷς τις ηὐτύχησε καὶ² πταίει.

cette malice. L'homme vit la ruse, et, dégoûté du sel, retourna au rivage et en rapporta une grande quantité d'éponges. L'âne, lorsqu'il fut revenu à la rivière, s'y jeta de plus belle ; mais aussitôt les éponges s'emplirent d'eau, toute la charge gonfla, et l'âne se remit en route avec un double fardeau sur ses épaules.

Souvent ce qui faisait notre fortune fait notre malheur.

ΡΙΑ'. ΜΥΣ ΚΑΙ ΤΑΥΡΟΣ.

Μῦς ταῦρον ἔδακεν. Ὁ δ' ἐδίωκεν ἀλγήσας
τὸν μῦν· φθάσαντος δ' εἰς μυχὸν φυγεῖν τρώγλης,
ὤρυσσεν ἑστὼς τοῖς κέρασι τοὺς τοίχους,
ἕως κοπωθεὶς ὀκλάσας ἐκοιμήθη
παρὰ τὴν ὀπὴν ὁ ταῦρος. Ἔνθεν ἐκκύψας 5
ὁ μῦς ἐφέρπει, καὶ πάλιν δακὼν φεύγει.
Ὁ δ' ἐξαναστὰς οὐκ ἔχων ὃ ποιήσει,

111. LA SOURIS ET LE TAUREAU.

Une souris mordit un taureau. Celui-ci, transporté par la douleur, la poursuivit. La souris courait plus vite et se réfugia dans le fond d'un trou ; le taureau s'arrêta auprès, et se mit à battre le mur de ses cornes, tant qu'épuisé de fatigue il plia les genoux et s'endormit près du trou. Alors la souris sortit de sa cachette, s'approcha de lui, le mordit encore et s'enfuit. Le taureau se releva, bien empêché et ne

τὴν τέχνην,
καὶ κατῆγεν ὕστερον
ἐκ τῆς θαλάσσης
σπόγγους πολυτρήτους
πλείους,
μεμισήκει τε τοὺς ἅλας.
Ὁ δὲ ὄνος,
ὡς προσῆλθε τῷ ῥείθρῳ,
κατέπεσε πανούργως ἑκών·
τῶν δὲ σπόγγων
διαβραχέντων ἀθρόως,
πᾶς ὁ φόρτος ὠγκώθη,
ἦλθε δὲ βαστάσας
νώτοις βάρος διπλοῦν.
[Πολλάκις τις
ἐν οἷς ηὐτύχησε
καὶ πταίει.]

la ruse,
et il ramenait plus-tard
de la mer
des éponges aux-trous-nombreux
en-plus-grande-quantité,
et il avait pris-en-dégoût le sel.
Mais l'âne,
lorsqu'il s'approcha près du gué,
se-laissa-tomber malignement avec-volonté;
et les éponges
ayant été imbibées en-masse,
toute la charge fut gonflée;
et il s'en-alla portant
sur *son* dos un poids double.
[Souvent quelqu'un
en quoi il était-heureux,
fait-sa-chute aussi.]

ΡΙΑ΄. ΜΥΣ ΚΑΙ ΤΑΥΡΟΣ.
111. LA SOURIS ET LE TAUREAU.

Μῦς ἔδακε ταῦρον.
Ὁ δὲ ἀλγήσας
ἐδίωκε τὸν μῦν·
φθάσαντος δὲ
φυγεῖν εἰς μυχὸν
τρώγλης, ὁ ταῦρος
ἑστὼς ὤρυσσε
τοὺς τοίχους τοῖς κέρασιν,
ἕως κοπωθεὶς
ὀκλάσας
ἐκοιμήθη παρὰ τὴν ὀπήν.
Ἔνθεν ἐκκύψας
ὁ μῦς ἐφέρπει,
καὶ δακὼν πάλιν
φεύγει.
Ὁ δὲ ἐξαναστὰς
διηπορεῖτο,
οὐκ ἔχων ὃ ποιήσει·

Une souris avait mordu un taureau.
Et celui-ci, saisi-de-douleur,
poursuivait la souris;
et *elle* ayant pris-les-devants
pour se réfugier dans le fond
d'un trou, le taureau
se-tenant-là creusait
le mur de ses cornes,
jusqu'à-ce-que épuisé-de-fatigue,
ayant plié-les-genoux,
il s'endormit près du trou.
Alors ayant sorti-le-nez
la souris s'approche *du taureau*,
et *l'*ayant mordu de-nouveau,
elle s'enfuit.
Mais celui-ci, s'étant levé,
hésitait-incertain,
n'ayant pas (ne sachant) ce qu'il ferait;

διηπορεῖτο· τῷ δ' ὁ μῦς ἐπιτρύξας·
« Οὐχ ὁ μέγας αἰεὶ δυνατός· ἔσθ' ὅπου μᾶλλον
τὸ μικρὸν εἶναι καὶ ταπεινὸν ἰσχύει. »   10

sachant que faire. La souris lui dit en son langage : « Le plus grand n'est pas toujours le plus fort; l'avantage reste quelquefois au plus humble et au plus petit. »

ΡΙΒ'. ΠΟΙΜΗΝ ΚΑΙ ΚΥΩΝ.

Μάνδρης ἔσω τις πρόβατα συλλέγων δειλῆς,
χνηκὸν μετ' αὐτῶν λύκον ἔμελλε συγκλείειν.
Ὁ κύων δ' ἰδών, πρὸς αὐτὸν εἶπε· « Πῶς σπεύδεις
τὰ πρόβατα σῶσαι, τοῦτον εἰσάγων ἡμῖν; »

112. LE BERGER ET LE CHIEN.

Un berger faisant rentrer le soir ses brebis, allait enfermer avec elles un loup au poil fauve. Son chien lui dit : « Que prends-tu tant de peine pour mettre en sûreté tes brebis, si tu nous amènes celui-ci ? »

ΡΙΓ'. ΛΥΧΝΟΣ.

Μεθύων ἐλαίῳ λύχνος ἑσπέρης ηὔχει
πρὸς τοὺς παρόντας ὡς ἑωσφόρου κρείσσων
λάμπειν ἅπασιν ἐκπρεπέστατον φέγγος.
Ἀνέμου δὲ συρίσαντος εὐθὺς ἐσβέσθη,
πνοῇ ῥαπισθείς. Ἐκ δὲ δευτέρης ἅπτων   5
εἶπέν τις αὐτῷ· « Βαιὸν ἦν λύχνου πνεῦμα·
τῶν δ' ἀστέρων τὸ φέγγος οὐκ ἀποθνήσκει. »

113. LA LAMPE.

Une lampe remplie d'huile se vantait un soir auprès de ceux qui se trouvaient là que sa vive lumière l'emportait sur celle de Lucifer. Mais le vent siffle et de son souffle l'éteint aussitôt. Quelqu'un la ralluma et lui dit : « La lueur de la lampe est faible et sans durée, mais l'éclat des astres est impérissable. »

τῷ δὲ ὁ μῦς
ἐπιτρύξας·
« Οὐκ ἀεὶ ὁ μέγας
δυνατός·
ἔστιν ὅπου
τὸ εἶναι μικρὸν καὶ ταπεινὸν
μᾶλλον ἰσχύει. »

et la souris lui *dit*
en murmurant :
« *Ce n'est* pas toujours le grand
qui est puissant :
il y a *des cas* où
être petit et humble
a plutôt de-la-force. »

PIB'. ΠΟΙΜΗΝ ΚΑΙ ΚΥΩΝ.   112. LE BERGER ET LE CHIEN.

Συλλέγων τις δείλης
πρόβατα ἔσω μάνδρης,
ἔμελλε συγκλείειν
μετὰ αὐτῶν λύκον
κνηκόν.
Ὁ δὲ κύων ἰδὼν
εἶπε πρὸς αὐτόν·
« Πῶς σπεύδεις
σῶσαι τὰ πρόβατα,
εἰσάγων ἡμῖν τοῦτον ; »

Quelqu'un rassemblant le soir
ses brebis à-l'intérieur d'une étable,
allait enfermer
avec eux un loup
à-la-couleur-fauve.
Et le chien *l*'ayant vu
dit à lui (au berger) :
« Comment te-hâtes-tu
de mettre-en-sûreté les brebis
en nous introduisant celui-ci ? »

ΡΙΓ'. ΛΥΧΝΟΣ.   113. LA LAMPE.

Λύχνος μεθύων ἐλαίῳ
ἑσπέρης ηὔχει
πρὸς τοὺς παρόντας
ὡς κρείσσων ἑωσφόρου
λάμπειν ἅπασι φέγγος
ἐκπρεπέστατον.
Ἀνέμου δὲ συρίσαντος
ἐσβέσθη εὐθύς,
ῥαπισθεὶς πνοῇ.
Ἅπτων δέ τις
ἐκ δευτέρης αὐτῷ εἶπε·
« Πνεῦμα λύχνου
ἦν βαιόν·
τὸ δὲ φέγγος τῶν ἄστρων
οὐκ ἀποθνήσκει. »

Une lampe saturée d'huile
le soir se-vantait
envers les assistants
qu'elle *était* supérieure à Lucifer
pour luire à tous l'éclat (de l'éclat)
le plus vif.
Et le vent ayant sifflé,
elle fut éteinte aussitôt,
battue par *son* souffle.
Et quelqu'un *l*'allumant
pour la seconde *fois* lui dit :
« Le souffle-*de-vie* de la lampe
était faible :
mais l'éclat des astres
ne meurt pas. »

ΡΙΔ'. ΧΕΛΩΝΗ ΚΑΙ ΑΕΤΟΣ.

Νωθὴς χελώνη λιμνάσιν ποτ' αἰθυίαις
λάροις τε καὶ κήϋξιν εἶπεν ἀγρώσταις[1]·
« Κἀμὲ πτερωτὴν εἴθε τις πεποιήκοι. »
Τῇ δ' ἐκ τύχης ἔλεξεν αἰετὸς προσπτάς·
« Πόσον, χέλυμνα[2], μισθὸν αἰετῷ δώσεις, 5
ὅστις σ' ἐλαφρὴν καὶ μετάρσιον θήσω; »
« Τὰ τῆς Ἐρυθρῆς πάντα δῶρά σοι δώσω. »
Τοιγὰρ διδάξω, » φησίν. Ὑπτίην[3] δ' ἄρας
ἔκρυψε νέφεσιν, ἔνθεν εἰς ὄρος ῥίψας,
ἤραξεν αὐτῆς οὖλον[4] ὄστρακον νώτων. 10
Ἡ δ' εἶπεν ἐκψύχουσα· « Σὺν δίκῃ θνήσκω·
τί γὰρ νεφῶν μοι; καὶ τίς ἡ πτερῶν χρείη
τῇ καὶ χαμᾶζε δυσκόλως προβαινούσῃ; »

114. LA TORTUE ET L'AIGLE.

La tortue paresseuse disait un jour aux plongeurs du marais, aux mouettes et aux céyx chasseurs : « Que ne m'a-t-on donné aussi des ailes ? » Un aigle qui se trouvait là lui dit : « Quelle récompense donneras-tu à l'aigle qui te rendra légère et t'enlèvera dans les airs? — Je te donnerai toutes les richesses de la mer Rouge. — Eh bien ! je vais t'apprendre à voler. » La saisissant alors par derrière, il l'enleva et alla se cacher avec elle dans les nues, puis de là il la laissa tomber sur un rocher où se brisa son écaille. La tortue dit en expirant : « J'ai mérité ma mort. Qu'avais-je affaire des nuages? pourquoi voulais-je des ailes, moi qui me trainais à peine sur la terre ? »

ΡΙΕ'. ΑΝΘΡΩΠΟΣ ΚΑΙ ΕΡΜΗΣ.

Νεὼς ποτ' αὐτοῖς ἀνδράσιν[1] βυθισθείσης,
ἰδών τις ἔλεγεν ἄδικα τοὺς θεοὺς κρίνειν·

115. L'HOMME ET MERCURE.

Un vaisseau s'abima avec tout son équipage ; un homme qui le vit accusa l'injustice des dieux : pour un impie qui s'était embarqué,

114. ΧΕΛΩΝΗ ΚΑΙ ΑΕΤΟΣ.

Νωθὴς χελώνη εἶπέ ποτε
αἰθυίαις λιμνάσι
ἱέροις τε
καὶ κήϋξιν ἀγρώσταις·
« Εἴθε τις πεποιήκοι
καὶ ἐμὲ πτερωτήν. »
Τῇ δὲ ἔλεξεν αἰετὸς
προσπτὰς ἐκ τύχης·
« Πόσον μισθόν,
χέλυμνα,
δώσεις τῷ αἰετῷ,
ὅστις σε θήσω
ἐλαφρὴν καὶ μετάρσιον; »
« Δώσω σοι
πάντα τὰ δῶρα
τῆς Ἐρυθρῆς. »
« Τοιγὰρ διδάξω, »
φησίν. Ἄρας δὲ
ὑπτίην
ἔκρυψε νέφεσιν,
ἔνθεν ῥίψας
εἰς ὄρος,
ἤραξεν οὖλον ὄστρακον
νώτων αὐτῆς.
Ἡ δὲ εἶπεν ἐκψύχουσα·
« Θνήσκω σὺν δίκῃ·
τί γάρ μοι
νεφῶν;
καὶ τίς ἡ χρείη πτερῶν
τῇ προβαινούσῃ δυσκόλως
καὶ χαμάζε; »

114. LA TORTUE ET L'AIGLE.

La lente tortue dit un-jour
à des plongeons habitant-un-marais
et à des mouettes
et à des céyx chasseurs :
« Plût-aux-dieux que quelqu'un eût fait
moi aussi ailée ! »
Et un aigle lui dit,
étant volé *vers ces lieux* par hasard :
« Quelle récompense,
ma petite-tortue,
donneras-tu à l'aigle,
qui te rendrai (si je te rendais)
légère et élevée-dans-les-airs ?
— Je te donnerai, *répondit-elle*,
tous les dons (richesses)
de la *mer* Rouge.
— Eh-bien ! je t'enseignerai *à voler*, »
dit-il. Et, l'ayant soulevée
saisie-par-derrière,
il *la* cacha dans les nues,
d'où *l'*ayant précipitée
sur un roc,
il brisa toute l'écaille
du dos d'elle.
Or celle-ci dit en expirant :
« Je meurs avec justice :
en effet, que m'est-il besoin
des nuées ?
et quel besoin des ailes
à *moi* qui avance péniblement
même sur-la-terre ? »

115. ΑΝΘΡΩΠΟΣ ΚΑΙ ΕΡΜΗΣ.

Νεὼς ποτε
βυθισθείσης
ἀνδράσιν αὐτοῖς,
ἰδών τις ἔλεγεν

115. L'HOMME ET MERCURE.

Un vaisseau un-jour
ayant été englouti
avec les hommes mêmes *qui s'y trou-* [vaient,
quelqu'un *l'*ayant vu, disait

ἑνὸς² γὰρ ἀσεβοῦς ἐμβεβηκότος πλοίῳ,
πολλοὺς σὺν αὐτῷ μηδὲν αἰτίους θνήσκειν.
Καὶ ταῦθ' ὁμοῦ³ λέγοντος, οἷα συμβαίνει,   5
πολλῶν ἐπ' αὐτὸν ἑσμὸς ἦλθε μυρμήκων,
σπεύδοντες ἄχνας πυρίνας ἀποτρώγειν.
Ὑφ' ἑνὸς δὲ δηχθεὶς συνεπάτησε τοὺς πλείους.
Ἑρμῆς δ' ἐπιστάς, τῷ τε ῥαβδίῳ παίων⁴,
« Εἶτ' οὐκ ἀνέξῃ, » φησί, « τοὺς θεοὺς εἶναι   10
ὑμῶν δικαστάς, οἷος εἶ σὺ μυρμήκων; »

bien des innocents avaient péri. Comme il disait cela, il arriva qu'une troupe de fourmis passa près de lui ; elles se pressaient d'aller ronger des pailles de blé. Une d'elles le mordit, et aussitôt il écrasa tout ce qu'il put. Mercure, se présentant à lui, le frappa de sa baguette et lui dit : « Et tu ne veux pas que les dieux vous jugent comme tu juges toi-même les fourmis ? »

ΡΙϚ'. ΧΕΛΙΔΩΝ ΔΙΚΑΣΤΑΙΣ ΣΥΝΟΙΚΟΥΣΑ.

Ξουθὴ¹ χελιδών, ἡ πάροικος ἀνθρώπων,
ἦρος καλιὴν ηὐθέτιζεν ἐν τοίχῳ,
ὅπου γερόντων οἶκος ἦν δικαστήρων·
κἀκεῖ νεοσσῶν ἑπτὰ γίνεται μήτηρ
οὔπω πτερίσκοις πορφυροῖς ἐπανθούντων.   5
Ὄφις δὲ τούτους, ἑρπύσας ἀπὸ τρώγλης,

116. L'HIRONDELLE DANS LA MAISON DES JUGES.

Une rapide hirondelle, cette voisine de l'homme, vint au printemps établir son nid sous le toit qu'habitaient de vieux juges. Elle y devint mère de sept petits. Leurs ailes se couvraient à peine d'un duvet doré ;

ὺς θεοὺς κρίνειν	que les dieux décidaient
δίκα·	des choses-injustes :
ιὸς ἀσεβοῦς γὰρ	qu'un seul impie, en effet,
ιβεβηκότος πλοίῳ,	étant entré dans le navire,
ολλοὺς αἰτίους μηδὲν	beaucoup *n'étant* coupables en-rien
νήσκειν σὺν αὐτῷ.	mouraient avec lui.
αὶ λέγοντος ταῦτα,	Et comme il disait cela,
μοῦ,	en-même-temps,
ἵα συμβαίνει,	ainsi-qu'il arrive,
λθεν ἐπὶ αὐτὸν ἑσμὸς	vint vers lui un essaim
ολλῶν μυρμήκων,	de nombreuses fourmis,
πεύδοντες ἀποτρώγειν	se-pressant-d'aller ronger
χνας πυρίνας.	des paillettes de-froment.
ηχθεὶς δὲ ὑπὸ ἑνός,	Et ayant été mordu par une *d'elles*,
υνεπάτησε	il écrasa-des-pieds
οὺς πολλούς.	le plus-grand-nombre *d'entre-elles*.
Ἑρμῆς δὲ ἐπιστὰς	Et Mercure s'étant placé-près-de *lui*
αίων τε τῷ ῥαβδίῳ,	et *le* frappant de *sa* baguette,
ησί·	*lui* dit :
« Εἶτα οὐκ ἀνέξῃ	« *Et* ensuite tu ne supporteras pas
οὺς θεοὺς εἶναι	que les dieux soient
ικαστὰς ὑμῶν	juges de vous
ἴος σὺ εἶ μυρμήκων ; »	tels que toi tu *l'*es des fourmies ? »

ΡΙϚ′. ΧΕΛΙΔΩΝ ΣΥΝΟΙΚΟΥΣΑ ΔΙΚΑΣΤΑΙΣ.

116. L'HIRONDELLE DEMEURANT AVEC DES JUGES.

Χελιδὼν ξουθή,	Une hirondelle rapide,
ἡ πάροικος ἀνθρώπων,	la voisine des hommes,
ηὐθέτιζεν ἦρος	disposait au printemps
καλιὴν ἐν τοίχῳ,	*son* nid dans un mur,
ὅπου ἦν οἶκος	où était la maison
γερόντων δικαστήρων·	de vieillards juges.
Καὶ ἐκεῖ γίνεται μήτηρ	Et là elle devient mère
ἑπτὰ νεοσσῶν	de sept petits
οὔπω ἐπανθούντων	*ne* brillant pas encore
πτερίσκοις πορφυροῖς.	de petites-ailes purpurines.
Ὄφις δὲ ἑρπύσας	Mais un serpent s'étant glissé
ἀπὸ τρώγλης,	de *son* trou,

ἅπαντας ἑξῆς ἔφαγεν. Ἡ δὲ δειλαίη
παίδων ἀώρων συμφορὰς ἀπεθρήνει,
« Οἴμοι, » λέγουσα, « τῆς ἐμῆς ἐγὼ μοίρης·
ὅπου νόμοι γὰρ καὶ θέμιστες ἀνθρώπων,   10
ἔνθεν χελιδὼν ἠδικημένη φεύγει. »

un serpent se glissa dans le nid et les dévora l'un après l'autre. La malheureuse mère, pleurant la mort prématurée de ses enfants, disait : « Hélas! quelle destinée est la mienne! c'est de la maison même de la justice et des lois que l'hirondelle est contrainte de fuir, victime de l'injustice! »

ΡΙΖ'. ΑΓΑΛΜΑ ΕΡΜΟΥ.

Ξύλινόν τις Ἑρμῆν εἶχεν· ἦν δὲ τεχνίτης·
σπένδων δὲ τούτῳ καὶ καθ' ἡμέρην θύων,
ἔπρασσε φαύλως. Τῷ θεῷ δ' ἐθυμώθη·
χαμαὶ δ' ἀπεκρότησε τοῦ σκέλους ἄρας.
Χρυσὸς δὲ κεφαλῆς ἐρρύη καταγείσης,   5
ὃν συλλέγων ἄνθρωπος εἶπεν· « Ἑρμείη,
σκαιός τις εἶ σύ, καὶ φίλοισιν ἀγνώμων,
ὃς προσκυνοῦντας οὐδὲν ὠφέλεις ἡμᾶς,
ἀγαθοῖς δὲ πολλοῖς ὑβρίσαντας ἠμείψω.
Τὴν εἰς σὲ καινὴν εὐσέβειαν οὐκ ᾔδειν. »   10
Καὶ τοὺς θεοὺς Αἴσωπος ἐμπλέκει μύθοις,

147. LA STATUE DE MERCURE.

Un artisan gardait chez lui un Mercure de bois. Ce n'étaient chaque jour que libations et sacrifices, sans que les affaires de notre homme en fussent moins mal pour cela. Enfin il se fâcha contre le dieu, le souleva par la jambe, et le jeta violemment à terre. La tête en pièces, il en roula de l'or ; l'homme le ramassa et dit : « Tu es un singulier dieu, Mercure, et bien ingrat envers tes amis ; tu ne nous as pas fait de bien quand nous t'adorions, et maintenant que nous t'outrageons, tu nous combles de tes faveurs. C'est un culte tout nouveau, que je ne connaissais pas. »

Ésope fait intervenir les dieux dans ses fables pour nous donner à

FABLES DE BABRIUS.   189

ἄγε τούτους ἅπαντας	mangea ceux-ci tous
ἧς.	l'un-après-l'autre.
Ἡ δὲ δειλαίη	Et elle, la malheureuse,
ἐθρήνει συμφορὰς παίδων	pleurait-sur le destin de ses enfants
ὁρῶν,	n'ayant-pas-l'âge-mûr,
γοῦσα· « Οἴμοι ἐγὼ	en disant : « Hélas! moi *malheureuse*
ἧς ἐμῆς μοίρης·	à cause de mon destin!
τοῦ γὰρ νόμοι	car *là où sont* les lois
αἱ θέμιστες ἀνθρώπων,	et les arrêts-de-la-justice des hommes,
θεν χελιδὼν φεύγει	de là l'hirondelle fuit
λκημένη. »	victime-d'un-attentat. »

ΡΙΖ΄. ΑΓΑΛΜΑ ΕΡΜΟΥ.   117. LA STATUE DE MERCURE.

ἰχέ τις Ἑρμῆν ξύλινον·	Quelqu'un avait un Mercure en-bois :
ὁ δὲ τεχνίτης·	c'était un artisan;
πένδων δὲ	or, *tout*-en faisant-des-libations
αὶ θύων	et offrant-des-sacrifices
κτὰ ἡμέρην τούτῳ,	chaque-jour à celui-ci,
τρασσε	il se-trouvait-dans-ses affaires
αύλως.	mal.
ἐθυμώθη δὲ τῷ θεῷ·	Et il s'irrita contre le dieu;
ρας δὲ τοῦ σκέλους	et, *l'*ayant soulevé par la jambe,
πεκρότησε	il *le* jeta-avec-fracas
αμαί.	par terre.
κεφαλῆς δὲ καταγείσης	Et de la tête brisée *du dieu*
ῥύη χρυσός,	roula de l'or,
ν ἄνθρωπος συλλέγων εἶπεν·	lequel l'homme ramassant dit :
Ἑρμείη, εἰ σὺ	« Mercure, tu es
ὶς σκαιός,	un *être* sot,
αὶ ἀγνώμων φίλοισιν,	et ingrat pour *tes* amis,
ς ἡμᾶς ὠφέλεις οὐδὲν	*toi* qui nous aidais en-rien
ροσκυνοῦντας,	quand nous *t'*adorions,
μείψω δὲ	et qui *nous* as récompensé
ολλοῖς ἀγαθοῖς	de beaucoup-de biens
ὑβρίσαντας.	lorsque nous t'avons outragé.
Οὐκ ᾔδειν	Je ne connaissais pas
ἢν καινὴν εὐσέβειαν εἰς σέ. »	ce nouveau culte envers (de) toi. »
Αἴσωπος ἐμπλέκει μύθοις	Ésope implique dans *ses* fables

βουλόμενος ἡμᾶς νουθετεῖν πρὸς ἀλλήλους·
Πλέον οὐδὲν ἕξεις σκαιὸν ἄνδρα τιμήσας,
ἀτιμάσας δ' ἂν αὐτὸν ὠφεληθείης.

tous ce conseil : « Vous ne tirerez rien d'un homme grossier par des hommages; en le maltraitant, vous pourrez tout obtenir. »

ΡΙΗ'. ΒΑΤΡΑΧΟΣ ΙΑΤΡΟΣ.

Ὁ τελμάτων ἔνοικος, ὁ σκιῇ χαίρων,
ὁ ζῶν ὀρυκτοῖς βάτραχος παρ' εὐρίποις [1],
εἰς γῆν παρελθών, ἔλεγε πᾶσι τοῖς ζῴοις,
ἰατρὸς εἶναι φαρμάκων ἐπιστήμων
οἵων τάχ' οὐδεὶς οἶδεν, οὐδ' ὁ Παιήων [2], 5
ὃς Ὄλυμπον οἰκεῖ καὶ θεοὺς ἰατρεύει.
« Καὶ πῶς, » ἀλώπηξ εἶπεν, « ἄλλον ἰήσῃ,
ὃς σαυτὸν οὕτω χωλὸν ὄντα μὴ σώζεις; »

118. LA GRENOUILLE MÉDECIN.

L'habitante des bourbiers, celle qui se plaît à l'ombre et qui vit auprès des fossés, la grenouille, s'avisa de monter sur la terre et de dire à tous les animaux qu'elle était médecin, et qu'elle savait des remèdes inconnus à tout le monde, même à Péon qui habite l'Olympe et qui est le médecin des dieux. « Comment, lui dit le renard, pourrais-tu guérir personne, toi qui es si boiteuse, et qui ne sais pas même te guérir? »

ΡΙΘ'. ΟΡΝΙΣ ΚΑΙ ΑΙΛΟΥΡΟΣ.

Ὄρνις ποτ' ἠσθένησε. Τῇ δὲ προσκύψας
αἴλουρος εἶπε· « Πῶς ἔχεις; τίνων χρῄζεις;
Ἐγὼ παρέξω πάντα σοι· μόνον σώζου. »
Ἡ δ', « Ἂν ἀπέλθῃς, » εἶπεν, « οὐκ ἀποθνῄσκω. »

119. LA POULE ET LE CHAT.

Une poule était malade. Un chat s'approcha d'elle et lui dit : « Comment cela va-t-il? de quoi as-tu besoin? Je te donnerai tout ce qu'il te faudra; ne songe qu'à te rétablir. — Si tu veux t'en aller, répondit-elle, je ne mourrai pas. »

καὶ τοὺς θεούς, — même les dieux,
βουλόμενος ἡμᾶς νουθετεῖν — voulant *ainsi* nous avertir
πρὸς ἀλλήλους· — *en disant* à l'un-et-à-l'autre :
Ἕξεις οὐδὲν — Tu n'obtiendras rien
πλέον — de plus (tu ne gagneras rien)
τιμήσας ἄνδρα σκαιόν, — ayant honoré un homme grossier,
ὠφεληθείης δ' ἂν — mais tu pourrais-en-avoir-de-l'avan-
αὐτὸν ἀτιμάσας. — l'ayant maltraité.

ΡΙΗ'. ΒΑΤΡΑΧΟΣ ΙΑΤΡΟΣ. — 118. LA GRENOUILLE MÉDECIN.

Ὁ ἔνοικος τελμάτων, — L'habitante des bourbiers,
ὁ χαίρων σκιῇ, — celle qui se plaît à l'ombre,
ὁ ζῶν παρὰ εὐρίποις — celle qui vit près des fossés
ὀρυκτοῖς, βάτραχος, — creusés, la grenouille,
παρελθὼν εἰς γῆν, — étant montée sur la terre,
ἔλεγε πᾶσι τοῖς ζῴοις — disait à tous les animaux
εἶναι ἰατρὸς — qu'elle était médecin
ἐπιστήμων φαρμάκων — connaissant des remèdes
οἵων τάχα — tels-que peut-être
οὐδεὶς οἶδεν, — aucun ne connaît (connaissait),
οὐδὲ ὁ Παιήων, — pas-même Péon,
ὃς οἰκεῖ Ὄλυμπον — qui habite l'Olympe
καὶ ἰατρεύει τοὺς θεούς. — et guérit les dieux.
« Καὶ πῶς, εἶπεν ἀλώπηξ, — « Et comment, *lui* dit un renard,
ἰήσῃ ἄλλον, — guériras-tu un autre,
ὃς μὴ σώζεις — *toi* qui ne sauves (guéris) pas
σαυτὸν ὄντα οὕτω χωλόν; » — toi-même étant si boiteux? »

ΡΙΘ'. ΟΡΝΙΣ ΚΑΙ ΑΙΛΟΥΡΟΣ. — 119. LA POULE ET LE CHAT.

Ὄρνις ποτὲ ἠσθένησε. — Une poule un-jour fut-malade.
Τῇ δὲ αἴλουρος προσκύψας — Un chat s'étant penché vers elle
εἶπε· « Πῶς ἔχεις; — lui dit : « Comment te-portes-tu?
τίνων χρῄζεις; — de quelles-choses as-tu-besoin?
Ἐγώ σοι παρέξω πάντα· — Moi je te donnerai tout :
μόνον σώζου. » — seulement rétablis-toi. »
Ἡ δὲ εἶπεν· — Celle-ci *lui* dit :
« Ἂν ἀπέλθῃς, οὐκ ἀποθνήσκω. » — « Si tu t'en-vas, je ne meurs pas. »

ΡΚ'. ΟΝΟΣ ΚΑΙ ΛΥΚΟΣ.

Ὄνος, πατήσας σκόλοπα, χωλὸς εἱστήκει·
λύκον δ' ἰδὼν παρόντα καὶ σαφῆ δείσας
ὄλεθρον, οὕτως εἶπεν · « Ὦ λύκε, θνήσκω·
μέλλων δ' ἀποπνεῖν σοί γε συμβαλὼν χαίρω.
Σὺ μᾶλλον ἢ γὺψ ἢ κόραξ με δειπνήσεις.   5
Χάριν δέ μοι δὸς ἀβλαβῆ τε καὶ κούφην,
ἐκ τοῦ ποδός μου τὴν ἄκανθαν εἰρύσσας,
ὡς μου κατέλθῃ πνεῦμ' ἀναλγὲς εἰς ᾅδου. »
Κἀκεῖνος εἰπών, « Χάριτος οὐ φθονῶ ταύτης, »
ὀδοῦσιν ἄκροις σκόλοπα θερμὸν ἐξῄρει.   10
Ὁ δ' ἐκλυθεὶς πόνων τε καὶ ὀύης πάσης,
τὸν κνηκίαν χάσκοντα λακτίσας φεύγει,
ῥῖνας, μέτωπα, γομφίους τ' ἀλοιήσας.
« Οἴμοι, » λύκος, « τάδ', » εἶπε, « σὺν δίκῃ πάσχω.
Τί γὰρ ἄρτι χωλοὺς ἠρξάμην ἰατρεύειν,   15
μαθὼν ἀπ' ἀρχῆς οὐδὲν ἢ μαγειρεύειν; »

120. L'ANE ET LE LOUP.

Un âne marcha sur un éclat de bois, et s'arrêta tout boiteux. Voyant un loup tout près de lui, et craignant une mort certaine, il lui dit : « O loup, je meurs, je vais expirer, mais je me félicite de t'avoir rencontré. J'aime mieux être mangé par toi que par un vautour ou par un corbeau. Rends-moi seulement un léger service et qui te coûtera peu; tire-moi cette épine du pied, afin que mon âme descende sans souffrir aux enfers. — Je ne veux pas te refuser, » répondit l'autre. Et du bout de ses dents il retira l'épine toute sanglante. L'âne soulagé et délivré de sa douleur, lâche une ruade au loup qui se tenait gueule béante, et s'enfuit après lui avoir fracassé le front, le nez et les mâchoires. « Hélas! dit le loup, c'est bien fait. Pourquoi m'avisais-je de vouloir guérir les boiteux, moi qui n'ai jamais su que le métier de boucher? »

ΡΚ'. ΟΝΟΣ ΚΑΙ ΛΥΚΟΣ.

120. L'ANE ET LE LOUP.

Ὄνος πατήσας	Un âne ayant marché-sur
σκόλοπα,	un éclat-de-bois,
εἱστήκει χωλός·	se-tenait-là boiteux :
ἰδὼν δὲ λύκον παρόντα,	et voyant un loup présent,
καὶ δείσας ὄλεθρον σαφῆ,	et redoutant une mort certaine,
εἶπεν οὕτως·	il parla ainsi :
« Ὦ λύκε, θνήσκω·	« O loup, je meurs ;
μέλλων δὲ ἀποπνεῖν	mais étant-sur-le-point d'expirer,
χαίρω	je me réjouis
συμβαλὼν σοί γε.	ayant rencontré (d'avoir renc.) toi.
Σὺ μᾶλλον ἢ γὺψ	Toi plutôt qu'un vautour
ἢ κόραξ με δειπνήσεις.	ou un corbeau, tu me mangeras.
Δὸς δέ μοι	Mais rends moi
χάριν ἀβλαβῆ καὶ κούφην,	un service innocent et facile,
εἰρύσσας τὴν ἄκανθαν	tirant cette épine
ἐκ τοῦ ποδός μου,	du pied de moi,
ὡς πνεῦμά μου	afin que l'âme de moi
κατέλθῃ ἀναλγὲς	descende sans-douleur
εἰς ᾅδου. »	dans *la demeure* des enfers. »
Καὶ ἐκεῖνος εἰπών,	Et l'autre ayant dit :
« Οὐ φθονῶ	« Je ne *te* porte-pas-envie
ταύτης χάριτος, »	pour (je ne refuse pas) ce service, »
ἐξῄρει ὀδοῦσιν ἄκροις	extrayait de *ses* dents extrêmes
σκόλοπα θερμόν.	l'éclat chaud.
Ὁ δὲ ἐκλυθεὶς	Mais celui-ci, délivré
πόνων τε καὶ πάσης δύης,	de *ses* maux et de toute douleur,
λακτίσας	ayant frappé-d'un-coup-de-pied
κνηκίαν χάσκοντα,	le loup ayant-la-gueule-béante,
φεύγει,	s'enfuit,
ἀλοιήσας	après-avoir broyé *au loup*
ῥῖνας, μέτωπα, γομφίους τε.	le nez, le front, et les dents-molaires.
« Οἴμοι· εἶπε λύκος·	« Hélas ! dit le loup :
σὺν δίκῃ πάσχω τάδε.	*c'est* avec raison *que* j'éprouve cela !
Τί γὰρ ἠρξάμην	Car pourquoi commençai-je
ἄρτι ἰατρεύειν χωλούς,	maintenant à guérir les boiteux,
μαθὼν	*moi* qui n'avais appris
ἀπὸ ἀρχῆς	dès-le principe
οὐδὲν ἢ μαγειρεύειν; »	rien si-ce-n'est de faire-le-cuisinier ? »

BABRIUS.

ΡΚΑ'. ΟΡΝΙΣ ΧΡΥΣΟΤΟΚΟΣ.

Ὄρνιθος ἀγαθῆς χρυσέ' ᾠὰ τικτούσης,
ὁ δεσπότης θησαυρὸν ᾤεθ' εὑρήσειν
ἐν τῆσδε πλεῖστον ἐγκάτοις ἀγερθέντα·
κἄκτεινε ταύτην, ἀθρόον λαβεῖν μέλλων.
Εὑρὼν δ' ὅμοια τἄνδον ὀρνέοις ἄλλοις, 5
ᾤμωζε πολλόν, ἐλπίδων ἀτευκτήσας·
πλείονος ἔρως γὰρ ἐστέρησε τῶν ὄντων.

121. LA POULE AUX OEUFS D'OR.

Une poule merveilleuse pondait des œufs d'or. Le maître, croyant qu'elle avait dans son corps un riche trésor, la tua pour prendre tout à la fois. Il la trouva semblable aux autres poules, et gémit alors, voyant ses espérances trompées. Pour avoir voulu être plus riche, il perdit ce qu'il avait.

ΡΚΑ'. ΟΡΝΙΣ ΧΡΥΣΟΤΟΚΟΣ.

121. LA POULE PONDANT-DES-OEUFS-D'OR.

Ὄρνιθος ἀγαθῆς
τικτούσης ᾠὰ χρυσέα,
ὁ δεσπότης ᾤετο
εὑρήσειν ἐν ἐγκάτοις
τῆσδε
θησαυρὸν πλεῖστον ἀγερθέντα·
καὶ ἔκτεινε ταύτην,
μέλλων λαβεῖν
ἀθρόον.
Εὑρὼν δὲ τὰ ἔνδον
ὅμοια ἄλλοις ὀρνέοις,
ᾤμωζε πολλόν,
ἀτευκτήσας ἐλπίδων·
ἔρως γὰρ πλείονος
ἐστέρησε τῶν ὄντων.

Une poule précieuse
pondant des œufs d'-or,
le maître d'*elle* croyait
qu'il trouverait dans les entrailles
de celle-ci
un trésor très riche amassé ;
et il tua celle-ci,
comme devant prendre *le trésor*
en-masse.
Mais ayant trouvé les choses-du-desemblables aux autres poules,
il gémissait beaucoup,
ayant été frustré de *ses* espérances :
en effet, le désir du plus
*l'*avait privé des *biens* présents.

ΠΡΟΣΘΗΚΗ.

ΡΚΒ'. ΟΡΝΙΘΟΘΗΡΑΣ, ΠΕΡΔΙΞ, ΚΑΙ ΑΛΕΚΤΟΡΙΣΚΟΣ.

Ὀρνιθοθήρᾳ φίλος ἐπῆλθεν ἐξαίφνης,
μέλλοντι θύμβραν καὶ σέλινα δειπνήσειν.
Ὁ δὲ κλωβὸς εἶχεν οὐδέν· οὐ γὰρ ἡγρεύκει.
Ὥρμησε δὴ πέρδικα ποικίλον θύσων,
ὃν ἡμερώσας εἶχεν εἰς τὸ θηρεύειν.   5
Ὁ δ' αὐτὸν οὕτως ἱκέτευε μὴ κτεῖναι·
« Τὸ λοιπόν, » εἶπε, « δικτύῳ τί ποιήσεις,
ὅταν κυνηγῇς; τίς δέ σοι συναθροίσει
εὔωπὸν ἀγέλην ὀρνέων φιλαλλήλων;
τίνος μελῳδοῦ πρὸς τὸν ἦχον ὑπνώσεις; »   10
Ἀφῆκε τὸν πέρδικα, καὶ γενειήτην
ἀλεκτορίσκον συλλαβεῖν ἐβουλήθη.
Ὁ δ' ἐκ πεταύρου κλαγγὸν εἶπε φωνήσας·
« Πόθεν μαθήσῃ πόσσον εἰς ἕω λείπει,
τὸν ὡρόμαντιν ἀπολέσας με; πῶς γνώσῃ   15
πότ' ἐννυχεύει χρυσότοξος Ὠρίων; »

122. L'OISELEUR, LA PERDRIX ET LE JEUNE COQ.

Un oiseleur reçut sans s'y attendre la visite d'un de ses amis, comme il allait souper d'ache et de sarriette. Rien dans sa cage, car il n'avait pas chassé. Il alla pour tuer une belle perdrix qu'il avait apprivoisée, et qui l'aidait à prendre les oiseaux. Celle-ci se mit à le supplier : « Que te servira désormais ton filet, disait-elle, quand tu iras à la chasse? Qui rassemblera sous tes yeux ces bandes d'oiseaux à l'œil perçant? Qui t'endormira par ses chants mélodieux ? » L'oiseleur lâcha la perdrix, et voulut mettre la main sur un jeune coq. Du haut de son juchoir, le coq lui dit de sa voix criarde : « Qui t'apprendra combien de temps te reste jusqu'à l'aurore, quand tu m'auras tué, moi qui t'annonce les heures? Comment sauras-tu, la nuit, où est

APPENDICE.

ΡΚΒ'. ΟΡΝΙΘΟΘΗΡΑΣ, ΠΕΡΔΙΞ ΚΑΙ ΑΛΕΚΤΟΡΙΣΚΟΣ.

Φίλος ἐπῆλθεν ἐξαίφνης
ὀρνιθοθήρᾳ μέλλοντι
δειπνήσειν θύμβραν
καὶ σέλινα.
Ὁ δὲ κλωβὸς εἶχεν οὐδέν·
οὐ γὰρ ἠγρεύκει.
Ὥρμησε δὴ θύσων
πέρδικα ποικίλον,
ὃν εἶχε εἰς τὸ θηρεύειν
ἡμερώσας.
Ὁ δὲ αὐτὸν ἱκέτευε οὕτως
μὴ κτεῖναι·
« Τὸ λοιπόν, εἶπε, τί ποιήσεις
δικτύῳ, ὅταν κυνηγῇς;
τίς δέ σοι συναθροίσει
ἀγέλην εὔωπον ὀρνέων
φιλαλλήλων;
πρὸς τὸν ἦχον τίνος μελῳδοῦ
ὑπνώσεις; »
Ἀφῆκε τὸν πέρδικα,
καὶ ἐβουλήθη συλλαβεῖν
ἀλεκτορίσκον γενειήτην.
Ὁ δὲ εἶπε,
φωνήσας κλαγγὸν
ἐκ πεταύρου·
« Πόθεν μαθήσῃ
πόσσον λείπει
εἰς ἕω, ἀπολέσας με
τὸν ὡρόμαντιν;
πῶς γνώσῃ
πότε Ὠρίων χρυσότοξος

122. L'OISELEUR, LA PERDRIX ET LE JEUNE-COQ.

Un ami survint subitement
à un oiseleur étant-au-moment
de souper de la sarriette
et du persil.
Et la cage ne renfermait rien;
car il n'avait rien pris-à-la-chasse.
Il allait donc voulant-immoler
une perdrix au-plumage-varié,
qu'il avait pour la chasse
l'ayant apprivoisée.
Or celle-ci le suppliait ainsi
de ne pas *le* tuer:
« A l'avenir, dit-elle, que feras-tu
de *ton* filet, quand tu chasseras?
et qui te rassemblera
la troupe à-bon-œil des oiseaux
s'aimant-les-uns-les-autres?
au son de quel chanteur
t'endormiras-tu? »
Il lâcha la perdrix,
et voulait saisir
un jeune-coq barbu.
Mais celui-ci *lui* dit,
ayant crié d'une-voix-aiguë
de *sa* perche:
« D'où (comment) apprendras-tu
combien il reste *encore*
jusqu'à l'aurore, ayant tué moi
l'annonceur-des-heures?
comment sauras-tu
quand Orion à-l'arc-d'or

9.

ἔργων δὲ τίς σε πρωϊνῶν ἀναμνήσει,
ὅτε δροσώδης ταρσός ἐστιν ὀρνίθων; »
Κἀκεῖνος εἶπεν· « Οἶδα χρησίμους ὥρας·
ὅμως δὲ δεῖ σχεῖν τὸν φίλον τί δειπνήσει. »   20

Orion à l'arc-d'or? Qui te rappellera les travaux que tu dois faire avant le jour, quand la rosée vient mouiller l'aile des oiseaux? » L'homme répliqua : « Je connais les temps utiles; mais il faut bien que mon ami ait de quoi dîner. »

ΡΚΓ'. ΟΝΟΣ ΠΑΙΖΩΝ.

Ὄνος τις ἀναβὰς εἰς τὸ δῶμα καὶ παίζων,
τὸν κέραμον ἔθλα. Καί τις αὐτὸν ἀνθρώπων
ἐπιδραμὼν κατῆγε, τῷ ξύλῳ παίων.
Ὁ δ' ὄνος πρὸς αὐτόν, ὃς τὸ νῶτον ἤλεγχεν,
« Καὶ μὴν πίθηκος ἐχθές, » εἶπε, « καὶ πρώην   5
ἔτερπεν ὑμᾶς αὐτὸ τοῦτο ποιήσας. »

123. L'ANE BADIN.

Un âne entra dans une maison, et en prenant ses ébats, cassa un vase d'argile. Un homme courut aussitôt sur lui, et le fit sortir à coups de bâton. « Pourtant, dit l'âne à celui qui le frappait, le singe en a maintes fois fait autant, et vous ne faisiez qu'en rire. »

ΡΚΔ'. ΜΗΝΑΓΥΡΤΑΙ.

Γάλλοις ἀγύρταις εἰς τὸ κοινὸν ἐπράθη
ὄνος τις οὐκ εὔμοιρος, ἀλλὰ δυσδαίμων,
ὅστις φέροι πτωχοῖσι καὶ πανούργοισιν
πείνης ἄκος δίψης τε, καὶ τὰ τῆς τέχνης.

124. LES PRÊTRES-MENDIANTS.

Des prêtres de Cybèle avaient acheté en commun un malheureux âne, pour porter le boire, le manger et tout l'attirail de leur industrieuse et misérable bande. Ils faisaient, selon leur habitude, le tour

ἐννυχεύει; s'éclipse-dans-la-nuit?
τίς δέ σε ἀναμνήσει et qui te fera-souvenir
ἔργων πρωϊνῶν, des travaux du-matin,
ὅτε ταρσὸς ὀρνίθων quand l'aile des oiseaux
ἐστὶ δροσώδης; » est humectée-de-rosée? »
Καὶ ἐκεῖνος εἶπεν· Et l'autre dit:
« Οἶδα ὥρας χρησίμους· « Je connais les heures utiles;
ὅμως δὲ δεῖ mais cependant il faut
τὸν φίλον σχεῖν que l'ami ait
τί δειπνήσει. » ce qu'il mangera (de quoi manger). »

ΡΚΓ'. ΟΝΟΣ ΠΑΙΖΩΝ.   123. L'ANE JOUANT.

Ὄνος τις ἀναβὰς Certain âne étant monté
εἰς τὸ δῶμα καὶ παίζων, dans la maison, et jouant [chait.
ἔθλα τὸν κέραμον. cassait le vase-de-terre *qu'il tou-*
Καί τις ἀνθρώπων Et quelqu'un des hommes
ἐπιδραμὼν αὐτὸν κατῆγε étant accouru le descendait
παίων τῷ ξύλῳ. en *le* frappant avec un bâton.
Ὁ δὲ ὄνος εἶπε πρὸς αὐτὸν Et l'âne dit à lui
ὃς ἤλεγχε τὸ νῶτον· qui *lui* maltraitait le dos:
« Καὶ μὴν πίθηκος « Et cependant le singe
ἐχθὲς καὶ πρώην hier et dernièrement
ποιήσας τοῦτο αὐτὸ ayant fait cela même
ὑμᾶς ἔτερπεν. » vous amusait. »

ΡΚΔ'. ΜΗΝΑΓΥΡΤΑΙ.   124. LES PRÊTRES-MENDIANTS-
                                     DE-CYBÈLE.

Γάλλοις ἀγύρταις A des Galles mendiants
ἐπράθη εἰς τὸ κοινὸν fut vendu pour l'*usage* commun
ὄνος τις οὐκ εὔμοιρος, un âne non heureux,
ἀλλὰ δυσδαίμων, mais bien-malheureux,
ὅστις φέροι lequel porterait
πτωχοῖσι καὶ πανούργοισι à *ces* gueux et fripons
ἄκος πείνης la ressource contre la faim
δίψης τε, et contre la soif (les vivres),
καὶ τὰ τῆς τέχνης. et les *instruments* de *leur* métier.

Οὗτοι δὲ κύκλῳ πᾶσαν ἐξ ἔθους κώμην
περιόντες ἐλέγοντ᾽ ὄψα· τίς γὰρ ἀγροίκων
οὐκ οἶδεν Ἄττιν λευκόν, ὡς ἐπηρώθη;
τίς οὐκ ἀπαρχὰς ὀσπρίων τε καὶ σίτων
ἁγνῷ φέρων δίδωσι τυμπάνῳ Ῥείης; …

d'un village, et récoltaient des provisions. Est-il en effet un seul paysan qui ignore comment le blanc Attis a été mutilé? en est-il un seul qui ne vienne déposer pour offrande dans le tambour sacré de Rhéa des légumes et des vivres de toute sorte?...

ΡΚΕ΄. ΟΔΟΙΠΟΡΟΣ ΚΑΙ ΑΛΗΘΕΙΑ.

Ὁδοιπορῶν ἄνθρωπος εἰς ἐρημαίην,
ἑστῶσαν εὗρε τὴν Ἀληθίην μούνην.
Καί φησιν αὐτῇ· « Διὰ τίν᾽ αἰτίην, κούρη,
τὴν πόλιν ἀφεῖσα τὴν ἐρημίην ναίεις; »
Ἡ δ᾽ εὐθὺ πρὸς τάδ᾽ εἶπεν ἡ βαθυγνώμων·
« Ἐν τῷ πάλαι γὰρ παρ᾽ ὀλίγοισιν ἦν ψεῦδος,
νῦν δ᾽ εἰς ἅπαντας εἰσελήλυθε ψεῦδος.
Εἰ δ᾽ ἔστιν εἰπεῖν, καὶ κλύειν βεβούλησαι,
ὁ νῦν πονηρὸς βίοτός ἐστιν ἀνθρώπων. »

125. LE VOYAGEUR ET LA VÉRITÉ.

Un voyageur qui traversait un désert rencontra la Vérité ; elle était debout et solitaire. « Pourquoi, jeune vierge, lui dit-il, pourquoi as-tu quitté la ville et habites-tu le désert ? » La sage déesse lui répondit aussitôt : « Autrefois le mensonge habitait chez bien peu d'hommes, maintenant il est entré chez tous. Les hommes, si je puis le dire et si tu veux l'entendre, ont aujourd'hui des mœurs bien dépravées. »

Οὗτοι δὲ ἐξ ἔθους | Et ceux-ci, selon *leur* habitude,
περιόντες κύκλῳ | parcourant à-l'entour
πᾶσαν κώμην | chaque village
ἐλέγοντο ὄψα· | ramassaient des aliments;
τίς γὰρ ἀγροίκων οὐκ οἶδεν | car lequel des paysans ne connaît pas
Ἄττιν λευκόν, | Attis à-la-peau-blanche,
πῶς ἐπηρώθη; | comment il a été (il s'est) mutilé?
τίς οὐ δίδωσι | qui ne donne pas
ἁγνῷ τυμπάνῳ Ῥείης | au chaste tambour de Rhéa
ἀπαρχὰς ὀσπρίων τε | les prémices et des légumes
καὶ σίτων | et des vivres
φέρων;.... | *les* apportant?...

ΡΚΕ'. ΟΔΟΙΠΟΡΟΣ ΚΑΙ ΑΛΗΘΕΙΑ.

125. LE VOYAGEUR ET LA VÉRITÉ.

Ἄνθρωπος ὁδοιπορῶν | Un homme voyageant
εἰς ἐρημαίην, | dans le désert,
εὗρε τὴν Ἀληθίην | trouva *là* la Vérité
ἑστῶσαν μούνην. | se tenant seule.
Καί φησιν αὐτῇ· | Et il dit à elle:
« Διὰ τίνα αἰτίην, κούρη, | « Pour quelle cause, ô jeune-fille,
ἀφεῖσα τὴν πόλιν | ayant quitté la ville
ναίεις τὴν ἐρημίην; » | habites-tu le désert? »
Ἡ δὲ | Et elle
ἡ βαθυγνώμων | la *femme* aux-pensées-profondes
εἶπεν εὐθὺ πρὸς τάδε· | répondit aussitôt à cela:
« Ἐν γὰρ | « *J'ai quitté les hommes*; car dans
τῷ πάλαι | l'ancien *temps* [*mes*,
ψεῦδος ἦν παρ' ὀλίγοισι, | le mensonge était chez peu-d'hom-
νῦν δὲ ψεῦδος | mais maintenant le mensonge
εἰσελήλυθε εἰς ἅπαντας. | est entré chez tous.
Εἰ δὲ ἔστιν εἰπεῖν, | Et s'il est-permis de *le* dire,
καὶ βεβούλησαι κλύειν, | et *si* tu veux *l'*entendre,
βίοτος ὁ νῦν ἀνθρώπων | la vie actuelle des hommes
ἐστὶ πονηρός. » | est perverse. »

ΡΚϚ'. ΜΥΡΜΗΞ ΚΑΙ ΤΕΤΤΙΞ.

Χειμῶνος ὥρῃ σῖτον ἐκ μυχοῦ σύρων
ἔψυχε μύρμηξ, ὃν θέρους σεσωρεύκει.
Τέττιξ δὲ τοῦτον ἱκέτευε λιμώττων,
δοῦναί τι καὐτῷ τῆς τροφῆς, ὅπως ζήσῃ.
« Τί οὖν ἐποίεις, » φησί, « τῷ θέρει τούτῳ; » 5
« Οὐκ ἐσχόλαζον, ἀλλὰ διετέλουν ᾄδων. »
Γελάσας δ' ὁ μύρμηξ, τόν τε πυρὸν ἐγκλείων,
« Χειμῶνος Ὀρχοῦ, » φησίν, εἰ θέρους ᾖσας.

126. LA FOURMI ET LA CIGALE.

Pendant l'hiver, une fourmi tirait de sa cachette, pour le rafraîchir, le grain qu'elle avait amassé en été. Une cigale, qui se mourait de faim, la suppliait de lui donner un peu de ses provisions, afin qu'elle pût vivre. « Que faisais-tu donc cet été, lui demanda l'autre? — Je n'étais point paresseuse, je l'ai passé tout entier à chanter. » La fourmi se mit à rire et rentra son grain : « Tu chantais en été, lui dit-elle, eh bien! danse en hiver. »

ΡΚϚ'. ΜΥΡΜΗΞ ΚΑΙ ΤΕΤΤΙΞ. 126. LA FOURMI ET LA CIGALE.

Ὥρῃ χειμῶνος μύρμηξ
ἔψυχε σῖτον
ὃν σεσωρεύκει θέρους,
σύρων ἐκ μυχοῦ.
Τέττιξ δὲ λιμώττων
ἱκέτευε τοῦτον δοῦναι
καὶ αὐτῷ τι τῆς τροφῆς,
ὅπως ζήσῃ.
« Τί οὖν ἐποίεις,
φησί, τούτῳ τῷ θέρει; »
« Οὐκ ἐσχόλαζον,
ἀλλὰ διετέλουν ᾄδων. »
Ὁ δὲ μύρμηξ φησὶ
γελάσας ἐγκλείων τε τὸν πυρόν.
« Ὀρχοῦ χειμῶνος,
εἰ ᾖσας θέρους. »

A l'époque de l'hiver une fourmi
rafraîchissait le blé
qu'elle avait amassé en été,
le traînant de *sa* cachette.
Une cigale ayant-faim
priait celle-ci de donner
à elle aussi un peu de la nourriture,
pour-qu'elle vive.
« Que faisais-tu donc,
dit *la fourmi*, pendant cet été ? »
— Je ne restais-pas-oisive, *dit-elle*,
mais j'étais-toujours chantant. »
Et la fourmi *lui* dit
en riant et renfermant son froment :
« Danse dans l'hiver
si tu as chanté en été. »

LIBRAIRIE DE L. HACHETTE.

TRADUCTIONS JUXTALINÉAIRES
DES
PRINCIPAUX AUTEURS CLASSIQUES GRECS.
FORMAT IN-12.

Volumes en vente au 1er Août 1845.

ARISTOPHANE. Plutus. Prix, broché............ 2 fr. 25 c.

CHRYSOSTOME (S. JEAN) : Homélie en faveur d'Eutrope.. 60 c.

DÉMOSTHÈNE : Discours pour Ctésiphon ou sur la Couronne.. 5 fr.
— Les trois Olynthiennes. 1 fr. 50 c.
— Les quatre Philippiques. 3 fr. 50 c.

ESCHINE : Discours contre Ctésiphon. Prix.............. 4 fr.

ESCHYLE : Prométhée enchaîné. Prix................. 2 fr.
— Les Sept contre Thèbes. 1 fr. 50 c.

ÉSOPE : Fables choisies... 1 fr.

EURIPIDE : Électre...... 3 fr.
— Hécube.............. 2 fr.
— Iphigénie en Aulide. 3 fr. 25 c.

HOMÈRE : Les neuf premiers chants et les chants XXI à XXIV de l'Iliade. Prix de chaque chant. 1 fr. 25 c.
Prix des chants I à IV réunis en un volume............ 5 fr.
Prix des chants V à VIII réunis en un volume............ 5 fr.
Prix des chants XXI à XXIV, réunis en un volume......... 5 fr.

ISOCRATE : Archidamus. 1 fr. 50 c.
— Conseils à Démonique... 75 c.

LUCIEN : Dialogues des morts. Prix.............. 2 fr. 25 c.

PLATON : Apologie de Socrate. Prix................. » »
— Le premier Alcibiade. 2 fr. 50 c.

PLUTARQUE : Vie d'Alexandre. Prix............. 4 fr. 25 c.
— Vie de César...... 3 fr. 50 c.
— Vie de Cicéron......... 3 fr.
— Vie de Marius........ 3 fr.
— Vie de Pompée........ 5 fr.
— Vie de Sylla....... 3 fr. 50 c.

SOPHOCLE : Ajax...... » »
— Antigone...... 2 fr. 25 c.
— Électre....... 3 fr
— Œdipe à Colone.. 3 fr. 25 c.
— Œdipe roi...... 2 fr. 50 c.
— Philoctète....... 2 fr. 50 c.
— Trachiniennes (les). » »

THÉOCRITE : La première Idylle. Prix................ 45 c.

XÉNOPHON : Apologie de Socrate. Prix................ 60 c.
— Le premier livre de la Cyropédie. Prix......... 2 fr. 75 c.
— Le deuxième livre de la Cyropédie. Prix........... 2 fr.
— Les quatre livres des Entretiens mémorables de Socrate. 7 fr. 50 c.
Prix de chaque livre séparément............... 2 fr.

AVIS. La librairie Hachette publie également la traduction juxtalinéaire des principaux *auteurs latins* qu'on explique dans les classes.

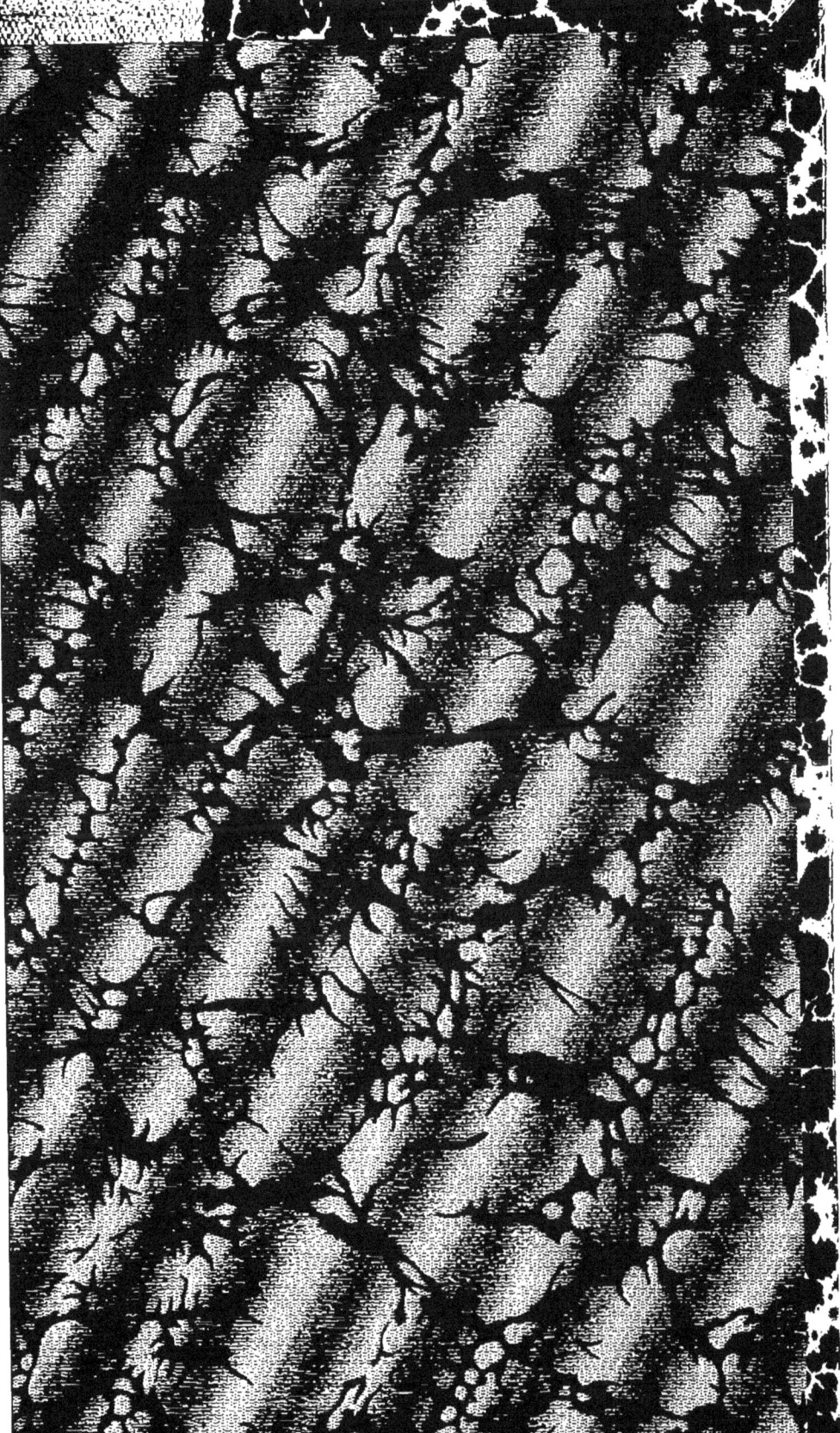

www.ingramcontent.com/pod-product-compliance
Lightning Source LLC
Chambersburg PA
CBHW051911160426
43198CB00012B/1849